不變與萬變：葛劍雄說國史

葛劍雄／著

開明書店

目錄

第一編　古代中國的骨架

第二章　城市 / 幾經變化的都城

第三章　建設 / 土地的連接和分隔

第二編　古代中國的血肉

第四章　移民 / 我們從哪裏來，又在哪裏停留？

第五章　人口 / 被政策影響的人口數量

第三編　古代中國的精神中樞

第八章　天下／得天下與治天下

第九章　帝王／皇帝的「私事」

儒者所謂中國者，

於天下乃八十一分居其一分耳。

中國名曰赤縣神州。

赤縣神州內自有九州，

禹之序九州是也，

不得為州數。

第一編

古代中國的骨架

導言

「中國」二字出現在三千年以前

今天我們大家都知道，中國是我們國家的名稱，也是中華人民共和國的簡稱。但是這兩個字，以及由這兩個字組成的詞，是什麼時候出現的呢？一開始它是什麼意思呢？為什麼到了今天會成為我們國家的名稱呢？這還得從 1963 年發生的一件事說起。

1963 年 8 月，在一個大雨過後的上午，租住在陝西寶雞縣賈村一個農家院的陳某，發現後院的土崖因雨水沖刷部分坍塌了，下面好像有點亮光。他用手和小钁頭刨，結果刨出了一件銅器，就取回家放着。第二年，陳某返回固原，臨走時將銅器交給另一人保管。1965 年，那人缺錢花，就將這件銅器以廢銅的價格賣給廢品收購站。寶雞市博物館的一位幹部在市區玉泉廢品收購站看到這件銅器，感覺應該是一件比較珍貴的文物，便向館長匯報。館長派人考察，斷定這是一件珍貴文物，便以收購站當初購入的價格三十元將這尊高三十八點八釐米、口徑二十八點八釐米、重十四點六公斤的銅器買回博物館。這尊銅器成了寶雞市博物館 1958 年成立後收藏的第一件青銅器。

1975 年，為紀念中日建交，國家文物局要在日本舉辦中國出土文物精品展，王冶秋局長聘請青銅器專家馬承源（已故上海博物館原館長）組織籌備。馬承源很快從全國各地調集了一百件一級品文物，其中就有寶雞出土的這件饕餮紋銅尊。馬承源在故宮武英殿見到這件青銅器後，反覆看了好幾遍，心中一直納悶，這麼大造型的器物為什麼沒有銘文？隨即，他用手在銅尊內壁底部反覆摩挲，感覺底部某個地方似乎刻有文字。他大為振奮，立即讓人送去除

鏽。清除泥土和鏽跡後，果然在銅尊底部發現了一篇十二行共一百二十二字的銘文。馬承源將這件青銅器命名為「何尊」，因為根據銘文的內容，周王宗族「何」的先人曾追隨文王，周王賞賜給「何」貝三十朋，「何」因此製作此酒具，以作紀念。

在這件青銅器上面，我們找到了「中國」兩個字最早的實證。這篇銘文有一段的大意是說：武王在攻克了商朝的首都以後，舉行了隆重的儀式向上天報告，說我現在已經把「中國」當我的家了，我統治了那裏的民眾。根據這篇銘文後面的內容，我們可以斷定，這篇銘文的書寫包括這件何尊的鑄造時間，是在周武王的兒子周成王在位年間。也就是說，何尊以及上面的「中國」這兩個字，肯定是出現在三千餘年前的公元前 11 世紀的後期，因為除此以外，我們現在看見的「中國」這兩個字，都只出現在傳世的文獻中。

何尊上「中國」兩字是不是就指今天的中國呢？因為畢竟銘文裏面講，周武王是在攻克了商朝的首都以後，認為他已經可以把「中國」當他的家了（「宅茲中國」）。也就是說，「中國」在那個時候是指商朝的首都，也就是商朝最高統治者住的那座城。

那為什麼把它叫作「中國」呢？

我們可以從這兩個字本身分析一下。繁體字的「國」，中間有一個口，這個「口」原來就寫成像人的嘴巴的形狀，用它來代表人。下面有一道橫杠，意思就是這些人所居住的這片土地。旁邊有個「戈」字，因為土地對這些人來講是非常重要的，所以他們就要拿着長柄的武器守衛它。銘文上的「國」形同「或」，以後的「國」字的寫法，在外面又加了一個框，那就表示，在它外面還要建一道圍牆，也就是城牆，不是更安全了？

所以我們可以看到，「國」原來的意思，就是一個有城牆包圍、有人守衛的一群人居住、生活的地方。

那「中」是什麼意思呢？我們看「中」原來的形狀，就像一面飄揚的旗子，

上面和下面還有流蘇裝飾着。據專家考證,這個「中」,原來就是商朝人用來召集其部隊和民眾的一個符號。做一面大旗,什麼時候這面旗插在那裏,他的部隊和民眾就明白有事要召集他們了。所以集合的時候,人們就聚集在這個被稱為「中」的旗子周圍。時間長了,「中」就產生了一個特殊的意思,那就是中間、中心、中央,引申出來就是最重要的。

這樣連起來我們就明白了,「國」就是當時集中的居民點,一座座城。這樣的國有很多,所以還有個詞叫「萬國」。萬,並不是確切地講一萬個,而是很多很多。春秋時候記下來的有名有姓的國還有一千多個,也許還有沒記下來的小國,反正就有很多。在這些國中,哪一個有資格叫「中國」呢?那就是最高統治者住的那個國,也就是最重要的國,一般來說也是處在中心的國,就叫中國。所以周武王攻佔了商朝的首都,也就是商王住的地方,他就可以跟上天報告,他成了中國的主人,把中國當他自己的家了。當然,到了周朝,周天子住的那個國,那座城,就叫作中國。

為什麼後來中國的範圍不斷地擴大呢?

到了東周的時候,周天子已經名存實亡,成了一個擺設。而通過諸侯兼併,大的諸侯越來越強大,統治的範圍已經不是原來的一座城,或者分封給他們的那幾座城。所以在春秋階段,國的數量很快減少,因為很多的國被其他諸侯滅了或吞併了以後,就成了其他國的一部分,不再被當成國了。所以,那幾個大的諸侯統治的國的範圍越來越大,而國的總數卻迅速減少。

到了戰國的時候,主要的諸侯國就剩下了秦、楚、齊、燕、韓、趙、魏七國,還有幾個不太大的小國。在這種形勢下,既然周天子住的地方稱中國,諸侯們也開始把自己的國都、自己住的地方稱為中國,這樣中國就不止一個了。特別是以東周的都城——今河南洛陽為中心的一大片地區都被稱為中國了。

到了公元前 221 年,秦始皇把其他諸侯國都滅了。當然,秦朝的首都咸陽是名正言順的中國,但是在原來那些地方,大家還都認為自己也是中國。再加

上秦始皇成了皇帝——他認為他超過以前所有的三皇五帝，所以自稱皇帝，就把他統治的地方都看成中國。這個概念，以後的各朝代都沿用了。所以從秦朝以後，「中國」也就成了中原王朝的代名詞。

比如漢朝，國號是漢、大漢，但是從皇帝到臣民都認為漢朝疆域的範圍就是中國，而在漢朝統治範圍以外，就是胡、戎、狄、蠻、夷。相對於周邊，漢朝就是中國，這也符合長期流傳的「天下之中」的概念。

所以從漢朝一直到清朝，中原的王朝，特別是統一的王朝，都認為自己就是中國。當處於分裂狀態時，都認為自己是中國的一部分，主要的分裂政權還以中國的代表自居。如果它還着眼於今後的統一，就堅持自己是中國，對方不是中國。如南北朝時期，北朝、南朝都以中國自居，北朝稱南朝為「島夷」，南朝稱北朝為「索虜」。等到重新統一，又合在一起了，當然雙方都是中國。皇帝可以改姓，國號可以改變，但「中國」這個概念一直維持不變。

但是直到清朝，「中國」還不是這個朝代的正式國號，它的正式國號是清、大清、大清國。清朝與外國簽的條約，都用大清國、大清，而不用「中國」。同樣，以前的朝代，像明朝，正式國號就是明、大明、大明國。

1912年中華民國建立，正式的國號就是「中華民國」。儘管法律上沒有規定中華民國的簡稱，但習慣上用的簡稱就是中國、中華，在正式的場合更多的就是用中國。所以到1912年中華民國建立以後，「中國」就成了這個國家正式的名稱，一直沿用到現在。

公元前221年至公元1911年期間，「中國」這個詞的政治含義，是中原王朝的代名詞，是指中央政權有效統治的範圍，它的統治範圍之外就不被認為是中國。中國的民族含義，一般就是指華夏，近代才開始稱漢族，華夏居住的地方被視為中國，周邊其他民族就被視為蠻夷、夷狄、戎狄，他們居住的地方就不被認為是中國。中國的地理含義，往往就是「中原」的代名詞。比如《史記·貨殖列傳》中，司馬遷提到的「中國人民」，意思不是我們今天講的中國

人民，而是指中原的人。在古代，「中國」和「中原」往往是通用的，「中原」並沒有一個明確的範圍，不同情況下、不同年代它指的範圍不同。「中國」的文化含義，往往也侷限於華夏文化，就是我們今天講的漢族的文化，一般不包括少數民族的文化。

總而言之，「中國」這個名稱，最遲在三千餘年前已經形成並且一直被沿用，但是直到近代，它才成為我們國家正式的名稱。在歷史上，「中國」代表了正統，一個政權要建立，要維持，必須把自己作為「中國」的代表。特別是在分裂的時期，只有以「中國」自居並能代表「中國」的政權才有可能完成統一。即使是漢族以外的其他民族建立的政權，如果想入主中原，統治整個中國的話，也得自認為是「中國」，才能爭取到政治合法性，才能得到大多數國民的認同。

第一章

疆域

我 們 生 活 的 土 地

第一節 「大九州」與「一尺之箠」

中國歷史上有些概念，沿用的時間很長，可實際上並沒有成為現實，比如很有名的「九州」。現在一般的說法，特別是根據儒家的經典，「九州」就是大禹治水完成以後，把天下劃分為九個州，便於統治管理。但根據現有的史料以及考古的發現來分析，大禹及其時代還沒有辦法被證實。即使的確存在，那時的統治者也不可能直接統治、管理那麼大的地方。所以這只是個概念，反映了一種理念。

而且這個概念、理念也要到戰國後期才逐步形成，是當時一些學者看到了天下要逐步統一的趨勢，「先天下之憂而憂」，為未來的統一政權做出的規劃，畫出的藍圖。不過，這張藍圖從來沒有實施過。無論是西漢時設置「十三州刺史部」，還是東漢時實行州牧制，從來沒有將天下劃分為九個州。

但這個概念一直被沿用，比如陸游詩中的「但悲不見九州同」，這個「九州」就代表天下、全國，就是中國。一直到現在，我們往往還用「九州」象徵

全國。所以，歷史上有些概念其實始終停留在思想階段、精神層面，或者人們逐漸把這種思想當作一個現實概念，同樣有它的現實意義和積極作用。

這些概念是怎麼產生的呢？當然多數是先有現實存在的，但也有一些完全是學者們按照邏輯推理或想像思辨產生的，同樣可以解決實際問題，在歷史上或者科學方面發揮作用。

比如，《史記》記載了齊國的學者鄒衍，他生活在孟子以後，他認為：「儒者所謂中國者，於天下乃八十一分居其一分耳。中國名曰赤縣神州。赤縣神州內自有九州，禹之序九州是也，不得為州數。中國外如赤縣神州者九，乃所謂九州也，於是有裨海環之，人民禽獸莫能相通者，如一區中者，乃為一州。如此者九，乃有大瀛海環其外，天地之際焉。」意思是說，儒家所謂的「中國」實際上只有天下的八十一分之一，中國可以稱為「赤縣神州」，赤縣神州內有九州，那就是大禹劃分的「九州」。但是其實這還不是真正的州的數目，因為中國以外，像赤縣神州這樣的單位，還有九個，周圍都由海洋包圍着，相互之間的人與禽獸都無法來往，這才是九州。而這樣的州還有九個，周圍由無邊的大洋包圍着，這才是天地的邊緣。

這個概念真可謂空前絕後的大膽。根據現有的史料，鄒衍的足跡大概沒有離開過齊國一帶，不要說大九州，還有更大的九州，他連「赤縣神州」這小九州的各個地方都沒有能夠完全到達。為什麼他會提出這麼個宏大的概念來？這純粹是一種想像和推理。

但是我們今天看看地球的現實，鄒衍的想像推理倒是比較符合事實的。地球上面的每一個洲，周圍都是由海洋包圍着。我們現在講的七大洲或五大洲中「洲」的概念，實際上就是由海洋包圍着的大陸。「九州」這個概念的提出並不是鄒衍實地考察的結果，而是出於他的想像，憑他的推理，但這個概念無疑比其他那些只從實際考察所獲得的知識，或者只描述自己到過的地方的論

述，有更加積極的意義。

　　其實西方的地理學家也是如此。最早有人設想，地球應該是圓形的或者球形的，也不是建立在實地考察基礎上的。在大航海出現以前，沒有任何人能夠真正了解世界，了解地球表層。不要說地球上那些偏遠地方，就是自己所在的大洲的各個地方也極少有人都到過、都了解。他們是怎麼確立一個大的地理概念的呢？其實都是出於想像和推理。我們注意到，中國古代存在的各種思想，在春秋戰國這個時候已經開始出現，有的甚至發展到了比較高的水平，原因就在於這是一個思想自由的時代，或者說是統治者還來不及、還不可能干預到思想與學術的時代，一些天才的人物可以憑藉自己豐富的想像力、嚴密的邏輯推理，有非常重大的發現。

　　一個很有名的例子，我們到今天都引為自豪，我們的國家領導人在國際場合經常拿它舉例，那就是莊子所說的「一尺之棰，日取其半，萬世不竭」。兩千多年前沒有什麼科學實驗的手段，更沒有今天可以觀察微觀世界的電子顯微鏡，也沒有納米技術、加速器等，這些都沒有，莊子為什麼敢說一尺長的一個木棒，你每天取它一半，萬世不竭，永遠取不完呢？他憑什麼把物質可以無限分割這樣一個基本的原理，用這十二個字就說明了呢？

　　其實這就是自由思想的結果。他說這話並不是建立在實證基礎上的，並不需要通過什麼科學實驗證明，而完全是出於嚴密的推理。你說一天取它一半，那麼會剩下二分之一；再取它一半，那麼會剩下二分之一的二分之一；如果你說到了哪一天沒有了，那麼請問這另外一半到哪裏去了呢？所以應該是萬世不竭。

　　又比如當初有學者還辯了一個命題，就是「白馬非馬」。明明是詭辯，卻成了一個有學術意義的形式邏輯命題。

　　公孫龍強調「白馬」是由兩個概念構成的，一個是馬，一個是白，缺一

不可。如果只有馬，可以與黃、黑組合，成了黃馬、黑馬。白也不一定跟馬連在一起，可以連其他。但在「白馬」這個概念中，「白」和「馬」缺一不可，否則就既不是白，也不是馬，所以就「非馬」。這樣的辯論顯然沒有任何實際意義，但在當時可以自由進行，並且會被記載、流傳，成為一個學派，根本原因就是在學術思想不受干預的情況下，那些學者、思想家的聰明才智，特別是其中的一些天才人物，其才能可以得到充分的運用和發揮。

並不是當時的統治者已經有了鼓勵學術自由、思想自由的自覺性，或者當時已經形成了什麼好的制度。這種學術思想的繁榮不能不歸功於一個重要因素 —— 人才的自由流動。春秋戰國期間，一方面，原有的制度、秩序從分崩離析到蕩然無存，有一技之長、敢於追求自身發展的人有了自由身。另一方面，面對激烈殘酷的兼併，統治者如果想保全自己，或者想進一步實現稱霸擴張的願望，就必須擁有一批傑出人才，不能僅僅依靠本國，而要大力從外國招引。對人才來說，就有了選擇和流動的自由，本國不行就去外國，在這一國得不到重用就去另一國。

一個政權善於吸收各類人才、各類傑出移民，這個政權就有可能迅速發展、擴張、鞏固。春秋戰國期間留下了不少統治者為招攬人才不惜代價的佳話。比較起來，吸引人才最多、最有效的還是秦國。

為秦國做出重大貢獻，使它國力迅速強大，推行變法改革，執行重要使命的，幾乎都是外來移民。由余來自西戎，百里奚來自宛（今河南南陽市），蹇叔來自宋國，丕豹和公孫支來自晉國，商鞅是衛國人，張儀是魏國人，甘茂是下蔡（今安徽鳳台縣）人，穰侯魏冉是楚國人，范雎是魏國人，蔡澤是燕國人，呂不韋是衛國濮陽（今河南濮陽西南）人，李斯是楚國上蔡（今河南上蔡縣西南）人，蒙恬的祖父蒙驁是齊國人，趙高是趙國人。這些人遷入秦國以前，有的是奴隸，有的是罪犯，有的是商人，有的死裏逃生，有的懷才不遇，

沒有一個人在本地本國已經受到重視或居於高位，是秦國給了他們成才或發揮的機會。

　　但是秦國的國君也不是始終都重視吸收移民的，一方面是現實的緊迫需要，另一方面也需要君主做出正確的決斷。秦國的宗室大臣曾向秦始皇提出：從其他諸侯國來秦國投奔的人，大多是為他們的主子服務的，建議全部驅逐出境。秦始皇聽從後，公佈了一道「逐客令」，要將已經得到任用的外來移民統統趕走。已經擔任客卿的李斯也屬驅逐對象。

　　李斯上書秦始皇，留下一篇有名的《諫逐客書》。李斯列舉歷史事實：當初要不是接納招攬那些「客」（移民），秦國哪有今天的強盛？各地的出產和寶物你都要用，各國的音樂和舞蹈你都要享用，而對外來的人才卻不分青紅皂白一概驅逐，這不是制服諸侯統一天下的戰術。將這些人驅逐出境，正好讓他們資助了你的敵國，又給秦國結了那麼多怨，樹了那麼多敵。

　　這使秦皇改變主意，撤銷了這項驅逐令，「客」都留下來了，包括李斯在內。

　　但當所有人才都只能為一個國家所有，只能為一位君主效勞時，當他們再也不能自己做出選擇時，就不會再有思想和學術的自由了。

第二節　古代中國究竟有多大？

　　前面已經講到「中國」這個概念，從出現到成為我們國家的正式名稱，經歷了三千多年，那麼這個具體變化的過程究竟是怎麼樣的呢？平時也經常有人問，古代中國究竟有多大呢？

　　我們現在研究、學習、說明中國古代的歷史的時候，要界定一個具體的範圍，不能夠僅僅根據當時人把中國看得多大，就按照當時人的概念來確定中

國的範圍。比如說要研究商朝史，就不能只研究商朝的國都，因為當時人就是稱它為「中國」的，我們當然要研究整個商朝，研究它統治的範圍，還要研究它的周邊，研究誰在跟它打交道、發生關係。所以「中國」實際上是一個我們後人界定的概念。

在 20 世紀五六十年代，我的老師譚其驤教授受命編繪一本《中國歷史地圖集》，就碰到這個問題了。各個時期的每幅地圖要畫多大的範圍？從原始社會開始到清朝，要畫多大的範圍才可以反映古代中國的歷史呢？

如果是寫文章寫書，那還好辦，可以描述。畫地圖的話，一方面必須有一個具體的空間範圍。北面到什麼地方？南面到哪裏？東面、西面應該到什麼地方？都得有一個具體範圍。

另一方面，這個概念也沒有現成的畫法可以利用。譚先生一開始接受的任務是「重編改繪」清末民國初年楊守敬編繪出版的《歷代輿地圖》。但是楊守敬用的是傳統的概念，「歷代」就是指以往各個具體的朝代，譬如漢朝、唐朝，所以他只要畫出那個朝代的具體範圍就可以了，不畫非華夏、少數民族建立的政權或在中原王朝以外的邊疆政權，今天中國的領土內的一些地方也可以不畫。如果繼續按楊守敬的辦法畫，就不可能完整地顯示中華各族人民共同締造中國歷史的史實。

當時也有人主張，既然是我們中國的歷史地圖，就畫中華人民共和國的領土範圍。這種建議肯定行不通，也不符合中國歷史的事實。比如說在黑龍江以北、烏蘇里江以東、新疆的西北，已經有一百多萬平方公里的領土被沙俄侵佔了。外蒙古一百多萬平方公里的土地是清朝和中華民國的領土，1946 年才由當時的政府承認它獨立。如果只畫中華人民共和國的領土，這一變化根本就看不出來，因為它已經超出這個範圍了，這樣畫能反映中國歷史的事實嗎？

而且不止這些地方。歷史上的中國，即使不包括非華夏民族所建立的政

權，就是只講中原王朝，像漢朝的疆域就包括朝鮮半島的中部、越南的北部和中部，唐朝疆域的西端一度遠達鹹海，元朝的疆域很大一部分在今天中國領土之外。如果規定了只畫今天的中國的範圍，那麼漢朝、唐朝、元朝，幾乎歷史上各個中原王朝的地圖就都畫不全了，怎麼能完整顯示中國歷史的空間範圍呢？所以這種建議很快被否決了。

另一種建議是，乾脆還是像楊守敬那樣，就按照當時中原王朝控制的、實際統治的範圍來畫。比如漢朝的地圖，就畫漢朝統治到的地方，不管它超出今天中國的範圍多遠。唐朝、元朝的地圖也這樣畫。但這種辦法，同樣不符合歷史事實，不能完整地顯示中華各族人民共同締造我們的歷史這樣一個史實。

因為直到清朝完成統一之前，今天中國境內有些地方始終沒有被納入中原王朝的統治範圍。比如說青藏高原，那是到 13 世紀中期，也就是蒙古建立元朝的時候，才成為元朝的一部分的。如果規定地圖上只畫中原王朝，那就是說元朝以前的地圖，包括漢朝、唐朝、宋朝的地圖，都不能包括青藏高原，怎麼能夠反映出各族人民共同締造中國歷史呢？

實際上在 13 世紀中期以前，也就是蒙古統一西藏以前，那裏的吐蕃人和他們建立的政權早就與中原王朝、華夏各族有了交流，也有衝突。青藏高原上的民族和政權與中原王朝的關係，當然也是中國歷史的一部分。唐朝跟吐蕃的來往，無論是松贊干布娶文成公主這種友好的和親，還是二者之間的戰爭——吐蕃的擴張，唐朝的反制，吐蕃與其他政權如南詔、大理的關係，吐蕃與今天的新疆、中亞的關係，這些都是中國歷史的重要部分。如果地圖上只顯示唐朝的疆域，這些歷史事實就沒有辦法被表達出來，所呈現的歷史是不完整的，實際上也就否定了中原王朝以外其他民族建立的政權和邊疆的政權對中國歷史的貢獻。

經過反覆研究，也廣泛徵求了歷史學界和相關學術界的意見，並且報請

中央批准，最後譚先生確定的繪圖原則就是：「18 世紀 50 年代清朝完成統一之後，19 世紀 40 年代帝國主義入侵以前的中國版圖，是幾千年來歷史發展所形成的中國的範圍。歷史時期所有在這個範圍之內活動的民族，都是中國史上的民族，他們所建立的政權，都是歷史上中國的一部分。」

具體地講，也就是以公元 1759 年（清朝乾隆二十四年）平定天山南北路以後所形成的統一的疆域，作為歷史上中國的範圍。這個疆域北起外興安嶺、額爾古納河、蒙古高原，西面到達巴爾喀什湖和帕米爾高原，南面包括今天中國的南界和南海諸島，東面到達太平洋，包括以後被沙俄佔領的庫頁島。將這麼一個範圍，大概是一千三百多萬平方公里，作為歷史上中國的範圍。

是不是因為這個範圍最大呢？倒也不是。應該承認，清朝最後完成統一的疆域在中國歷朝歷代中的確是比較大的，但是無論總體還是局部都有比它更大的，比如唐朝。唐朝最西曾經到過鹹海之濱，遠遠超出清朝的西界。又比如漢朝，漢朝的疆域包括今天越南的大部分、朝鮮半島的北部與中部。所以當時選清朝的疆域的原因，就像譚先生所指出來的，一方面這是中國幾千年歷史發展所形成的，並不是因為它是最大的。而且另一方面，儘管歷史上有的朝代控制的範圍比清朝還大，但是能夠在自己統治的範圍裏面，都實行有效的行政管轄，只有清朝才做到了。

那麼有些政權的疆域比清朝統一後的疆域還大，大出來的地方怎麼處理呢？我們在畫歷史地圖以及研究或者講述歷史的時候，就要根據實際情況來處理，並不受這個範圍的限制。如講漢朝的疆域，當然要講到它在今天越南的部分，在今天朝鮮的部分。講唐朝的疆域，同樣要講到它最西到達鹹海之濱，包括阿姆河流域、錫爾河流域。如此種種都要從實際出發。

還有一些非華夏民族建立的政權，或者邊疆政權，有的是跨這條疆界兩邊的，怎麼辦呢？既然我們是研究中國歷史，表達中國歷史，那就要看它當時

是不是基本上還在「歷史中國」這個範圍裏面。一個主要標準就是看它的政治中心、它的首都在哪裏。比如說 6 世紀以前，跨東北地區和朝鮮半島的高句麗政權，它的一部分已經脫離了當時的中原王朝，但是它的首都、行政中心還在鴨綠江北面的集安，在我們界定的「歷史中國」的範圍內，所以我們還把高句麗看成是歷史上中國的政權。等到它的首都、行政中心遷到平壤了，儘管它的一部分轄境還是在東北地區，在我們講的「歷史中國」的範圍裏面，可我們在研究、界定時就把它當作中國以外的政權了。

　　所以我們今天講到歷史上中國有多大，一個標準就是清朝統一以後所達到的最大的疆域範圍，一千三百多萬平方公里。另一個標準，就是以當時的中國的概念來界定，也就是說從秦朝開始，各中原王朝的疆域範圍，也包括當時與它對峙或者共存的那些非華夏民族建立的政權，還有那些中原王朝還沒有統治的邊疆地區或局部地區的政權。要分別講清楚它們的範圍，這就比較複雜了。因為沒有完全相同的疆域，每個朝代都有變化。就是同一個朝代，前後也有變化，有的甚至變化得比較頻繁複雜。

　　最方便的辦法就是請大家看譚其驤先生主編、中國地圖出版社出版的《中國歷史地圖集》。這套書有八冊，每一冊前面都有一個時期的總圖。有的朝代還有不止一幅總圖來顯示它前後的變化，有的朝代有三幅。你可以看到一個朝代的疆域最遠到了哪裏，中間到了哪裏，最後固定在什麼地方。後面是分幅圖，可具體查某一局部。還有也是譚先生主編的《簡明中國歷史地圖集》，就是把上面說的一套書裏面的總圖匯編成一冊。譚先生為每一幅總圖都寫了圖說，放在地圖的後面，概述這一時期中原王朝和其他政權疆域的形成和變遷，各個政權內部還有哪些政區建置等。這些圖說給你介紹各朝代疆域是怎麼形成，怎麼變化的，內部有什麼政區以及這些政區的沿革。後面還有地名索引，用起來很方便。

第三節　古代中國疆域是怎樣變遷的？

　　上一節，我講了我們後人所界定的中國歷史所包含的空間範圍，這一節就具體講講，在當時人們心目中的中國，也就是中原王朝的疆域到底有多大。大家一定注意到了，我在講古代王朝範圍的時候用的是「疆域」，而沒有用「領土」這個概念，這兩者是不同的。

　　中國古代疆域是建立在一個「普天之下，莫非王土」的概念上的。上面是天，下面所有的地方都是天下，而天下就是以中國為中心的，所以中國的統治者可以決定自己統治的範圍有多大。「疆」就是一條界線，一條邊界，「域」表示一個空間範圍。這個範圍由誰來決定呢？就是由當時的最高統治者——王、天子、皇帝來決定。

　　今天講的國界，不是單方面所能決定的，而是周圍的鄰國都接受的，受國際法保護的，建立在國家和國家之間平等關係上的相鄰國家領土之間的分界線。今天的國界所劃定的範圍是立體的、全方位的，也就是說這條線所覆蓋的是地球表層，往上的天空就是這個國家的領空，這條線裏面的海洋叫領海，領海下面的土層或巖石是底土，這些都屬於這個國家。古代不可能有這些概念，沒有飛行器，領空就沒有意義；沒有機器船和遠程炮，就沒有劃領海的條件。

　　還有一個區別，今天的領土代表着主權，領土的所有者是非常明確的。但在古代中國，有的時候疆域的擁有者並不一定有明確的主權意識。有些遊牧民族建立政權，就沒有明確的疆域概念，往往是我需要到哪裏就到哪裏，所謂「逐水草而居」，什麼地方適合放牧，這個地方就是我的，如果受到阻止，那就用武力去奪取，而不是像今天這樣考慮是否擁有主權。對中原王朝來講，皇帝如果願意，甚至會把自己管轄的地方劃給藩屬國或周邊其他民族政權，他認為這只是一個管轄的問題，反正天下都是他的。

中國古代習慣用疆域來指代管轄範圍，我們今天也沿用這個詞，而不用領土這個詞。

疆域變遷的過程太複雜，不可能每個朝代、每個政權、每個年代都講到，只能講幾個有代表性的階段。

第一個重要階段應該從秦始皇統一六國開始，因為在這以前，東周、西周、商朝、夏朝還不存在一個能夠統一管轄它全部範圍的中央政權。那個時候講到的疆域，只是一些分封的國之間的疆域，統一的疆域是秦始皇滅了六國之後才形成的。但公元前 221 年，秦始皇只是把原來六國的疆域統一了，秦國疆域還沒有達到最大的範圍。在這以後，秦朝在平定楚國的江南地區和越國的舊地以後，就繼續往南，進入今天浙江的南部和福建，征服了當地的越人政權。

到秦始皇三十二年（公元前 215 年），蒙恬率領三十萬大軍趕走了河套一帶的匈奴人，收復了戰國時期趙國的舊地。第二年，在陰山以南、黃河以東設立了一個政區，叫九原郡，開闢了一片新土地。

大約在秦始皇二十九年（公元前 218 年），秦朝的軍隊越過南嶺往南擴張，最終佔據了今天的廣東、廣西和越南東北這一帶，又設立了三個郡。在西南，秦朝以成都平原為基地，向西、北兩個方向擴張到了今天的大渡河以北和岷江上游。

到公元前 210 年秦始皇去世的時候，秦朝已經擁有北起河套、陰山山脈和遼河下游，南到今天越南東北部和廣東大陸，西起隴山、川西高原和雲貴高原，東至朝鮮半島西北這樣一個遼闊的疆域，這在中國歷史上還是第一次。

第二個重要階段是西漢。經過漢武帝時期的開疆拓土，到公元前 60 年，也就是漢宣帝時期，設立了西域都護府。到了西漢末年即公元初年，西漢穩定的疆域北面到達陰山山脈、遼河流域，東面擁有今天朝鮮半島的北部和中部，包括今天韓國首都首爾在內，南面擁有今天越南的北部、中部和南部的

一部分，西面到達巴爾喀什湖和帕米爾高原之間，包括今天新疆以及境外一些地方。

對照今天的中國地圖，我們可以看到，今天中國的領土還沒有被包括在西漢的疆域範圍裏的只有三塊，第一塊是青藏高原，第二塊是蒙古高原，第三塊是遼河流域以北的東北，其他地方西漢疆域都已達到甚至超過了。這三塊地方未被包括在內的原因，並不是漢朝沒有這個軍事實力，而是有一個很重要的衡量標準，就是在當時條件下，這三塊地方還不適合農耕。即使有軍事能力佔領，漢朝也會放棄。比如蒙古高原，漢朝幾次打敗匈奴，都曾進駐蒙古高原，但很快就退回來了，因為那裏不適合農耕，而漢朝自己的疆域足夠生產出滿足自己全部人口需要的糧食和相應的物資，並且有餘。

又如青藏高原，漢朝人已經明白，海拔太高的地方是不適合他們居住的，所以也沒有往上擴張。東北氣候太冷，也不適合農耕，而內地的土地很豐富，好多地方還沒有開墾，所以也沒有必要向東北擴張。

我們對比西漢與以後各個中原王朝的地圖可以發現，西漢以後基本上只是局部的擴張或者收縮。可以這樣講，如果是秦朝開始形成統一的疆域，那麼到了漢朝就奠定了歷代中原王朝疆域的基礎。

第三個重要階段是唐朝，特別是唐朝前期，疆域有了空前的擴張。貞觀四年（公元 630 年），唐朝滅了東突厥，實際控制的範圍達到了貝加爾湖以北，並且在陰山以北六百里的地方建立了行政區，超出了今天的國界。貞觀十四年（公元 640 年），唐朝又滅了高昌，在今天的新疆先後設置了伊州、西州、庭州這三個正式的行政區，在交河城（今新疆吐魯番）設立了安西都護府。

貞觀二十年（公元 646 年），唐朝軍隊打敗薛延陀，進駐今天蒙古國的杭愛山脈以東。唐高宗永徽元年（公元 650 年），又抓獲了突厥的車鼻可汗。到顯慶二年（公元 657 年），西突厥被打敗並投降。顯慶五年（公元 660 年），

唐朝的軍隊由山東半島東端渡海，進攻朝鮮半島中部的百濟，百濟投降。龍朔二年（公元 662 年），唐朝的軍隊在天山打敗了鐵勒。總章元年（公元 668 年），唐朝滅了高句麗，在平壤設置了安東都護府。唐朝最強盛的時候，曾經擴張到鹹海之濱，控制了阿姆河流域、錫爾河流域，這是中國歷史上能夠達到的最西端。

在南面，唐朝繼續擁有越南的北部，在那裏設置安南都護府。

但是，唐朝的疆域並不是始終都那麼大。因為唐朝的擴張，大多數都是軍事勝利的結果，但實際上它並不需要那麼大的土地，所以從來沒有向這些地方移民，或者去傳播自己的文化，甚至並沒有像在內地一樣設立正式的行政區。隨着國力的衰退，或者因為控制成本太高，或者因為當地人的反抗，唐朝在這些地方的勢力往往很快就收縮、撤退了。比如說唐朝在平壤建立的安東都護府，很快就撤到了鴨綠江以北，以後甚至從遼河以東撤到了遼河以西。

唐朝最西到達鹹海之濱的時間只有三年，三年以後就往裏收縮了，以後退到了帕米爾高原。特別是到了安史之亂以後，由於唐朝的軍隊都要集中去堵截叛軍，防範他們進攻洛陽、長安，西域在軍事上成為空白。藏族的祖先吐蕃人就擴張佔據了新疆的大部分、甘肅、青海、四川的西部、雲南的西北，甚至陝西的邊緣。吐蕃兵力最強時，還曾佔據長安，只是由於他們不適應海拔比較低的地方，低海拔環境造成他們醉氧，他們才很快退到了隴東高原。

在《中國歷史地圖集》中，如果把安史之亂以後這一幅唐朝疆域圖與前面兩幅對照的話，差別是非常的大，絕不是我們想像中的盛唐。實際上，每個朝代的疆域前後幾乎都有變化，不過幅度沒有像唐朝那麼大。一般一個朝代在剛建立的時候，還不是疆域最大的時候。比如明朝，初年的時候曾經控制新疆東部哈密一帶，並在那裏建立軍事衛所。但是到了嘉靖年間已經撤到了嘉峪關。所以，如果我們要詳細了解疆域的變遷，還要分階段、從各個方面了解，

對照歷史地圖和有關的史料。

第三階段是非常重要的，在漢朝疆域基礎上，唐朝一度擴張到空前的範圍。

第四個重要階段是元朝。成吉思汗剛在蒙古地區興起、統一蒙古的時候，歷史上的中國範圍被分裂成七部分：蒙古；西遼，就是今天的新疆和它西面到巴爾喀什湖、阿姆河之間的地方；金朝，佔據了淮河、秦嶺以北的黃河流域，大興安嶺以東的地區；西夏，北起河套，南至隴山、河湟地區，西至河西走廊的西端；南宋，淮河、秦嶺以南（除了雲貴高原以外）這些地方；大理，包括雲貴高原和它周圍的部分地區；吐蕃，青藏高原和它周圍的地區。

成吉思汗興起以後，蒙古先後滅掉了金、西夏、南宋、大理。在這個過程中，蒙古南下滅大理的同時，又進入吐蕃，征服了不服從的貴族，完全控制了吐蕃地區。13 世紀中期，青藏高原和中國的其他地方都成了元朝的疆域。但是並不是今天整個中國的所有地方一直就歸元朝統治。成吉思汗分封他的子孫，建了一個察合台汗國，新疆的大部分在元朝期間是歸察合台汗國，並不是歸元朝統治的。

元朝的穩定疆域在北方西起今額爾齊斯河，東到鄂霍次克海；在東部，擁有朝鮮半島東北部；在西南，包括今天的克什米爾地區以及喜馬拉雅山南麓的不丹、錫金等地，還有今天的緬甸東北部和泰國北部。

與漢朝、唐朝極盛時的疆域相比，元朝不僅在面積上超過了它們，而且在控制程度上也超過了它們。除了吐蕃地區和今天新疆東部的三個直屬朝廷的單位以外，元朝在全國都設置了行中書省，簡稱行省，相當於今天的省，其中包括漢唐時從未設置過正式行政區的蒙古高原以北和遼河下游以北地區。

到最後一個重要的階段。清朝在乾隆二十四年（公元 1759 年）完成統一，也就是在前一節裏面介紹過的，形成一千三百多萬平方公里的遼闊疆域。

鴉片戰爭以後，黑龍江以北、烏蘇里江以東被沙俄侵佔了。以後，通過《伊犁條約》和幾個勘分邊界的界約，沙俄又侵佔了今天新疆以西、以北的這一片領土，清朝的西界大致退縮到今天的邊界。

清末領土的形狀就像一片秋海棠的葉子。辛亥革命以後，外蒙古在沙俄的策動下鬧獨立，而後不得不取消。到 20 世紀 20 年代，外蒙古又搞獨立。1946 年，當時的國民政府承認外蒙古的獨立。中國領土的形狀變成了一隻雄雞。

第四節　古代中央政府如何劃分主要行政區？

西漢元鼎六年（公元前 111 年），漢武帝外出巡視，當他到達左邑縣桐鄉的時候，聽到了南越國被平定的消息，他非常高興，就把這裏的縣名改為聞喜，這就是今天山西省聞喜縣的來歷。當他到汲縣的新中鄉時，又聽到叛亂的頭目呂嘉被抓獲，就新設了一個縣，命名為獲嘉縣，就是今天河南省的獲嘉縣。

這兩個縣到今天已經有二千一百多年的歷史了，比它們早的「縣」還有。「縣」出現在戰國末年，秦朝估計已經有幾百個縣，有人估計甚至可能有上千個縣。這些縣中間有一部分，兩千多年來沒有改過名，相當穩定，有的甚至連縣的治所也基本上沒有改變過。

再看縣的單位，也是比較穩定的。西漢末年，也就是公元初，全國有一千五百多個縣級單位。到了今天，中國也不過二千八百多個縣級單位，而今天中國的領土比漢朝的疆域已經擴大了很多，人口是漢朝的二十多倍。

為什麼縣級單位比較穩定呢？因為它在行政區劃形成和發展的過程中，是最穩定的一個因素，它是直接治理基層的，縣的大小，也就是縣的轄境，必

須要與它的功能相適應。而兩千多年來它的基本功能沒有太多的改變。在農業社會，在交通條件不發達的情況下，它管理的範圍也不能太大，否則就管不了。如果人口增加，賦稅徵收量增加，行政管理的事務也會相應增加，就需要設置新的縣，或者將原來的縣拆分。反之，如果人口減少，賦稅徵收量減少，考慮到行政管理的成本，就會將這樣的縣合併或者撤銷。所以縣的數量、縣的轄境，也是比較穩定的。而「縣」這個政區單位的名稱也從來沒有變過，僅在特殊地區或少數民族聚居區才採用其他名稱。

為什麼需要設立縣呢？在分封制的情況下，一個國，無論大小，它都是歸這個國的國君，也就是各級諸侯直接管理的，下面不用再分行政區劃。一般的諸侯，他管的範圍也不是很大，因為如果是個大的諸侯，他又會把他管的地方分封給小的諸侯，小的諸侯也會分給他的家臣。下一級對上一級並不承擔其他義務，一般就是納貢。諸侯對國君，以至於對最高的天子，也是只要逐級納貢。距離比較近的，就貢糧食、其他物資，還有供人力、服勞役、服兵役。所以上一級的諸侯或者國君並不具體管理下一級諸侯以及家臣的具體事務，不存在行政管轄的需求。分封以後，每一級諸侯封國對上一級承擔貢獻，如果距離比較近的，再承擔一定的勞務、兵力就可以了。

到了戰國時候，周天子和原來的制度對諸侯已經沒有任何約束力了，諸侯之間相互兼併，大的諸侯不斷地把小的諸侯滅掉，大國不斷地把小國吞併掉。那些被兼併的小國諸侯的土地成了大國的一部分，不再分封，大國國君得直接派人去管了。

這些地方一般都是在原來國土的邊緣，或者接近邊緣，所以被稱為「懸」，就是懸在中心區的邊緣。據說這就是「縣」的來歷，有「縣者，懸也」的說法。國君要專門派人去管理這些「懸」，這些地方就被稱為「縣」。縣是陸續增加的，當出現不止一個時，就得在「縣」這個通用名稱前面再加上專名

加以區別，就有了甲縣、乙縣、某縣的名稱，如漢武帝改名的聞喜縣和新設的獲嘉縣，改的或命名的是前面的專名，「縣」這個政區的通名是不改的。縣是分封制解體的產物，是一種新產生的行政區劃。

縣越設越多，都直屬國君，國君也管不過來。到了戰國後期，像秦國不斷大片地奪取別國的土地，甚至把整個國滅了，新增加的縣數成十上百，不可能都由國君直接管，所以就出現了管縣的上一級機構——郡。到戰國後期，基本上形成行政區劃制度，基層一級設縣，縣上面設郡。但各國情況不同，差別很大，有的國內只設了縣，還沒有郡一級，有的還沒有普遍設縣。

公元前 221 年，秦始皇統一六國以後，就把天下分為三十六個郡，通過郡管所屬的縣。後來不斷調整。有些郡原來管的地方太大，有的地方原來還沒有設立郡，經過新設和擴大調整，秦朝後期的郡大概有五十個。

我的老師譚其驤教授在 1947 年考證出秦朝有四十六個郡，但是他認為南方有些地方一個郡的轄境太大，推測可能還有郡沒有留下史料。果然 2002 年在湖南里耶古城出土的秦簡中出現了洞庭郡和蒼梧郡的名稱，證明在這四十六個郡以外，至少還有兩個，甚至可能還有更多的郡，所以我們可以推斷秦朝末年有五十個左右的郡。

到了西漢，特別是經過漢武帝的開疆拓土，疆域擴大，郡的數量也增加了。在遼東、朝鮮設了四個郡，在河西走廊設了四個郡，在今天的越南設了三個郡，還有的原來一個郡管轄的範圍太大，被分為兩個郡，甚至三個郡，這樣就有了一百多個郡級單位。中央政府通過一百多個郡管理一千多個縣級單位。在朝廷直接管理的範圍，西面的敦煌郡已經到了今天甘肅的敦煌，南面的日南郡已經到了今天越南的中部。朝廷直接管理一百餘個郡，往往鞭長莫及、顧此失彼。

也是在漢武帝時期，出現了一種督察區。朝廷把除首都周圍的直屬郡以

外的地區分成十三個督察區 —— 刺史部，每個部派一名專人去巡視督察。時間長了，原來主要負責督察巡視的官員就演變成為上一級的地方官。一開始這些刺史沒有固定的治所，後來有了；開始他們只有直接向皇帝報告的權力，後來變成下面郡的報告都要通過他們轉達；督察區就演變成為郡的上一級行政區。到了東漢後期，就形成了一種新的「州—郡—縣」體制，縣的上面是郡，郡的上面是州，州的上面才是中央政府。

唐朝、宋朝都有類似「州」的一級機構，它的功能介於監察和行政之間。唐朝稱為「道」，偏重於監察，全國分為十幾個道。宋朝稱為「路」，偏重於行政，全國分為二十幾個路。下面郡一級政區的名稱改稱「州」了，一部分重要的或有特殊意義的州改稱為「府」。縣的名稱一直沒有變過。形成「道、路—州（郡）、府—縣」這樣一種體制。

到了金朝後期，因為國內經常發生一些大的事件，又面臨蒙古的入侵，朝廷認為只派一位官員去管理很難解決問題，往往派出一批負責各個方面事務的官員一起去處理，等於就是從中央政府派出一個工作組這種形式。

等到蒙古人南下，在滅金朝的過程中，認識到這個制度適合他們的需要。蒙古的中央機構和後方基地在蒙古高原，而佔據的地方越來越大，越來越遠，不可能由中央機構中書省直接管理，派一位官員去也管不了，所以就由中書省派出一批人，到地方上設置「行中書省」——中書省的工作組，全面負責一個很大區域的行政管理。比如元朝佔領今新疆一帶後，就曾在那裏設了一個阿力麻里行省。元朝建立後，就在全國設立十餘個行省，如河南江北行省、江浙行省、雲南行省等，形成「行省—州、府—縣」體制。

明朝沿襲了行省制度，只是將名稱改為承宣布政使司，但非正式場合和民間還是稱為行省。全國除北直隸（京師）和南直隸（南京）這「兩京」以外，劃分為十三個布政使司。清朝、民國繼續沿用行省制度，清朝統一改稱省，連

首都北京所在政區也稱直隸省。

　　到了清朝，因為人口增加，賦稅徵收量大，行政事務多，有些省的管轄範圍太大，就一分為二。如江南省（明朝的南直隸）分為江蘇、安徽，湖廣分為湖南、湖北，陝西分為陝西、甘肅，基本形成今天省的格局。在滿族的發祥地東北和其他少數民族地區，分別設置將軍衙門，相當於省級政區，如東北設了奉天、吉林、黑龍江三個將軍轄區，新疆設了伊犁將軍，外蒙古設了烏里雅蘇台將軍。西藏、青海由朝廷派駐大臣，內蒙古六盟由朝廷理藩院管轄。在全國設省的範圍內，基本的行政體系依然是「省—府—縣」。

　　富庶地區的縣儘管轄境並不大，但無論是戶口、徵收賦稅的量，還是行政事務都比一般地區的縣多得多。明朝已經出現同一城裏設立兩個縣治的建置，清朝進一步將一些發達的縣一分為二，江南的大多數縣都被拆分為兩個縣，如常熟縣分出昭文縣，武進縣分出陽湖縣，華亭縣分出婁縣等。

　　兩千多年來行政區劃的變化證明：秦朝開創的郡縣制適合中央集權制的需要，符合中國的國情，儘管不同朝代對層級、名稱有所調整，但沒有本質上的變化，沿用至今。

第二章

城市

幾經變化的都城

第一節　漢朝的長安和洛陽

劉邦在打敗項羽，稱皇帝即位以後，把洛陽作為他的首都。但是幾個月以後，他聽了一個戍卒婁敬的意見，並且得到了張良的支持，就下令遷都關中。

當時他的部下大多數人都是豐沛故人，就是他老家豐邑（今江蘇豐縣）、沛縣（今江蘇沛縣）這一帶人，他們都反對他遷都。而且原來秦朝的首都咸陽已經被破壞了，遷到關中以後，一開始連住的地方都沒有，只好臨時找個地方，在今天臨潼這一帶安頓下來，要等到新都建好了才遷進去。這個新都的名字叫長安，原來是當地一個鄉的名稱，這個名稱很吉利，以後新首都建成就叫長安，所以一開始只說「遷關中」。

為什麼劉邦要做出這個決定呢？並且整個西漢的首都就一直在長安。

我們知道，由於首都對於一個國家的重要性，所以它設在哪裏必須要考慮到對內、對外這兩個因素。對外，要有足夠的防禦力量。所以一般情況下，必須面對主要的軍事威脅，你若離開前線太遠，或者不是正面對着主要的敵對

勢力，就無法主動遏制強敵。一旦國力衰退，就會放棄首都或者遷都逃避。相反，只有將首都面對主要的軍事威脅，迫使自己以及後代能夠不斷地加強防禦或主動出擊，才能夠起到禦外的作用。當時西漢的主要軍事威脅來自北方，尤其是西北，主要敵人是匈奴。

西漢初年經常是「烽火照甘泉」，就是在甘泉宮（在今陝西淳化縣北甘泉山）一帶經常要燃起烽火報警。匈奴人騎兵南下的時候，離長安經常只有八百里，騎兵一天一夜就可以趕到。在這個情況下，因為長安是首都所在，所以西漢不斷地加強周圍的防禦力量，並且始終守住北方、西北的這些邊界，到了國力強盛的時候，就從這裏發起反擊。到了漢武帝的時候，就將匈奴趕出漢境，穩定地守住了原來秦長城一線，並且以關中為基地向西北開拓，進佔河西走廊。事實證明，劉邦選擇以長安為首都，在禦外上面是相當成功的。

首都還要能夠制內，控制國內的敵對勢力，防止國內出現動盪叛亂。在冷兵器時代，一般就要考慮選一個相對封閉的環境，便於防衛；還要選擇居高臨下的地勢，需要出擊時具有優勢。這一點，長安比洛陽強得多，洛陽周圍沒有什麼險阻，那些山都不高，相反通道都很寬敞，很難防禦。長安所在的關中當時被稱為「四塞之地」，北面是陝北黃土高原和一系列山脈，南面是秦嶺山脈，西面是隴山山脈和隴東高原，東面秦嶺、華山直逼渭河、黃河，是一個四面都封閉的盆地。在僅有的隘口、通道上都設有重關，往東的通道最重要，有潼關（在今陝西潼關縣北）、函谷關（在今河南靈寶市北、新安縣西），南面有武關（在今陝西丹鳳縣東南），西北面有蕭關（在今寧夏固原市原州區東南），易守難攻，相當安全。而對於關東人口稠密、經濟發達地區，又具有居高臨下的優勢，便於主動出擊。

西漢初年，關東大多數地方都不在朝廷的直接統治下，那些同姓王、異姓王的封地佔了大部分。在長安建都，不但能控制關中這個基地，而且守住了

關中以西、以北，以及關中西南，像漢中、巴蜀這些地方，都成了朝廷可靠的後方。

在關東發生叛亂的情況下，一方面可以確保首都的安全，另一方面，在積聚了足夠的力量後就可以隨時發動反擊。漢景帝三年（公元前 154 年），吳楚七國之亂，周亞夫出兵鎮壓。由於後方關中非常鞏固，又有忠於朝廷的梁國（國都在今河南商丘）擋住交通要道，周亞夫可以集中兵力進駐昌邑（今山東巨野縣南），以深溝高壘固守，等到叛軍疲憊糧盡，一舉擊潰，三個月就平定叛亂。

可見，建都長安在禦外和制內兩方面都非常有利。

東漢光武帝劉秀定都洛陽，整個東漢幾乎都沒有再遷都回長安，只是東漢末年才被董卓以武力強制遷往長安五年多。東漢時不斷有人呼籲首都應遷回長安，班固的《兩都賦》雖然極力維護東都洛陽的地位，但一定程度上也反映了西都長安的巨大影響。然而洛陽的首都地位始終穩固，原因何在？

以往一般的說法，是認為劉秀的故鄉在南陽（郡治在今河南南陽市），劉秀在南陽起家，南陽的宗室豪族是他的政治、經濟基礎。首都設在洛陽，更容易獲得和維持來自南陽的支持。這在東漢初期，的確是一個重要因素，但不足以解釋整個東漢的形勢。其實，相比長安，洛陽有一項更重要的優勢，是便於解決糧食供應問題。

作為一國之都，必定會聚集大量人口。而且，隨着建都時間的延續，人口會以較快的速度增加。西漢的長安建成後，不僅皇室、朝廷文武百官、侍衛、駐軍、差役、工匠等首都必備人員入住，還從各地遷入大批特殊移民。這些人都不從事農業生產，需要有供養他們的糧食和其他生活資料。到西漢中期，長安和周圍陵縣（在皇帝陵墓附近設立的為他守陵的縣）的人口已經超過一百萬。從長安出征的軍隊和駐守西北邊疆的軍隊，也要從長安調撥大部分糧食。

關中雖號稱「沃野千里」，實際上，關中平原的面積是有限的，加上日漸擴大的城市、宮殿、園林、兵營佔去大量土地，農業用地很快用盡。儘管有一些人工渠道灌溉比較便利，局部地區糧食畝產較高，但無法滿足首都的需求，不得不從關東農業區調運糧食。西漢初，每年就要輸入數十萬石，漢武帝時每年最多要輸入六百萬石，以後常年需要每年四百萬石。

當時最便利的辦法是漕運，就是通過水路用船運糧。如果從陸路運輸，成本高得無法承受。秦始皇時要將糧食從山東半島運到河套地區，路上的消耗是最終運達數量的六十倍。從關東往長安的唯一水路是黃河和渭河，偏偏都是逆流而上，必須完全依靠人力拉纖，還得經過三門峽天險。黃河流經這裏，奔騰的河水被約束在狹窄的峽谷中，形成三股水道，自東至南稱之為人門、神門、鬼門，其中只有寬二十多米的人門能夠通行。但水流異常湍急，兩邊巨石壁立，稍有不慎就船毀人亡，整船貨物化為烏有。從未建水庫前留下的照片上可以看到，三門峽兩岸的山巖上形成一道道深深的纖繩磨痕，可見當時漕運所耗費的人力物力多麼巨大！

如果首都設在洛陽，從關東產糧區運糧食過來雖然也是逆流而上，但距離就短了很多，而且不用經過三門峽天險，損失減少，也更有保證。如果光武帝劉秀定都於洛陽，主要是考慮到離他的基礎南陽距離較近這個因素的話，那麼以後的皇帝必定會更多地考慮糧食供應因素。而在整個東漢，洛陽沒有出現過像西漢長安那樣的漕運難題。

另一個因素就是東漢的軍事形勢。在永元三年（公元 91 年）竇憲大破北匈奴後，北匈奴從此西遷，已經投降的南匈奴逐漸內遷，不構成對東漢的軍事威脅。而隨着西北羌亂不斷，儘管東漢一次次鎮壓，卻止不住羌人的叛亂和內遷，一度不得不將西北的郡治後撤到長安附近，長安成了軍事前沿，根本不具備「禦外」的優勢。

到了東漢末年，關中盆地以北，今天的陝西北部、甘肅東北已經沒有漢朝的行政區了，成了羌人、匈奴人和其他少數民族的聚居地。在《中國歷史地圖集》三國時期的圖幅中，這一塊只能根據史料中模糊的記載，註上「羌胡」兩個字。假設東漢曾經在長安建都，肯定早就遷走了。

當然，洛陽在「制內」方面也沒有優勢可言。當初婁敬勸劉邦遷都關中時，那些反對遷都的人稱「雒（洛）陽東有成皋，西有殽黽，倍（背）河，向伊雒，其固亦足恃」（洛陽東面有成皋，西面有殽山、黽池，背靠黃河，面向伊水、洛水，它的穩固地位也可依靠）。但張良一針見血，道破洛陽的先天不足：「雒陽雖有此固，其中小，不過數百里，田地薄，四面受敵，此非用武之國也。」幸運的是，東漢沒有出現國內動亂，特別是來自關東的軍事威脅，這一缺陷沒有影響到首都的安全。等到關東州郡起兵討伐董卓，董卓知道這「四戰之地」是守不住的，就逼漢獻帝西遷長安。可見同樣的建都條件，在不同的外部形勢下會起不同的作用。

第二節　北魏孝文帝的遷都與漢化

北魏太和十七年（公元 493 年）七月十日，全國戒嚴，軍隊總動員，北魏孝文帝拓跋宏宣佈要進行南征。到八月十一日，孝文帝率領三十萬大軍浩浩蕩蕩從首都平城（今山西大同市）出發南下。當時北魏已經統一了中國北方，與南朝大致以淮河和秦嶺為界，雙方已經形成了一種對峙的均勢。孝文帝匆匆忙忙南伐，自然會引起文武大臣的不滿。但是因為皇帝下了這樣的命令，大家也只能服從。

軍隊剛離開平城，就遇到了綿綿陰雨，一路艱難跋涉，在九月二十二日到達洛陽。連日陰雨，道路泥濘，但是到了二十八日，孝文帝下令繼續南下。

第二天清晨，當他一身戎裝，躍馬揚鞭要出發的時候，早已守候在那裏的群臣一下子跪在馬前，磕頭請求他停止南伐。孝文帝大怒：「我正要統一天下，你們幹什麼要阻止啊？」但是所有大臣，包括拓跋氏的宗室，還有文武百官，通通攔在馬前，勸他不要南下。

其實孝文帝並不是真的要南征，他看到時機成熟，就對大家說：「你們看我這次採取這麼大規模的行動，要是沒有一點成果，怎麼向後人交代？如果就這樣輕易班師，拿什麼傳之千秋呢？我想我們的祖先世世代代生活在北方的荒漠之中，難道不想南遷來享受無窮無盡的幸福嗎？難道只有今天的君子才有這樣的念頭嗎？只是要等到天時人事齊備、王業完成罷了。要是不南伐，就應該把首都遷到這裏，在中心地區建都，現在正是機會，說幹就幹，不要拖延時間。你們贊成遷都的就往左邊站，不贊成的往右邊站。」孝文帝以為他表了態以後，大臣們肯定都只能贊成。誰知道不少人不斷地往右邊站，這個時候因為犯了貪污罪，被革去南安王爵位的拓跋楨見到有立功的機會，就站出來大聲疾呼：「幹大事不必與一般人商量，只有非常之人才能幹成非常之事。遷移首都綿延王業，選擇中心地區建都，以前周公就這麼做的，現在陛下也這麼做，真是再合適不過了。天下還有什麼比首都更重要？人有什麼比生命更重要呢？請求立即停止南伐，遷都中原，上使陛下安居，下使百姓放心，這不僅是我們的希望，也是全體百姓的幸福。」早已準備好的一批大臣高呼萬歲，群臣只好齊聲響應，孝文帝趁勢宣佈遷都洛陽。

其實這只是孝文帝打贏的第一仗，因為他要遷都的主要目的，不僅僅是要把政治中心遷到中原的中心地帶，有利於將來進一步的統一，更主要的是希望通過遷都實現完全的、徹底的漢化。果然在遷都已成定局的時候，孝文帝就開始實行一系列更加徹底的漢化措施。太和十八年（公元 494 年）十二月初二，他首先下令禁止士民穿「胡服」（鮮卑等北方諸族的服裝），大多數鮮卑

人不樂意，很多人沒有執行命令，如東陽公（原東陽王）、太傅拓跋丕就公然一身胡服，不願換裝。

太和十九年（公元 495 年）三月十九日，孝文帝的岳父，太師、京兆公馮熙在平城病故。留守平城的拓跋丕本來就不贊成遷都，聯合陸叡等大臣上書，請求孝文帝回到平城參加馮熙的葬禮。孝文帝識破了他們的意圖，嚴詞譴責：「我在遷都之初，你們竟然出這樣的主意，想陷我於不義。」他對這些大臣一律給予降職處分，同時下令將馮熙的靈柩迎到洛陽安葬。到五月二十六日，孝文帝宣佈了另一項漢化措施：「停止說鮮卑話，一律講正音（中原漢語）。三十歲以上的人或許一時難改，三十歲以下的朝廷現職官員不許再講鮮卑話。如有故意不改的，就要降職或撤職。」他又責備留守洛陽的官員：「昨天我還望見婦女着夾領小袖的胡服，你們為什麼不奉行上次的詔書？」群臣只得認罪求饒。六月初二，孝文帝正式下詔，禁止在朝廷使用鮮卑語，違者一律免職。

不久前，廣川王病故，他夫人早死，已葬在平城，有關部門請示孝文帝，廣川王應在何處安葬。孝文帝又推出一項改革，代（平城及周圍一帶）人已遷到洛陽的，死後應全部葬在洛陽城北的邙山，六月十九日正式下詔規定。南遷的移民，不管原籍在北方哪裏，也不管原來是哪個民族，籍貫統統改成河南洛陽。

太和二十年（公元 496 年）正月，孝文帝走出了漢化過程中最徹底的一步，將本家族的拓跋氏改為元氏。《易經》稱「大哉乾元」，「元」就是老大，給皇家用最合適。他下令所有功臣舊族，包括鮮卑族和其他北方民族通通改姓，如拔拔改為長孫，達奚改為奚，乙旃改為叔孫，丘穆陵改為穆，步六孤改為陸，賀賴改為賀，獨孤改為劉，賀樓改為樓，勿忸于改為于，尉遲改為尉等。鮮卑等北方少數民族與漢族在姓氏上的差別被完全消除。

同時，他以行政手段促使鮮卑族和漢族通婚，下令北方四個門第最高的家族的代表人物 —— 范陽盧敏、清河崔宗伯、滎陽鄭羲、太原王瓊，將女兒送進後宮。李沖出身隴西大族，又與鮮卑高門大族結為兒女親家，孝文帝也將他的女兒納為妃子。他還下詔為自己的六個弟弟重新娶妻，分別與漢族大家族隴西李氏、范陽盧氏、滎陽鄭氏和代郡穆氏聯姻。這樣大規模的通婚，無疑使鮮卑族從皇族元氏開始不再有純粹的血統了。

　　這些激烈的措施推行時自然不會順利，孝文帝萬萬沒有想到，帶頭違反他命令的竟是他的長子 —— 太子元恂。元恂不喜歡唸書，身體又肥大，嫌洛陽夏天太熱，常想回平城去。孝文帝賜給的漢族衣服他不穿，經常偷偷穿上胡服。他的老師高道悅多次規勸，他非但不聽，反而恨得要命。當年八月初七，孝文帝去嵩山，元恂就與左右密謀殺了高道悅，從牧地調來馬匹，準備奔回平城。幸而被領軍元儼發現，嚴守宮門，將他們堵住。孝文帝立即趕回洛陽，在宮裏訊問，還親自動手，和咸陽王元禧輪流打了他一百多板子，然後把他關押起來，要把太子廢為庶人加以監禁。但反對派一直想利用太子，為了斷絕後患，太和二十一年（公元 497 年），孝文帝只能把這個十五歲的孩子賜死。還有些貴族大臣，甚至密謀在平城發動叛亂，結果都被孝文帝無情地鎮壓下去了。

　　儘管孝文帝在兩年以後就以三十三歲的英年過早離世，但他的改革措施再也沒有逆轉。中國歷史上掌握了政權的非華夏民族統治者最主動、最徹底的漢化，最終實現了。儘管鮮卑作為一個民族消失了，但它本身就是這場改革的受益者。元氏家族，就是原來的拓跋氏，儘管經歷了爾朱榮之亂，東西魏分裂，北齊、北周取代東魏、西魏等屢次內亂、戰禍和天災，但依然子孫繁衍，名人輩出，特別是在中國文化史上留下了好幾位傑出人物。比如在唐朝記載中找到的就有神童元希聲，北門學士元萬頃，名士元德秀、元集虛，學者中有元

行沖，特別是著名的詩人元結、元稹，元稹是跟白居易齊名，被稱為「元白」的。一直到金朝末年，還出了一個大詩人元好問。其他家族呢？在唐朝的宰相裏可以找到好幾個家族，像劉、竇、高、房、宇文、長孫、李、於、豆盧、元、獨孤等十幾支，其實他們都是鮮卑、匈奴等北方少數民族的後代，或者是與漢族通婚的產物，就連唐朝的皇室李氏也並不是純粹的漢族血統。

至於其他王侯將相，以至士農工商平民百姓中帶有胡人血統的，儘管我們沒有辦法做出確切的分析，毫無疑問也是相當多的。經過孝文帝的主動融合和以後的發展，鮮卑族和其他北方少數民族最終成了漢族的一部分。正是由於鮮卑等民族的不斷加入，才為漢族不斷注入了新鮮的血液，也使漢族人口數量日益增加。今天漢族能成為中國的主體民族和世界上人數最多的民族，實際上離不開鮮卑等民族的貢獻。而鮮卑族本身儘管因此不再作為一個單一的民族而存在，卻在另一個民族大家庭中得到了永生。

我們中華民族應該紀念華夏族的祖先，但同時也應該紀念包括鮮卑族在內的各民族的祖先，不應該忘記像孝文帝元宏這樣為中華民族的形成和壯大做出了巨大貢獻的偉人。孝文帝的南遷並不僅僅是首都的遷移，而是以遷移首都為手段、契機，進行了一場自覺地融入漢族的重大改革，並且最終取得了輝煌的成就。

第三節　隋唐時期的兩都

在長安的建都史上，唐朝可以說是最輝煌的時代，無論是都城的規模，還是它對全國以及對中國以外的地區的影響，都達到了高峰。但是，唐朝以後再也沒有任何朝代在長安建都，是什麼原因呢？

其實，在唐朝初年，甚至隋朝的時候，統治者就已經意識到了長安作為

一個首都的危機，還是老問題——糧食和物資的供應。翻閱史書，我們可以發現這樣的記載：開皇十四年（公元 594 年），關中大旱、饑荒，隋文帝率百姓「就食」洛陽。咸亨元年（公元 670 年），關中饑荒，詔令百姓任意往各州「就食」。二年（公元 671 年），因上年以來旱饑，唐高宗赴洛陽。永淳元年（公元 682 年），關中饑饉，令諸府兵往鄧、綏等州「就穀」，高宗與武后赴東都洛陽，不少隨行的官民餓死在路上。隋煬帝、唐高宗、武則天、唐玄宗經常住在東都洛陽，武則天還曾遷都洛陽，改稱為神都。所謂「就食」，就是就近接受糧食救濟。

這是因為關中的糧食供應本來就相當緊張，相當一部分糧食是依靠關東從黃河逆流而上，經過三門峽天險，再進入渭河，同樣逆流而上運到長安的。一遇到關中出現自然災害、糧食歉收的情況，需要的供應量就更大。要在短期內將糧食運上去相當困難，成本也很高，還不如皇帝帶領文武百官和百姓到糧食供應比較容易的洛陽接受救濟。比較起來，還是這個辦法方便，而且也更節省。

所以隋朝就在洛陽建了幾個大糧倉。其中最大的含嘉倉，位於今洛陽市老城北，始建於隋大業元年（公元 605 年），唐朝時大規模存糧，含嘉倉成為國家的大型糧倉。考古發掘證實倉城東西長六百一十二米，南北寬七百一十米，總面積四十三萬多平方米，共有圓形倉窖四百餘個。大窖可儲糧一萬石以上，小窖也可儲糧數千石。唐天寶八年（公元 749 年）總儲糧量約為五百八十三萬三千四百石。

以前講到隋煬帝、唐高宗和武則天、唐玄宗喜歡常住洛陽，或者經常往返於長安、洛陽，都說他們是貪圖享樂，或者說洛陽的環境比長安好。其實如果只講生活享樂的話，皇帝和皇后在長安也不會差；如果是為了巡遊的話，臨時去一下就可以了；但皇帝住在洛陽，即使不帶上大批百姓，肯定可以節省一

部分將糧食從洛陽運往長安的費用。

西漢時供應關中的糧食都來自關東，即太行山以東的黃河流域和山東半島。到了隋朝和唐朝前期，相當大的一部分已經要靠淮河流域了。安史之亂以後，北方受到戰亂的影響，而南方因為接受了不少新移民，增加了勞動力，促進了土地的開發和糧食的生產。供應關中的糧食來源地已經不是北方的黃河流域，而是南方江淮一帶和江南地區了。隋煬帝開通由洛陽到江都（今江蘇揚州）的運河後，更便於將江淮和江南的糧食及其他生活必需品運到洛陽，但從洛陽運往長安的條件依然沒有改變，所以關中對江淮漕運的依賴性更大了。

唐德宗貞元二年（公元 786 年），為了避開三門峽天險，減少運糧的損失，李泌建議從峽東的集津倉到峽西的三門倉之間開一條十八里長的車道，將糧食先裝車，沿這條路繞過三門峽後，再裝船運往長安。雖然更費事，畢竟比船毀糧盡人亡強，也救了長安一時之急。那年四月，關中糧食耗盡，禁軍將發生嘩變，正好江南的三萬斛米運到陝州（今河南三門峽市）。聽到消息，唐德宗高興地跑到東宮，對太子說：「米已經運到陝州，我們父子倆得救了。」

此前的興元元年（公元 784 年），由於李希烈叛軍的阻擋，江淮漕運不通，不得不改變路線繞道而行。王紹只得押運一批繒帛衣料趕到德宗逃出長安後的臨時駐地梁州（今陝西漢中市）。德宗喜出望外，親自慰勞，對他說：「將士們還沒有春裝，我還穿着皮衣。」這時已是農曆五月。

唐末天復四年（公元 904 年），朱溫逼迫唐昭宗及長安士民東遷洛陽，並拆毀長安的宮室和民居，將木料建材由渭河、黃河運往洛陽，從此長安成為廢墟。洛陽取代長安當了首都，但三年後，朱溫奪取唐朝政權建（後）梁，立即將汴州（今河南開封市）定為東都開封府，而將原來的東都洛陽改為西都。五

代期間，實際首都已到了開封，並為北宋所沿襲。

如果說長安只是宮室被毀、城市廢棄的話，在戰亂平息後是不難恢復的。舉全國之力，重建新城亦不困難，以往長安、洛陽不止一次被完全重建。但唐以後，各朝再也沒有以長安為首都，自然有其他方面的充分理由。其他條件都具備的話，戰亂以後要恢復長安並不是難事。但是事實上，到了五代，然後又到了宋朝，首都不僅沒有再回到長安，而且從洛陽到了開封。

趙匡胤建立宋朝後繼續以開封為首都，如果從軍事上講，開封無險可守，是四戰之地，毫無優勢可言。果然，到北宋末年，金兵南下，長驅直入，勢如破竹，很快就兵臨開封城下。趙匡胤軍人出身，豈會不知道這樣的形勢？其實，還是不得不考慮首都的糧食和基本物資供應。

因為到北宋初年，整個經濟重心，特別是產糧區，能夠供應商品糧的地方，都已經轉移到了江淮和長江以南了，首都所在的地方對南方糧食和物資供應的依賴性比以前更大了。從這一點上講，開封的條件比洛陽更有利。通過汴水（汴渠）等水道溝通淮河的支流，連接淮河、邗溝、江南運河，可以形成以開封為終點的非常便利的水運系統，而且沿途基本都處在平原，運輸成本更低，可以保證開封的糧食和物資供應。

洪武元年（公元 1368 年），朱元璋在應天府（今江蘇南京市）稱帝建明朝。當時天下尚未平定，元朝的首都大都（今北京市）還沒有被攻克。但他也明白，對一個統一政權來說，首都設在應天府太偏南了。所以在當年八月，他就確定以應天府為南京，開封府為北京。洪武二年（公元 1369 年）九月，他又就建都地點徵求群臣意見，有的說關中是「天府之國」，有的說洛陽是「天地之中」，有的認為汴梁（開封）是宋朝舊京，有的認為北平（朱元璋給元大都改名，今北京市）「宮室完備」，莫衷一是。最後朱元璋裁定：現在天下初定，百姓尚未得到休養生息，勞力供應都得靠江南。應天府有長江

天塹，臨濠（今安徽鳳陽）前有長江，後有淮河，又有水路通漕運，建為中都。所以明初有「三都」的說法，即南京應天府，北京開封府，中都中立府（後改名鳳陽府）。

朱元璋的確曾準備遷都中都，所以中都的建築規劃比南京還宏偉廣大，但到洪武八年（公元 1375 年）四月，就在中都基本建成，只待進行收尾工程時，他宣佈暫停，並且在當年九月正式決定停建。表面上的理由是動用的勞力太多，建築標準太高，而南京的一些重要設施還沒有建成。停建中都後，就集中人力物力改建南京的宮殿，並建設鳳陽的皇陵。從朱元璋此後還要考察關中看，真正的原因恐怕是他終於認識到，中都並不是理想的全國首都。

洪武十一年（公元 1378 年），朱元璋撤銷了開封「北京」的稱號。原來將開封作為備選首都，是因為比較起來，北方的幾個城市中，開封水運條件最好，但之後發現汴渠早已淤塞，河道中的水太淺，漕運無法開通。既然解決不了開封的糧食和物資供應問題，自然不會再有遷都的打算。

朱元璋晚年還動過建都關中的念頭，洪武二十四年（公元 1391 年）八月，他命太子朱標巡撫陝西，考察關洛形勢，謀劃建都事宜。但太子從陝西回來就一病不起，次年四月就去世了，建都關中一事不了了之。不過，真正的原因應該還是考察的結果並不理想，才不得不放棄。否則，朱元璋在此後的六年間完全有可能繼續派人經營。

到此，我們可以總結出這樣一條規律。在元朝以前的統一時期，首都最適合設在中原的黃河流域。總的趨勢是由西向東，即在西安—洛陽—開封一線移動。決定性的因素是保證首都的糧食供應，所以必須保證從糧食產區到首都之間有可靠的運輸渠道。從元朝開始，首都遷到了北京，離主要的糧食產區更遠了，但找到了新的運輸渠道。朱元璋生前沒有能夠選定最合適的首都，只能留給他的後人來解決了。

第四節　明朝的兩京並建

中國歷史上各個朝代一般都只有一個首都，其他的最多叫陪都，有的朝代中間遷了都，原來的首都一般也是陪都的地位。有些皇帝長期住在首都以外，或者不叫正式遷都，那麼就把皇帝住的地方叫作「行在所」，意思就是臨時首都。

但只有明朝是兩都並建的，明朝一級政區 —— 就相當於我們現在的省級單位 —— 稱為兩京十三布政使司，就是北京、南京兩個京，加上十三個省級單位「布政使司」。怎麼會形成兩京的格局呢？

前面一節已經說過，朱元璋生前也知道，對一個大一統政權來說，首都設在南京並不合適，但他一直沒有找到或者建成理想的新首都，所以只能留在南京。既然遷不了，他就儘量擴大首都直轄區 —— 京師直隸的範圍。元朝的時候，長江以北是歸河南江北行省管的，而長江以南是歸江浙行省管的。朱元璋就要以南京為中心，把相當於今天江蘇、安徽兩省和上海市的轄境合在一起，稱之為京師直隸。一度還把浙江的嘉興府一帶也劃入京師直隸，後來大概看到這樣一來浙江太小了，才又退回給浙江。他自己的故鄉濠州，先設為臨濠府，因建了中都又改為中立府，後來又改為安徽鳳陽府。為了使故鄉享受首都的地位，普沾皇帝的恩澤，自然也將其劃進了南直隸的範圍。

朱元璋死後，帝位傳給已故太子朱標的兒子 —— 皇太孫朱允炆，就是建文帝。朱元璋的第四個兒子燕王朱棣駐守在北平，就是原來元朝的首都大都。到朱元璋去世第二年，也就是建文元年（公元 1399 年），朱棣就以「靖難」的名義起兵叛亂，建文四年（公元 1402 年）兵臨京師，建文帝自焚而死，朱棣入城即位，後稱明成祖。

第二年也就是永樂元年（公元 1403 年）正月，朱棣就定北平為北京，二

月又改北平為順天府，並設立北京留守行後軍都督府、行部、國子監，開始按照首都的規格配備了。永樂四年（公元 1406 年），下詔明年營建北京宮殿。永樂七年（公元 1409 年）正月，朱棣赴北京，留太子在京師監國。但此後朱棣仍往返於北京與京師之間，直到永樂十五年（公元 1417 年）三月才最後一次離開京師去北京，永樂十八年（公元 1420 年）九月才將一直在京師監國的太子召至北京，下詔自明年起改京師為南京，改北京為京師，以遷都北京詔告天下。

本來，朱棣曾長期駐守北平，又是從那裏起兵的，將首都遷到自己的根據地，是順理成章的事。而且，當時明朝的主要威脅還是在北方的元朝殘餘勢力，將首都設在那裏，對繼續打擊元朝殘餘勢力，防範蒙古南侵，能起到震懾作用。以後的事實證明，這是正確的戰略性選擇。但是為什麼遷都的過程拖得那麼長？如果前面這幾年還可以用北平需要營建宮殿及首都各項設施作為解釋的話，朱棣以後的事就不便用常理解釋了。

永樂二十二年（公元 1424 年）秋，朱棣在北征班師途中病死，太子繼位，是為仁宗。到第二年洪熙元年（公元 1425 年）三月宣佈遷都南京，北京的各部門都改稱「行在」（臨時首都），讓太子去南京謁太祖陵後就留守南京。但當年五月仁宗就去世了，繼位的宣宗在位十年，始終留在北京，只是沒有撤銷遷都南京的決定。英宗繼位後也沒有任何遷都的動作，直到正統六年（公元 1441 年）十一月才正式宣佈定都北京，各部門不再稱「行在」。從此，北京稱京師順天府（北直隸），南京稱應天府（南直隸）。此時距朱棣改北平為北京已有三十八年，距他正式宣佈遷都北京已有二十年。

而且，在這以後直到明朝滅亡，一直是「兩京」並建，南京始終與北京一樣享受首都的待遇，在形式上幾乎具有首都的全部功能。太祖高皇帝朱元璋建成和居住的宮殿都保留，只是沒有了皇帝、皇室和近侍。皇家的祭祀場所社

稷壇、太廟也保留，還按時舉行祭祀儀式。國家的重大典禮、詔書的頒佈、政令的公佈等大多在兩京同步舉行，或者在北京舉行後再到南京補辦。皇帝的專用刑罰「廷杖」也可在南京執行，接到命令後，南京的錦衣衛會將被罰的官員押到南京午門前，在太監監刑下按規定數目打屁股。

南京六部九卿各衙門一應齊全，各級官員基本不缺，原來使用的印信雖然都已調到北京使用，但當時就為南京另鑄了一套，在前面都加上了「南京」兩字。不同的是，北京的衙門和官員是實際辦事管事的，有職有權，而南京的衙門和官員只是象徵性的、禮儀性的、供養性的、安置性的。如北京有兵部，長官是兵部尚書，是真正的國防部長，要處理軍事國防的事務。南京也有兵部，長官也是兵部尚書，當然，前面要加上「南京」兩個字，但只是個享受「正部級」待遇的官員，平時無公可辦，偶然簽個文件，逢時逢節或有重大活動時站在、坐在或跪在規定的位置上，按程序做動作就可以了。

有些官員名氣響、政績優、功勞大，但皇帝和同僚都討厭，卻不便撤職罷官，又不到退休年齡，南京就是他們最合適的去處。海瑞生前的最後兩年就被任命為南京右都御史，相當於監察部長，正二品，年俸七百二十石，第三位高薪，但沒有什麼事可辦，倒使皇帝身邊和北京城裏清靜了不少。

為什麼明朝遷都北京要花那麼長時間，費那麼多周折，最後還得兩京並建，花很大的人力物力維持這麼一個龐大的空架子呢？表面上的理由只是為了不改變太祖高皇帝朱元璋的舊制。僅僅為了這一點，有必要嗎？值得嗎？

理解歷史不能只看史料、只理解史料的文字，還要看這些文字背後的真實內容，看明朝的「兩京並建」現象也應如此。

朱棣雖是朱元璋的兒子，但不是太子，不是他的合法繼承人。朱元璋死後將帝位直接傳給了太孫朱允炆（建文帝），朱允炆合法地當了四年皇帝。朱棣是通過武裝叛亂奪取政權的，仗打了三年多，逼死了建文帝，不是宮廷政變

或陰謀篡位，無法隱瞞，全國臣民都知道。他當皇帝後最大的難題，是如何取得政治合法性。

所以朱棣在攻佔南京以後，曾經要建文帝的大臣方孝孺跟他合作，起草一道詔書，昭告天下，來證明他繼位的合法性，結果被方孝孺拒絕。他曾下令在全國收繳污衊帝王的非法出版物，目的自然是為了銷毀民間流傳的對他不利的記錄。他三次修改太祖皇帝的《實錄》，造成朱元璋生前對他有高度評價，曾動過傳位於他的念頭的假象。但《實錄》祕藏於皇家檔案館，是給後世人查看的，當時無法公開，起不了現實作用。

正因為這樣，他在涉及太祖高皇帝的事上特別小心謹慎，處處要顯示自己是合法繼承人，絕不絲毫改變高皇帝的成規。遷都是國家現實的需要，但既然高皇帝定都在南京，就要世世代代「繼承遺命」，絕不改變。何況高皇帝的陵墓 —— 孝陵在南京，南京如果不保持首都的地位，就是對高皇帝的不敬。

明成祖朱棣表面上是異常強悍的，但他自然明白自己究竟做過什麼，內心是虛弱的。所以，只要多少能夠掩蓋暴力奪權的真相，有利於加強他的政治合法性，他就會不計工本、不惜代價去做。遷都北京的過程和兩京並建的制度，只有從這個角度去看，才能真正理解。就是鄭和七次下西洋，耗費空前巨大的人力物力的壯舉究竟是為了什麼，真實的原因也得從這方面去找。

至於朱棣的兒子明仁宗朱高熾為什麼一當皇帝就要將首都遷回南京，因為他當皇帝的時間實在太短，只有十個月，留下的史料也太少，實在無法判斷。喜歡假設的朋友曾經問我：「要是他多當幾年皇帝，是不是明朝的首都就會遷回南京了？但以後其他皇帝是不是又會遷回北京呢？」歷史是無法假設的，假設的結果就不是歷史，我回答不了。

順便說一下，現在有些人熱衷於研究破解「建文帝下落」這個「千古之

謎」，其實從建文帝一死，民間同情他的人就開始製造和傳播各種版本的故事，可惜沒有一個能得到史料或實物的證明。歷史上留下的「千古之謎」很多，大多因為不可能再找到證據，所以是無解的，真想研究歷史的朋友千萬不要去鑽牛角尖，做無用功。如果只是想寫小說，編故事，自然可以放心寫，大膽編，但無關歷史，不必讓我們這些研究歷史的人表態。

第三章

建設
土 地 的 連 接 和 分 隔

第一節　不只起軍事防衞作用的長城

　　一講到長城，大家往往想起秦始皇的萬里長城，或者是明朝修的從山海關到嘉峪關的長城，特別是北京附近居庸關、八達嶺那一段雄偉的長城。實際上，最早的長城比秦朝更早。

　　其實人類在戰爭史上，往往會根據地理條件，通過城牆、關隘、壕溝等工事來阻止對方的進攻，加強自己的防衞。類似這樣的城牆，在中國各地，在世界上其他地方都有。早期的城牆，比如長城牆，在春秋、戰國各諸侯國之間就已經建起來了。這些城牆往往是利用了天然的地勢，比如建在山脊上面，或者在河邊、谷地。

　　楚國宣稱「方城以為城，漢水以為池」，就是利用方城這一帶的山勢，建起了一道城牆。為了防禦北方的遊牧民族，靠近北方的幾個諸侯國，燕國、趙國、秦國都已經建起了沿邊的長城。秦始皇的時候，就把北邊的長城連起來，並且進一步向西擴展。有些地段，因為跟匈奴之間的防線往北推了，所以建了

新的長城，有些地方還不止一道，就形成了從遼東到臨洮（今甘肅岷縣）的這一道萬里長城。

這本來是作為加強國家防衛的一項重要軍事工程，對抵禦匈奴南侵是非常有利的。那為什麼修長城在秦朝末年會激起那麼大的反抗？歷代史家往往評論修長城是秦始皇的暴政之一，甚至認為這也是導致秦朝很快覆滅的一個主要原因。

長城在軍事上的作用，主要是阻止對方的進攻。因為匈奴以及北方的遊牧民族主要是騎兵，如果沒有任何防禦工事的話，可以很快突破平時的防線，深入內地。長城至少起到了阻止作用，因為騎兵要一下子越過長城是不可能的，就是破壞長城也需要時間。

但是如果光有長城，沒有士兵防守，沒有烽火傳遞信息，那麼阻止的時間是有限的。要在長城上扒個缺口也不難，因為那時的長城基本上都是土城，也不會築得很高。所以長城的功能必須要與傳遞信息的烽火系統結合，並需要在適當的地方駐紮軍隊，以便需要的時候可以根據信息隨時調動軍隊，去鞏固邊防，對抗入侵者。

要駐紮軍隊，就碰到很大的難題，好多地方原來是不毛之地，也不能就近生產糧食。而且靠近長城的那些地方，本來就農業生產落後或者人口稀少，沒有辦法就近供應糧食。而主要的糧食產地在太行山以東，需要動用大量的勞動力把糧食運到長城附近，滿足修長城的人以及守長城的將士維持生活的需要。

北方沒有辦法利用水運，糧食只能靠人揹，或者用牲口馱。由於沿途沒有後勤保障，搬運糧食的人以及那些牲口，都要自帶食糧、飼料，糧食能夠真正被運到邊疆並且留在那裏的比例是相當低的。

西漢時有人曾經計算過，說秦始皇時，要從今天的山東運輸糧食到河套

地區 ── 新開拓的一個重點駐軍以及修長城的地方，糧食運到的比例是多少呢？只有六十分之一。從山東運六十石糧食，到了河套只能留下一石。其他五十九石糧食到哪裏去了？其中一半沿途已經吃掉了，士兵要吃，如果是牲口運的話，牲口也要吃飼料，沿途是不能解決的。如果牲口在路上死了，或者跑了，糧食就沒有辦法運了，所以主要還是靠人揹。剩下一半糧食也不能全部留在那裏，還得保證回來的路上有得吃。如果三十萬人的軍隊駐紮在河套長城沿線，需要多少人、多少糧食保證！

另外，有些需要修長城的地段，沒有那麼多土，那麼多石料，但按軍事要求卻必須修，需要的土石就得從其他地方運來。

明朝修的長城已經包磚了，就得專門生產城磚，當然沒有辦法就地生產，要在其他地方專門訂製，燒好以後再運過來。我們到八達嶺長城可以看到，有些城磚上面有某某府某某縣造的字樣，工程是相當大的。

長城的阻止作用，需要有其他功能配合。要及時報信，就得有烽火傳遞的功能。長城沿線隔一定的距離要修一個烽火台，或者一個哨所，當然得有人值班。燃烽火需要柴草，或者加牛糞、狼糞，發現敵情後按照預先約定的訊號或數目點火、放煙，一站一站接力傳遞下去。烽火台、哨所的人員、燃料是常備的，需要糧食、物資的保障，收到訊號後還得有兵可調，有武器可用，這樣長城才能發揮作用。

如果不具備這樣的條件，或者守軍抵擋不了敵軍，長城就形同虛設。明朝末年，清兵動不動就進了古北口，不止一次殺進長城，最遠的一次一直打到江蘇徐州。其他朝代也發生過這樣的情況。一方面可能有些地段的長城年久失修或者沒有及時地修補，但更重要的原因是防衛系統不全，該駐軍的地方沒有軍隊，或者軍力太差，擋不了敵軍。

儘管長城是個有效的軍事工程，對保障當時政權的安全非常重要，但另

一方面的確勞民傷財。加重了百姓負擔，當然會引起不滿和反抗。秦始皇還不止修長城，其他大工程同時進行，要動用大量的人力物力，超出了百姓能負擔的極限。

西漢開疆拓土，擴張到了河西走廊，那一帶要建長城更困難，有些地方沒有足夠的泥土，只能就地取材，用當地的紅柳和上泥。有的地段利用天然地勢，依山傍嶺，城牆本身就可築得低一些。但在居延（今內蒙古額濟納旗境內）一帶，有水源，有土地，部隊開展屯墾，就地生產糧食，不僅滿足駐軍和家屬的需要，豐收年份糧食還可以外調。糧食供應問題解決了，長城的功能就有了保障。

明朝為了對付元朝的殘餘勢力和蒙古軍隊，保衛首都北京，修長城的質量最高，工程量最大，今天在居庸關、八達嶺、金山嶺等地看到的長城，工程浩大，有的地方還不止一道城牆，可謂固若金湯。長城沿線需要駐紮軍隊，明朝設置了九邊，相當於九個軍區。幾十萬名將士和家屬常駐，需要消耗大量糧食物資，是國家沉重的負擔。明朝初年就想了一個解決的辦法，即實行「開中法」，具體地講，就是國家拿政策換服務。拿什麼政策呢？鹽引。食鹽是由政府專賣的，明朝就規定如果誰能夠將多少擔糧食運到九邊，就獎勵誰一份鹽引——一定數量的食鹽專賣配額。早期的徽商、晉商有敏銳的商業頭腦，把糧食運到九邊，取得大量食鹽專賣配額，成為大鹽商。明朝用這種辦法，比較穩妥地解決了九邊的糧食供應，長城的功能才得到比較好的發揮。

所以長城不是一個簡單的建築，它反映了當時政權的綜合國力，也離不開整個國家各方面的資源支撐。正因為如此，一旦長城失去了防範外敵的作用，長城內外統一了，變為一家了，就沒有必要再花大的力量維修長城。我們看到，凡是長城內外已經成為一個政權的情況下，就不需要修長城，甚至連已有的長城要維護，當時的統治者都認為沒有必要。

唐朝強盛的時候，北面的疆域一直擴張到蒙古高原以北，先後滅了東突厥、西突厥，西面的疆域擴張至阿姆河流域、錫爾河流域，當然不需要在自己疆域內部修長城。元朝時，蒙古高原、東北、華北、河西走廊連成一片，都屬於元朝自己的行省，當然也不需要修長城。

清朝康熙年間，主管的官員報告，長城有些地段年久失修，有些關隘需要加固。康熙皇帝認為沒有必要，還斥責他「糊塗」：我還要什麼長城，蒙古不就是我的長城嗎！現在天下一家，我依靠蒙古守衛我們邊疆，還修什麼長城？

從國家統一的角度講，長城防衛功能、軍事功能的最終廢棄是偉大的歷史進步。

今天我們講到長城，不能僅僅看到它歷史上的軍事功能，還要把它看成我們國家的一份珍貴的遺產，一項重要的文物。一方面，從歷史的角度看，長城的確曾經是一種象徵，體現出我們中華民族一種堅強的精神，一種捍衛自己的領土、捍衛自己的生存權利的精神。特別是在國家危亡、民族災難的時候，萬里長城就是一種精神象徵，激勵着中華兒女抵抗外敵，堅持鬥爭，艱苦卓絕，巍然屹立。

另一方面，這麼多年代久遠、類型多樣的長城及其附屬建築、遺址遺物，的確體現了先民的偉大創造力，在建築、規劃、工程、文物、文學、藝術、軍事、經濟、管理、社會、民族等各方面都是值得我們珍惜的遺產。

第二節　糧食供應的生命線——運河

元朝統一以後，它的首都就設在今天的北京，稱為大都。對這樣一個疆域遼闊的統一國家來說，特別是因為元朝的根基在蒙古高原，選擇北京作為首

都是相當合適的。

一方面，它比較容易聯繫蒙古人的基地——蒙古高原；另一方面，它便於控制中國大陸。元朝未建前，首都還在蒙古高原上，如果要統治南方，路太遠，成本太高。

但是在北京建都也碰到一個很大的難題，北京周圍，包括整個華北平原，生產的糧食不足以供應首都的需要。況且作為首都，還得向邊疆或軍事要地調撥糧食，需求更大。

如果要依靠陸路運輸，數量沒有保證，成本太高，唯一有效的途徑就是水運。但是從北京到盛產糧食的江南，並沒有一條直接相通的運河。隋煬帝開通的運河以洛陽為起點；一條是從洛陽向東北一直到涿郡，也就是北京這一帶；另一條是從洛陽向東南到江都，就是揚州。如果恢復這兩條運河，運糧的船要先從揚州到洛陽，再從洛陽到北京，繞道路程長。而且到元朝時，這兩條運河的好多段已經不通了，不能完全恢復。所以元朝就利用一些天然河道，再加上人工開鑿，把這兩條運河從河北、山東連接起來，形成了從北京經過今天的河北、山東、江蘇，到達揚州，過長江後，再經過原來的江南運河到杭州的京杭大運河。

從此，通過長江順流而下的水運，可以把長江中游、下游的糧食匯集到揚州，然後沿運河北上。江南的糧食通過江南運河和長江三角洲密集的河流，集中到大運河，運到北京。

明朝、清朝繼續以北京為首都，北京的人口比元朝的時候增加得更多，而且明朝有時還要給「九邊」中長城東段的駐軍調撥糧食，都是通過這條南北大運河——京杭大運河來解決的。

清朝繼續這個格局。可以這麼說，要是沒有這條大運河，沒有運河運輸的這些糧食，北京就當不了首都。這條運河是首都北京的生命線，也是國家維

持統一、維持中央集權制度的生命線。正因為這樣，國家也得為這條運河付出不小的代價。

很多人以為既然運河通了，行船就很方便了。他們不知道一個基本事實，那就是運河要經過山東丘陵地帶。今天濟寧這一帶的海拔要比南北兩面高出四十米左右。也就是說，從江蘇北上的運河到山東濟寧，要逐級爬高，水位要提升近四十米，過了這裏往北，運河水位要逐級下降近四十米。

為了做到這一點，這一段一般要設立四十個左右的船閘。那時沒有機械的動力工具，如抽水機、水泵這類，只能靠水閘攔放。船要通過兩個船閘之間，只能靠人工拉縴，或者撐、劃。上了一級船閘後，下一級的閘再打開，水位再升高一點，這樣逐級升高。到了最高點，又要逐級往下放。

每次開閉船閘都要耗掉大量的水，還要人工啟動閘門，人工拉船通過，耗費大量的人力、物力，特別是水。偏偏山東這一帶本來就缺水，碰到乾旱，水更緊缺。就是在正常的年份，要保證這一段運河有足夠的水量讓運糧的船順利通過，也需要另外找穩定的水源，在這一帶建立水櫃，就是水庫，南四湖裏相當一部分水就是提供給水櫃的。但還是不夠，附近的幾百個泉眼的水都要收集利用，每一個泉眼有專人管理，稱為「泉老」，他的任務就是保證泉水全部流入運河。

即使遇到大旱，周圍的農田缺水，甚至生活用水都困難，但只要漕運沒有結束，運糧船沒有過完，就一點水都不能用。「盜用」泉水可以依法判罪。所以運河周圍經常是農田荒蕪，居民逃亡。

由於過一次船閘既耗水又費時費力，所以規定要湊滿一定的數量，如滿二百艘才開一次。額滿了要等下一批，湊不滿這個數也得等，要過三四十次船閘談何容易？運河的並不像我們想像得效率那麼高，那麼方便。

如果遇到特殊情況，如重要官員、使者、欽差通過，或給皇帝送貢品

等，那就不受開閘標準的限制，隨時可以破例開閘。腐敗的官員依仗權勢，或通過賄賂，也可以破例開閘。實際通過這一段運河的成本和時間比制度規定的要多得多。

還有一個矛盾，南北向的運河要穿過東西向的黃河，古代的水利工程不可能像今天的水利工程那樣，可以修建架空的渡槽或在河牀下修建隧道，只能直接從黃河兩岸開缺口通過。如果這一段黃河的水位高，自然會流入運河，對運河暢通有利；如果黃河的水位低，運河的水不可避免會流入黃河，運河更缺水。

一旦黃河出現洪水氾濫、決堤的情況，水位必定很高，河水流入運河，雖然同時帶入泥沙，但運河水位也升高，有利於漕運暢通。所以，只要當年的糧食還沒有運完，就寧可犧牲黃河，暫不堵口修復。在「保運」與「堵黃」發生矛盾時，總是把「保運」放在首位。

運河溝通了錢塘江、長江、淮河、黃河、海河五大水系，從航運的角度來講是有利的，但從水利的角度來講，有利有弊，且以弊為主。特別是溝通了黃河與淮河，導致黃河決口改道時，黃河水往往通過運河流入淮河，甚至奪了淮河河道。大量泥沙堆積在淮河下游河牀，等黃河又改道離開淮河時，淮河下游就全部淤塞，到洪澤湖就結束了。現在洪澤湖以下的入海水道都是人工開挖的。

又如海河水系，原來有多條河流分別入海，發生洪水時不會相互影響。後來曹操為了運糧開了運河，將幾條河連通了，這些河的下游就逐漸淤塞，最終全部匯合在海河下游集中出海，造成海河經常性的洪澇災害。

正因為這樣，我們也看到，運河對國家的統一，對北京的首都地位起了非常積極的、決定性的作用，但它並不是對所有方面都是有利的。運河溝通南北，促進經濟、文化、人員的交流，也是有條件的，也不像我們想像的那樣。

比如說在運河規定它漕運還沒結束，就是每年規定的糧食沒運完的時候，是不向民間開放的。就算是官方，除了特殊情況以外，一般也不能動用運河的運力，運河要等漕運任務結束以後才開放給民間。所以我們要明白，並不是從南方去北方、去北京的人都可以在運河坐船。如從江南去北京考科舉的人，至多利用山東以南的運河，從山東往北大多只能走陸路。

在運河水量不足時，一部分漕糧只能在江蘇淮安的清江浦「起陸」，就是從船上卸下糧食，裝車從陸路運輸，過了山東那些船閘段才重新裝船。為了保證漕糧及時運到北京，只能不惜代價。一般來講，運河的浙江、江蘇段水量充沛，不存在運力不足的問題，一般都暢通，民間是可以利用的。但在山東、河北段就不一定了，民間或者一般的官方來往是不能夠利用的，商船要等到漕糧過完後才能用，或者只能通過賄賂等不正當手段才能破例放行，或者讓漕船搭載私貨。

正因為這樣，朝廷一直在謀劃取代這條運河的途徑，但是都沒有辦法。元朝時曾經試運過海運，但沒有成功。什麼原因呢？因為當時的船都是沒有機器動力的，在海上只能夠靠風力，靠洋流，但是糧食在規定的時間要運到，萬一風向不利、洋流不利或者時間趕不上，那就會威脅到首都的供應和國家的安全。還有，當時沒有遠距離通信工具，沒有電話、電報等。一艘糧船，或者一隊糧船到了海上後音訊全無，到底發生了什麼事，結果怎麼樣，是沒有辦法掌握的。

到了清末，西方的輪船進來了，電報也傳進來了。有了輪船、電報，可以從南方通過海上直接運輸糧食到天津，然後再從陸路運到北京。通過沿途海邊城市之間的電報聯繫，可以掌握運糧輪船的動態。

輪船海運漕糧的效率大大提高，成本降低，所以清朝末年宣佈廢除漕運。以後津浦鐵路通車，又增加了比海運還快的運輸手段。由於漕運不再依靠

運河，朝廷自然不會再要求山東花費巨大的人力物力去管理水源、集中水量、維修船閘，山東段很快被廢棄了。河北段本來也經常缺水，這一段運河也逐漸淤塞。水量充沛的浙江、江蘇河段一直發揮作用，現在還是黃金水道。

了解了京杭大運河的歷史，我們才能夠全面正確地理解運河在歷史上起的作用。今天要建設運河文化公園，要開發運河文化，就應該從運河的歷史和現狀出發，實事求是，揚長避短，充分保護這一歷史文化遺產，發揮它的積極作用。

第三節 古代的交通網絡——馳道

現在有一種說法，說秦始皇所修的馳道是世界上最早的高速公路，讚揚他的工程如何的偉大，這種說法其實並不實事求是。

首先，他修的馳道是不是世界上最早的呢？是不是最偉大的呢？我們姑且不舉更多的例子，就舉一個，比如說波斯帝國，曾經在它的四個都城之間修了四通八達的交通路線。從西部的蘇薩城（Susa）修到小亞細亞的以弗所城（Ephesus），這條被稱為御道的道路全長二千四百公里，每二十公里就建立一個驛站以及商館，附近還有旅館。驛站準備了快馬，公文可以在每一站之間快速地傳遞。這項記載已經得到了考古的證實，現在沿這條路已經有幾十個驛站、商館的遺址被發現。這條御道的修建時間比秦始皇還要早，我們知道波斯帝國建立於公元前 5 世紀，就算它是在波斯帝國滅亡前才建成的，也比秦始皇時早近一個世紀，何況它實際上比這還早！所以不能夠說秦始皇的馳道是世界上最早的交通路線。

至於它是不是高速公路呢？真正的高速公路是到現代才有的。高速公路就是全封閉的、能夠快速通過的公路。它的特點就是全封閉，從這一點看，秦

始皇的時候不可能全程都做到。

至於馳道上的速度到底有多快，當時用的是馬車，車的質量還不是很好，速度能夠有多快呢？至於有些人誇耀說有幾段馳道修得多麼寬，其實在當時，路修得那麼寬並沒有實際意義，反而是一種浪費，最多顯示秦始皇的儀仗隊或者他的車隊有多麼豪華。因為一條路只有個別地方修得非常寬，對整條路的通行能力並沒有實際意義。

所以，稱秦始皇的馳道為「世界之最」並不符合歷史事實，不是實事求是的態度。要說是世界之最的話，你得了解世界上同類交通路線的情況，經過比較，才能肯定誰是第一。

我這樣講是不是說這條馳道沒有意義？恰恰相反，它的意義相當重大，但並不在於是世界上最早的，或者說它是一條高速公路，而在於秦始皇通過馳道建成了從他的首都所在地咸陽連接全國各地的道路系統。否則，他的中央集權制度就無法運作。

秦朝實行中央集權制度，基礎是下面的郡縣。政令要上通下達，各郡、縣的情況要及時上報，秦始皇規定自己每天要看多少重量的公文，這些都需要下面逐級上報。如果各地送不上來，他再勤政也不會有效果。如果報上來的速度太慢，到他手裏時，或者他做出處理時，就會沒有實際作用。

所以他修馳道，就保證了在他統治的範圍裏（東面到今天的遼東半島，包括朝鮮半島西北一部分；北面到陰山；西面到長城的終點臨洮；南面一直到廣東、廣西和越南的東北角）建的四十多個郡，每個郡的治所到首都咸陽都有道路可通。因為治理的需要，各郡還要修通到所管轄的各個縣的道路。

我們看到《史記》的記載，秦始皇多次由龐大的警衛儀仗隊護送，由大批官員隨同，浩浩蕩蕩地到各地巡遊。這麼大規模的巡遊，沒有高質量的道路保障，肯定是難以進行的。這些道路，有的是專門為他修的馳道，有的是臨時

加寬、加固、平整、美化的普通道路。不要以為秦朝整個道路系統都有那麼高的標準，也不必過分誇耀秦朝的馳道有多麼寬闊豪華。

正因為連接各地的道路系統是維持中央集權制度所必需的，秦朝以後的每一個王朝都要在前人的基礎上不斷擴大和維護國家的道路系統，還要根據實際需要，進一步把道路延伸到自己統治區的每一個角落，特別是新開拓的邊疆地區。

其實在西周的史料裏就可以看到，當時的統治者非常重視道路的修建，並且把道路維護的狀況作為考察政績的指標。但由於當時不是處在一個統一的政權下，所以是不可能形成普遍性的道路網絡的。而在分裂時期，原有的道路系統還會受到人為破壞，或故意切斷，或得不到正常的維修，也不可能形成一個四通八達的道路系統。

在統一時期，各個朝代都會在原有基礎上進一步擴展完善驛路系統，主要是陸路，也包括利用天然河道和運河的水路，以及沿海地區的海路。一旦開疆拓土，如果不想放棄或撤退，就一定會將驛路系統擴展到那裏，或者將當地已有的道路納入全國道路網絡。

清朝乾隆二十四年（公元 1759 年）以後形成了一個幅員遼闊的、統一的國家，面積達到一千三百多萬平方公里。清朝在明朝道路系統和清初東北地區、內外蒙古、新疆和中亞原有道路的基礎上，修通了從首都北京到全國各地的道路，並且不斷維護完善。比如我們在林則徐等人的旅行日記中可以看到，從北京到西安，從西安到蘭州、烏魯木齊，再到伊犁，都有維護得比較好的驛道。沿路隔一定距離就有驛站、尖站（休息站）、兵站，備有飲食、住宿設施，提供車輛、驛馬、民夫、糧食、飼料，還可傳遞文書信件，可以保證來往的官員、文書、重要物品能夠一站一站，順利、迅速地在首都與邊疆之間往返。

又如我們打開東北的地圖，可以發現在大興安嶺一帶，一些火車站的名稱都是用數字命名的，如十六站、十八站。這些站名不是鐵路建成後才命名的，而是沿用了清朝驛站的名稱。清朝就修建了由北京通往黑龍江口的驛路，這一段路的驛站就是用數字編號命名的。當時這些站都有專人駐守服務，保證沿途的供應和交通工具的維護，保證人員、文書和重要物品的傳遞。因為他們和家屬長期駐守在那裏，與站外的人很少來往，時間長了，還形成了一種特殊的方言，被稱為「站話」。

由於受物質條件、技術條件的限制，有些邊疆、內陸、島嶼一直不通驛路，往往對國家的治理形成障礙，還威脅到國家的安全。比如青藏高原，由於特殊的地理條件，與國內其他地區之間都存在難以逾越的障礙。而且由於海拔高，嚴重缺氧，在缺少現代交通工具和技術保障的情況下，外界的人難以進入，也不容易在那裏生存、工作。即使有一些道路，質量也很差，在洪水、冰川、降雪、融雪、地質災害的影響下，道路損毀，無法通行成為常態。直到1951年西藏和平解放，公路還不通。從清朝、民國，直到解放初，要從中央政府所在地，或從附近的省會城市往返於拉薩，都是極其困難的。

為了保證政令能夠及時下達，或者重要的官員或物品能夠及時到達拉薩，到了近代不得不繞道外國。比如清朝末年、民國期間和解放初，中央政府要派官員到拉薩就任或執行公務，最可靠的交通路線就是先到廣州，再坐船到香港，從香港坐船到新加坡，再從新加坡坐船穿過馬六甲海峽，渡過印度洋，到達印度的加爾各答，在那裏再坐火車，一直往北到大吉嶺，再換乘汽車或者騎馬，才能翻過喜馬拉雅山到達拉薩。儘管這麼繞道，還是比從成都或者西寧、甘肅出發去拉薩要安全，時間也更有保證。

在這種情況下，帝國主義在西藏進行侵略，分裂分子在拉薩搞破壞活動，中央政府往往不能及時掌握這些信息，知道了也因鞭長莫及，無法採取

反制措施。所以中央政府在和平解放西藏、解放軍入藏的同時，就開始修建康（川）藏公路，從成都通到拉薩。緊接着又修了青藏公路，從青海的西寧、格爾木通往拉薩。還修了滇藏公路，從昆明、麗江通往拉薩。以及新藏公路，從葉城、和田通往阿里、拉薩。這才將西藏與北京、與祖國各地緊密地聯繫起來，保證了西藏的安全，有效地制止了分裂叛亂，也促進了西藏的發展。

還有一些海島，雖然自古以來就受中國管轄，但是由於驛路系統基本上沒有包括海路，它們與大陸之間缺乏經常性的、有效的交通聯繫，在近代被別國佔據。

中國古代要維持統一，要保證中央集權體制的運作，從首都連接各行政區，通向邊疆和戰略要地的道路網絡是不可或缺的。從這一意義上講，秦始皇修通馳道，是為國家的統一和安全奠定了可靠的物質基礎。

第四節　被腐敗「腐蝕」的驛站

從秦朝開始，每個朝代都會以首都為中心，建設和維護通向各行政中心、邊疆和軍事要地的道路系統。在這基礎上，又發展出相當完整的、全面的驛傳制度。所謂驛傳，就是在這些路上，每隔一定的距離（一般在正常情況下一天能夠到達的距離），建起一個個驛站，驛站裏有基本的供應，可以住宿，可以吃飯、休息，還可以補給。還提供了驛站之間的交通工具，比如馬、牛、騾、車、船，還有人夫等服務人員。

當然，要在全國範圍內建起幾千個這樣的驛站，而且要經常維持、管理供應服務的人員，以及要維護好這些交通工具，這是一筆很大的開支。有些驛站處於荒無人煙的邊遠地區，人員都要從遠處派遣，糧食和物資都要從內地調撥，維持和運作的成本很高。但是為了國家的日常治理，特別是為了鞏固邊

防、保證國內的安全，以及維護政令正常的上通下達，驛站是基本的保證，所以國家都不計工本，不惜代價。也正因為這樣，一般對驛站的管理都有很嚴格的規定。

例如在漢朝，用公家的馬車接送執行公務的重要官員，或者皇帝特別指定的人員，稱為「乘傳」。「傳」，就是通過驛站一站一站地傳送。如司馬遷曾隨漢武帝到各地巡遊，司馬相如被漢武帝派往巴蜀慰喻父老，他們都曾享受「乘傳」的待遇。有時皇帝要緊急徵召某人，或者表示對年高德劭之人的尊重，會下詔「乘傳」接至首都。一般官員、一般情況是不能動用「傳」的。

唐朝在全國設立了一千六百多所驛站，其中二百六十所水驛，一千二百九十七所陸驛，八十六所水陸兼用。一般每隔三十里設一所，特殊條件下不受此距離影響。專門設有監牧六十五所，負責給驛站配馬匹。官員出公差時按級別享受不同待遇，一品官用十匹馬，按級別遞減，八品、九品官用一匹馬，每三匹馬配一個馬夫。水驛根據忙閒程度分別配二至四隻船，每船配三名船夫。

又如明朝時，規定只有六種情況可以使用政府驛站。

第一種，傳達皇帝的聖旨或者受皇帝的派遣。

第二種，飛報重要的軍情。注意是「飛報」，必須是重要軍情。也就是說，一般的軍情報告按正常途徑，是不能使用驛站服務的。

第三種，親王送賀表和貢品，或者差人進京。明朝的宗室人口雖多，但其中能封為親王的，只限於皇帝的第二代中太子以外的皇子，數量是有限的。而且對親王送賀表、貢品或者差人進京都有嚴格規定，不能隨意。洪武二十八年（1395年）還規定，王府的公差人員如果只是辦「尋常事務」，或者是王府之間的禮節往來，一律不許使用驛站。擅自接待或假借軍情為由使用驛站的處死刑。

第四種，文武官員赴任，路程超過一千五百里的。也就是說，即使文武官員級別再高，如果赴任、上任路程不滿一千五百里，還是不能使用驛站。

第五種，現任的官員，如果在任上死了，如病故了，他的遺體和家族成員回鄉可以用驛站。一定要是現任的官員，如果已經退休或者被免職了，是不能享受的。

第六種更是適用於個別人，那就是孔子的後裔可以使用驛站。孔子的後裔，不是天下姓孔的人都能算的，是指襲封衍聖公的、在孔府裏的孔家，也就是衍聖公和他的直系親屬。

如果嚴格地按照這六條標準執行的話，那麼驛站的業務量不會很大。但是實際上，隨着腐敗程度的加深，濫用驛站、利用驛站的資源營私舞弊的情況也加深了，或作為討好賄賂上司的手段，或用來招待親朋，各種手段層出不窮。這六條以外的，甚至與官員、官方毫無關係的人，或者憑藉金錢賄賂，或者靠私人交情，或者憑藉名聲勢力，對驛站照用不誤。甚至平民百姓，只要有關係，照樣可以使用驛站。

明朝有位很有名的旅行家徐霞客。徐霞客成為職業旅行家的前提是他在科場上屢次失敗，所以就放棄科舉考試了。因為他從來沒有考取過任何功名，就個平民百姓，與官員、公務沒有任何關係，所以六條規定中他沒有一條是符合的。但是我們看《徐霞客遊記》，他照樣能夠使用驛站，而且也不認為這是什麼腐敗行為或者違法行為，他在日記裏都記得清清楚楚。他不僅使用驛站，還讓驛站給他派民夫。在廣西時，驛站給他派過十名民夫，兩乘轎子，還有馬匹。有時他還提出苛刻的要求，比如他喜歡去沒有人去過的地方，走沒有人走的路，或者是去很險峻的地方，很荒涼的地方。有幾次，驛站派來為他服務的民夫嫌太苦或者太危險，有的半途逃了。有時他認為民夫沒有盡力，伺候得不好，居然將民夫綁起來，用鞭子抽打。

照理說，徐霞客根本沒有資格享受驛站的服務，而他居然視為理所當然，憑什麼呢？無非是憑他的名聲或者熟人的介紹，或者憑藉仰慕他的官員以權謀私。總而言之，按照明朝的制度，那是違法違規的。徐霞客如此，可以肯定，真有一官半職，或者有權有勢的人物，或者與驛站的管理人員熟識的人，當然都會利用驛站的資源。

其實，就是符合以上六個條件的人，使用驛站也有嚴格的規定，有具體的法律條文。比如說哪種人、在什麼情況下該享受什麼待遇標準，規定得非常具體詳細。如同樣遞送重要公文、重要軍情，有的規定要用上等馬，有的只能用中等馬、下等馬。車船也是這樣，用多大的車船、什麼樣的車船都有規定。但實際上大多數人都超規違規，卻沒有受到法律懲處。

一方面，官員貪贓枉法，大搞腐敗，要求驛站超標準接待，在規定外索取。如提高車船、馬匹的等級和數量，多派驛卒民夫，要求對隨行親友甚至僕役同樣招待，甚至直接索取現金津貼；對驛丞威逼欺凌，對驛卒隨意打罵，最極端的例子甚至將當地縣官抓來，當眾責打。

另一方面，管理驛站的各種腐敗層出不窮，比如不按規定備好馬匹、車船、民夫，不按標準提供食宿服務，臨時徵用馬匹、車船、民夫時不付或克扣工料差費，貪污日常經費，中飽私囊，利用驛站職權謀私，敲詐勒索。有些驛卒也上行下效，利用各種機會牟利。對高官、權勢人物、有利益輸送的對象主動奉迎討好，抬高接待標準，而對其他人員的接待費用克扣盤剝，往往連正常的服務都不提供。

到了明朝後期，驛站制度已經成為國家無法醫治的癌症。一方面，每年的經費都不夠開支，錢越花越多，人員嚴重超編。另外一方面，過往的公務人員往往得不到應有的服務，甚至有些重要的公文沒有按時送達。

崇禎二年（公元 1629 年），皇帝下令裁撤驛站冗卒，以節省糧餉開支，

山西、陝西大批驛卒下崗。其中就有李自成，他當年就投奔高迎祥的部隊，其他下崗驛卒也紛紛加入農民起義軍。

崇禎皇帝裁撤驛站冗卒，表面上為朝廷節省了大量開支，但是造成的惡果是他始料不及的。大量減員的結果是一些驛站無法提供正常服務，正常的公務出差、政令的上通下達、重要軍情的報告都受到影響，損害了國家治理和安全。大批人員下崗失業又沒有得到必要的救助安置，直接增加了反抗力量。

儘管歷史不能假設，但是我們不妨假設一下，如果李自成在崇禎二年後繼續當驛卒，明末的農民戰爭史肯定要被重寫，明朝和崇禎皇帝的結局至少會有不同。

古代這樣一項行之有效，對國家至關重要的制度，無法擺脫腐敗的結局，而崇禎皇帝輕率的改革措施又導致更嚴重的後果。作為歷史教訓，對今天還有深刻的意義。

　　與那百姓一個戶帖，
　　　上用半印勘合，
　　　都取勘來了。
　　我這大軍如今不出征了，
　　　都教去各州縣裏，
　　下着繞地裏去點戶比勘合。
　　　比着的便是好百姓，
　　　比不着的便拿來做軍。

第二編

古代中國的血肉

導言

籍貫與出生地——你是哪裏人？

去年我在中央電視台的《中國地名大會》節目中擔任嘉賓，出場的時候，主持人要求介紹自己是哪裏人，我就報了一個浙江紹興。熟悉我的朋友說：「你明明出生在湖州，怎麼介紹紹興？」我告訴他們，按照傳統的習慣，講一個人是哪裏人不是介紹他的出生地，而是要介紹籍貫。

根據現行的規定，籍貫一般要根據自己出生的時候祖父的住地來定，如果祖父已經不在了，就是根據祖父生前的住地來定籍貫。雖然我自己出生在當時浙江省的吳興縣，就是今天湖州市的南潯區，但是我的父親出生在浙江紹興，也就是說我已經去世的祖父的住地是在浙江紹興，這就是我的籍貫。但最早稱籍貫的時候，是指戶籍登記的地方，「籍」就是戶籍。

秦始皇統一以後在全國實行戶籍登記制度，所以每一個百姓都必須在住地登記戶籍，即在戶籍冊上面登記。我們現在看到的西漢的實物，比如在居延出土的漢朝的木簡上，有的就很明白地寫着某某人、某郡、某縣、某里、幾歲、身高幾尺幾寸、相貌特徵等，這就是當時戶籍上的內容。

戶籍還分為不同的種類，不同的身份要登記在不同的戶籍上，比如當官的人有官籍、商人有商籍（市籍）。秦朝規定商人本人登記商籍，連他的兒子和孫子也都要登記在商籍，這個身份是不能隨便改變的。

如果離開住地沒有辦手續，就稱為「脫籍」。如果你到了外地合法登記，可以把戶籍寄在那裏，稱為「寄籍」。流亡、逃亡或者在天災人禍中遷移了，等到秩序恢復以後必須重新落籍，這樣才能成為合法的居民。或者到原籍重新

登記，或者在新居住的地方登記。但不是人人都可以登記的，要符合一定的條件。

在正常情況下，古代絕大多數人的戶籍所在地就是他的居住地，因為在農業社會，一般情況下人口遷移是很少的。再加上安土重遷的觀念、宗族觀念，所以即使因為天災人禍不得已外遷，只要有可能，人們還是會返回故鄉。今天我們講的籍貫，也就是當時大多數人的居住地。

但是也有些特殊情況，比如說流動人口，當官的到首都或者其他地方當官，經商的、行醫的。少數人會離開自己的戶籍登記地，但是他們的戶籍基本上還是保留在原地的，不是隨便到哪裏就可以在當地登記戶口的。

有些特殊地區，比如漢朝的首都長安，是不允許遷入戶口的。即使在長安當了高官，要是沒有長安戶籍的話，退休以後，或者被免官以後就得回到原籍，官員在長安出生的子女也必須跟着他們到原籍去登記戶籍。儘管他們子女的出生地是長安，子女甚至根本沒有到過家鄉，但還是不能在長安落戶。

邊疆地區也是嚴格控制的，到那裏服役的或者派駐去的將士，一般服役期滿也要返回家鄉。所以，在「居延漢簡」上見到的那些到邊疆服役的人登記的內容，都是家鄉的郡、縣、里。

到了曹魏時實行九品中正制，由朝廷派出專門人員——不同等級的「中正」，由他們來選拔評薦人物，評成九品。根據什麼標準呢？兩個部分。第一部分也是最重要的就是家世、家庭出身；第二部分是行狀，就是表現。所以首先要把不同的家庭、家族，按照它們的地位、聲望、影響分成不同的品，在這個基礎上再根據個人的表現，綜合起來給一個評價，評定一個等級。而後由官方根據等級來任命或者提拔。

由於家世部分佔了主要的地位，所以中正評品的結果逐漸區別出一些高門以及寒門，而後選拔人才、提升官員主要就在高門中間，寒門往往沒有機會。門第高的家族就出高官，有的人生下來就有地位。而寒門出身的人即使表現優

秀，很突出，卻始終進不了高層。

門第當然與姓氏有關，像姓王的、姓張的。但是這樣的姓氏很普遍，為了分清楚是哪裏的家族、哪裏的門第，必定要與籍貫聯繫在一起。所以高門不是僅僅姓張姓王，或者是某某人，而要與籍貫合在一起，指某地的某姓。如太原王氏、琅琊王氏這些都是高門，又如陳郡謝氏、榮陽鄭氏、清河崔氏，這些都是赫赫有名的高門。這些高門長盛不衰，而寒門要想變成高門幾乎沒有可能。

在高門中間還有差別，有些門第簡直是高不可攀。比如同樣是王氏，琅琊王氏出了好多大人物，像當年輔佐東晉建國的王導，甚至有「王與馬共天下」的說法，就是說王導的王氏與東晉皇帝司馬睿的司馬氏共同擁有、治理天下。但是太原王氏一般被認為門第更高。南朝劉宋初年，太原王氏的王愉得罪了劉宋的開國皇帝劉裕，被劉裕滅門，他家裏一個小孩王慧龍當時只有14歲，歷盡艱辛終於逃脫，輾轉投奔北魏。北魏的大臣崔浩是非常重視門第的，聽說王慧龍是太原王氏，而太原王氏家族的一般特徵是大鼻子，所以崔浩一看到王慧龍就肯定他真是王家的孩子，讚歎他為「貴種」。

因為這樣講究門第，就形成了一種「郡望」（某一個姓氏最高貴的門第出在哪個地方）。比如唐朝皇帝的祖籍是隴西，稱隴西李氏，隴西就成為李氏的郡望。宋朝皇帝趙匡胤祖籍是天水，稱天水趙氏，天水成為趙氏的郡望。

由於高門、寒門注定了一個人的命運，這很難輕易被改變。所以有些不是高門的人就千方百計想通過偽造家譜或改變籍貫，達到攀上高門、偽裝高門的目的。因為家譜不容易被篡改，要在高門的家譜中把你的名字寫上或改成你的名字是不大可能的。

但改變籍貫就比較容易。比如王氏，本來就是個大姓，各地都有。如果能將籍貫改成太原或琅琊，雖然進不了太原王氏或琅琊王氏的家譜，以後就有了機會，近支攀不上也可以攀遠支。如果與高門大族的籍貫不同，絕不會有這樣的機會。

這種做法自然瞞不過官方，所以在南朝，朝廷經常專門組織人去查有關的戶籍記錄，稱為「揭發巧偽」，就是揭發這種弄虛作假的手段。所謂弄虛作假就是首先通過改變籍貫，然後再想辦法靠攏高門或者與高門接上關係。

從魏晉到隋唐相當長的一段時間內，籍貫與門第是緊密結合的。

因為籍貫就是戶籍登記的地方，又與一個家庭、個人可以獲得的權利和必須承擔的義務結合在一起。比如說徵收賦役，有勞役制度的時候服勞役，官員家庭享受免役特權，都是根據戶籍登記。

科舉制度也與戶籍和籍貫有密切關係。科舉是有名額的，秀才、舉人這一級是把名額分到各個地方，到了進士這一級才是擇優錄取。由於各地的經濟文化發展水平差異很大，而科舉的名額，特別是基層的名額，還要講究平衡，所以實際上各個省之間的差異就非常的大。比如江蘇，到明清時經濟文化發達、人口密集，分攤給江蘇的名額不可能太多，所以每百萬人的舉人名額只有雲南平均指標的十分之一，貴州的四分之一。

又如海峽兩岸，福建的漳州、泉州這一帶錄取的名額就比較少，但是建府不久的台灣相對來說名額就比較多。所以福建漳州、泉州有一些人把戶籍遷往台灣，目的就是高考移民，同樣的成績在漳州、泉州考不上，到台灣就有可能考上，並且完全合法。

也有人走捷徑、打擦邊球，就是「冒籍」，冒用對自己有利的地方的戶籍。比如清朝著名的史學家趙翼是今江蘇常州人，常州這個地方人才多、要求高，競爭激烈，名額緊。他正好有叔父在北京、天津一帶經商，雖然沒有正式籍貫，但可以報商籍。就像我們現在招商引資，給有些商人、企業家在本地報一個戶籍。他就投奔叔父，因為叔父的商籍掛在天津、北京，他就去那裏考試，並且參加順天府的鄉試，考取了舉人，接着又考上了進士，並且在殿試中被皇帝圈定為探花——全國高考第三名。如果他在常州，未必考得上舉人，沒有舉人資格就不能考進士。

有些人就完全是冒充一個籍貫，要是被發現，不但要撤銷已考取的功名，而且要治罪。所以冒籍考試成功以後，籍貫就不敢再改回來了。

　　明朝朱元璋實行衛所制度，在衛所裏登記戶籍的軍人及其家屬，都屬於軍籍，世世代代不能改變。政府對軍籍有種種限制，有些人為了考科舉，為了做其他事，就想辦法把戶口掛在民籍，就得冒籍，這當然是違法的，查出來可以治罪。為了核對有的人到底是不是軍籍，朝廷還專門派人到南京後湖——那裏儲存着明朝每十年編一次的戶籍，稱為黃冊，去查原始檔案，作為根據。

　　籍貫看來只是個人戶籍所在地的記錄，但由於不同時期戶籍有不同的含金量，連接着不同的權利和義務，人們往往會選擇不按照實際情況登記籍貫。籍貫也包含了太多的特殊因素和歷史故事，這是我們在學歷史的時候必須注意的。

第四章
移民
我們從哪裏來，又在哪裏停留？

第一節　何處家山：移民的出發地

中國歷史上的大規模移民，給我們留下了不少移民的根、移民的源、移民的出發地，特別是明清以來的移民。比如說四川以至雲南、貴州，都有相當一部分人說自己的老家是湖廣麻城孝感鄉，也就是今天的湖北省麻城市，明代的孝感鄉就在當時的麻城縣內。很多人的家譜、族譜中都寫明來自「湖廣麻城孝感鄉」，有的還寫成「江西麻城孝感鄉」。甚至有的彝族家族也聲稱祖上遷自麻城孝感鄉。

這次移民的背景，最早可以追溯到元末，徐壽輝在麻城一帶起兵反元，後來徐壽輝的部下進入四川，明玉珍在重慶建立政權，這樣就有一批人跟隨着從湖廣（湖北、湖南未分省時）遷到四川。在整個明朝不斷有人從湖廣遷入四川。由於此前一直有大批江西人遷至湖廣，所以歷來有「江西填湖廣，湖廣填四川」的說法。到了清朝初年，更形成了大規模的「湖廣填四川」的移民活動，以後部分移民繼續遷往雲南、貴州和陝南。

北方很多人說自己老家在山西洪洞大槐樹，一些家譜和地方志中就有這樣的記載，有人估計大槐樹移民的後代有一億人。洪洞是山西的一個縣，但大槐樹只是一棵樹，現在那棵樹還是後來補種的。歷史背景是：明朝初年，華北經過戰亂以後人口稀少，再加上後來遷都北京，華北和北京都需要充實人口，山西受戰亂影響較少，人口相對稠密富餘，所以大量外遷。其中一部分人的確是從洪洞遷出的，他們保持着對大槐樹的記憶。

還有個地方也很有名，就是南雄珠璣巷。今天珠三角廣東那裏的很多人都說自己的老家就是南雄珠璣巷，民間還有南雄珠璣巷後人的聯誼會，好多人的家譜裏都這麼記錄，很多方志裏也記載當地人來自南雄珠璣巷。

一種說法是南宋時有「胡妃之亂」，一位姓胡的妃子得罪了皇帝，家人被追殺，累及珠璣巷的人不得不逃亡南遷。還有的說法是，珠璣巷居民的祖上是唐朝的官員，因戰亂才南遷。出發地都定在南雄珠璣巷。

這樣的出發地還有不少，比如在安徽皖江流域安慶一帶，很多人都說自己老家是江西瓦屑壩，瓦屑壩大概在江西鄱陽縣西面。江蘇蘇北的很多人都說自己的老家是蘇州閶門，是從蘇州遷過去的。淮北一部分人說自己老家是山東棗林莊，棗林莊應該在兗州一個叫安邱府的地方，是明朝安邱王王府所在的一個村，以前叫棗林莊。雲南有些人說自己老家是南京楊柳巷，具體在什麼地方還查不到。還不止這些，其中影響最大的還是麻城孝感鄉、洪洞大槐樹、南雄珠璣巷。

大家肯定會問，這麼大規模的移民，數以百千萬的移民怎麼可能都從一個鄉、一條巷或者一棵樹下面遷出去呢？由於這些移民大多數不是官方組織的，所以在正史裏面記載很少，甚至在地方志裏記載的內容也不多。但是我們從歷史事實、情理上來推導的話，肯定不可能都遷自一個地方。比如說從山西遷到華北，遷到北京，山西北部的人直接往北京方向遷就行了，為什麼要先南

下到洪洞，到那裏集合後再走回頭路呢？

又比如說麻城孝感鄉。「湖廣填四川」的規模那麼大，移民的來源不僅有湖北，還包括湖南、江西、安徽、廣西等地。就算是以湖北為主的，那麼湖北的人不可能也沒有必要先集中到麻城，然後再遷往四川。就是從麻城出發，也沒有必要都集中到孝感鄉。從史料記載看，湖南人、江西人、安徽人都是直接往四川方向遷移的。移民中還有客家人，記載很清楚，他們是直接從原籍出發遷往四川的，與麻城沒什麼關係。但是有些客家人的後代也稱自己祖上來自麻城孝感鄉，顯然麻城孝感鄉只是一個符號、一種象徵。

南雄珠璣巷也是這樣，難道珠璣巷周圍的其他巷，南雄以外的其他縣就沒有人口輸出嗎？這麼多人原來都住在珠璣巷，住得下嗎？

這些現象提醒我們，這些移民出發地會有幾種情況。一種是移民出發地是個文化符號，並不是真正的、實際的出發地。早期的移民都是在天災人禍中逃難、逃荒，有的是被官方強制遷移，有的可能犯了罪，有的欠了債，有的已經一無所有，既然沒有文化，也就沒有條件記載他們的來歷和遷移過程。等到他們在遷入地定居下來，幾代以後，社會地位提高，經濟改善，出了有文化、有地位的後代，要修家譜了，得寫清楚祖宗的來歷。這時只能選一種比較體面的說法，選個影響大點的符號。還有一種「從眾」的心態，比如說在四川的移民後代，看其他家族都說來自麻城孝感鄉，就認為他們的家族也肯定出自麻城孝感鄉。有的家譜中還會加上一個「奉旨遷移」的前提，以提高本身的社會地位。華北的移民後代，也會因為大家都說是從洪洞大槐樹遷來的，他們的家譜中也就這麼寫上，於是山西的移民，甚至山西以外的移民，最終都成了大槐樹移民。

這些地方之所以成為文化符號，也不是偶然的。比如說洪洞大槐樹，那棵樹的位置的確比較顯著，當初的確有一部分移民是從這裏出發的，保持着這

個記憶。又如南雄珠璣巷，的確比周圍其他地方更有特色，一支比較主要的移民可能真是從珠璣巷出來的，他們保留了這樣的傳說和記憶。這樣的記憶通過其他移民後代的從眾心態，泛化為移民後代的集體記憶。

又比如蘇州閶門，這麼多移民為什麼都要認蘇州為出發地，認了蘇州為什麼還要具體到閶門呢？因為閶門是交通要道，影響大。明朝、清朝時蘇北一直比較窮，水災較多，蘇北人往往被人家瞧不起，所以那些移民後代有了一定的社會地位、經濟實力，或者出了一個大人物後，總要選擇一個影響比較大的地方作為自己的故鄉。蘇州長期以來文化發達、經濟繁榮，名聲在外，說自己是蘇州人的後代就抬高了自己的地位。我們查到蘇北的有些家譜，記得清清楚楚，原籍不是蘇州，是其他地方，但等到這個家族有了一定的聲望後，他們的後代也會認蘇州，認蘇州閶門。

所以說，這些大的移民出發地一般都具有兩重特點：它實際上是一個符號，或者是當時一種主要的記憶，被逐步傳承下來。大多數移民後代出於一種從眾心態，使一種記憶像滾雪球一樣，越滾越大，覆蓋了全體移民後代，成了移民唯一的根。

還有一些地方真是移民的出發地，由於移民數量不太多，後代也沒有形成強大的社會力量，時深日久，今天我們已經不知道確切的地點了。我們在研究過程中要做深入調查，才能夠確定大概在什麼地方。

比如說皖江地區的人知道祖上來自江西瓦屑壩，但是他們並不知道江西瓦屑壩究竟在什麼地方。山東棗林莊也是這樣，淮北的這些人口耳相傳傳下來祖上遷自山東棗林莊，但是棗林莊在哪裏，他們已經不知道了。

這些地名雖然不像前面提到的那些有明顯的地標或者文化符號，但是在這一批移民的傳承過程中，也是一個重要標誌。

比如說瓦屑壩，我們找到的地方不過是一個小村莊，當然不可能輸出那

麼多移民。也就是說，在相對不太著名的地名中間，對原始移民來說，總還有一個印象比較深刻的地方。儘管周圍地方也曾經輸出了大批的移民，但是移民和他們的後代只留下了這一個點的記憶。就像麻城孝感鄉代表了整個湖廣的移民輸出地，大槐樹覆蓋了整個山西和周圍的移民輸出地一樣。

其實，其他記憶同樣存在，只是無法動搖第一記憶的地位，加上在從眾心態下的排他性選擇，因而被有意地忽略了。比如北京周圍有很多拿山西的地名命名的鄉、村、屯、營，清楚地表明這些地方就是以山西某地的移民為主而設置的，它們的背後就是一部部大大小小的移民歷史。

所以我們要研究移民史，就要研究文化的傳播過程，研究當地地方文化的形成和變遷，研究當地的民風民俗，才能復原出一部鮮活的移民歷史。對這些移民的出發地、標誌性地點的研究是很有意義的。至於移民後裔本身保留着的記憶，他們對自己「根」的認同，已經超出了移民史的範圍，是他們本身對故鄉、對祖先、對這段歷史的記憶和感情。沒有必要去追究是不是百分之百符合歷史事實，這是人類天性的一種表現，也是中華民族對自己的根、對自己故鄉美好的感情的表達。

第二節　深受移民影響的都城文化格局

早期的城市被稱為「國」，小的國就只有一座城，大的國可能不止一座城，統治者住的地方就是都城。因為當時城市的設施很簡陋，再加上人們抵禦天災的能力很有限，農業生產能力也不強，所以經常通過遷移來躲避自然災害，改善自己的生存環境。商朝在建立以前就經常遷都，建立以後也還是不斷地遷都。

商朝人把都城叫作「亳」，所以我們可以看到歷史上出現過好幾個「亳」，

有「東亳」「西亳」「南亳」等。盤庚遷殷的時候留下的一篇文獻就記錄了他對臣民的規勸，他要求百姓、貴族服從他的意見遷都，新都城的人口幾乎都是從外面遷過去的。到了商朝後期，都城不再遷移，穩定下來了。

以後的周朝以及春秋戰國時期那些大的諸侯國，都城也都穩定了，只有發生特殊情況才遷移。但是在那些已經穩定的都城，移民也是相當多的。有的是因為都城的繁華才遷入的，比如經商的人。還有那些投奔諸侯國君的，還有為國君、貴族服務的藝人、工匠，還有一些其他諸侯國的人質和他們的隨從。總而言之，一般都城都有比較多的外來移民。

秦始皇統一六國之後，他就在咸陽城裏面安置了大量的移民。他把六國貴族的後代，把他認為潛在的不穩定的勢力，還有那些地方上有勢力的豪強，從各地遷了十二萬戶到咸陽。這些貴族、原來的官員、富豪，家庭人口一般都不少，就算每家平均五口人的話，遷入咸陽的就有六十萬人。再加上其他類型的移民、民間自發的移民，可以說，咸陽城裏主要的人口是外來移民。

到了西漢初期，漢高祖劉邦從洛陽遷到長安關中。當時還沒有長安這座城，因為原來的咸陽城已經被破壞了，只好在它郊外的長安鄉建新都。新都建成以後，總得有居民，劉邦就從全國各地，特別是從關東六國舊地，包括項羽分封的那些諸侯國，把原來的諸侯和六國貴族的後裔、地方上的「豪傑名家」十幾萬人遷至關中，其中大部分人就安置在長安。此前，他已經下令諸侯之子、功臣列侯都遷至長安。

從漢高祖劉邦開始，漢朝的皇帝大都在自己的陵墓邊上建成一個縣城，稱為陵縣，讓這個縣的居民為皇帝守陵，實際上是長安城附近的一個個新建的居民點。陵縣裏的人完全是新遷入的，都是移民。其中一些高官得跟着他侍候過的皇帝的陵墓，在不同的陵縣中遷移。對原來戶籍不在長安的官員，這也是一次將戶籍遷入陵縣，以後可以長住首都的機會。每個陵墓建成後，都要從全

國各地按一定標準遷入一批高端移民，如級別達到多高的官員、資產達到一定標準的富商。一方面可以加強對這些人的監控，另一方面通過遷入富人，可以促進陵縣和首都一帶的繁榮。所以長安周圍陵縣分佈密集的地區，大部分居民都是移民或移民後裔。

移民數量之多、影響之大出乎我們今天的想像。比如田氏是齊國的大姓，齊王和一批貴族都屬田氏。田氏移民遷入關中後，關中到處都是姓田的，由於人數太多，田氏在內部分房編號，至少從第一、第二編到了第五。開始可能就稱為田氏第一，或第一田氏，以後就省略為「第一」，「第一」就成了這一支田氏的姓。其中一支「第五」一直傳了下來，如東漢初有第五倫，擔任過「三公」之一的司空，近代還有姓「第五」的。田氏不僅人口多，資產豐厚，還善於經商，到西漢中期，關中的富商幾乎都是田家人。

漢武帝以後又遷入了一批歸降的匈奴上層人物，還有西域各國的胡人，有的是來朝貢的，有的是來經商的，其中一部分就定居在長安。所以漢朝舉行重大的儀式，經常專門安排各方蠻夷的代表人物參加。定居長安的移民有來自外國、外族的。

作為首都，長安還吸引各種人來活動和定居，如求學的、被聘請來的著名學者、求官的、當上了官定居的、行醫的、經商的、逃亡的、臨時的流民、最終留下來的流民等。

由此形成的長安的都市文化，正如西漢學者所歸納的：「五方雜錯，風俗不純。其世家則好禮文，富人則商賈為利，閭里豪傑則遊俠通姦。」（各方面的文化混雜，風俗多樣。其中的世家大族講求禮節、尊崇學問，富人經商牟利，豪傑以結交遊俠為榮不惜犯法。）「又郡國輻輳，浮食者多，民去本就末，列侯貴人，車服僭上，眾庶仿效，羞不相及，嫁娶尤崇侈靡，送死過度。」（各地來的人密集相處，吃閒飯的人多，百姓棄農經商做工，列侯貴族的車輛服飾

都超標，民眾仿效唯恐不及，婚嫁更崇尚侈靡，喪葬花費沒有節制。）

拓跋鮮卑從草原上內遷的第一個都城在盛樂（今內蒙古和林格爾縣北），後來就遷到了平城。平城本來是個普通縣城，成為北魏的國都以後，北魏先在自己的境內，在太行山以東那些人口比較稠密的地方，遷移了好幾萬戶進來。以後北魏攻佔了南朝的青州，就是今山東中部一帶，從那裏遷移了一大批人，稱之為「平齊戶」。北魏滅了河西走廊的政權和其他政權後，都將當地的人口，包括原來的官員、將士、學者、僧人、樂師、工匠等大量遷到平城。平城逐漸成為一座建築宏偉、寺廟眾多、商業繁榮、文化發達、人口稠密的大都市，外來移民在人口中佔很大比例。北魏遷都洛陽，又把平城的絕大多數人遷到洛陽，並且規定他們以後的籍貫就登記為河南洛陽。以後繼續從各地向洛陽移民。

北魏與境外的貿易相當發達，大批外國、外族的商人經商成功後就在洛陽定居，過着富貴的生活。《洛陽伽藍記》描述：「自葱嶺以西，至於大秦（東羅馬），百國千城，莫不款附。商胡販客，日奔塞下。所謂盡天地之區已。樂中國土風因而宅者，不可勝數。是以附化之民，萬有餘家。門巷修整，閶闔填列。青槐蔭陌，綠柳垂庭。天下難得之貨，咸悉在焉。」

還有大批從南朝和外國來投奔的、遷入的人。朝廷專門建了金陵館接待南朝人，三年後遷入歸正里的住宅。北方各國、各族來的人在燕然館接待，三年後遷入歸德里的住宅。「東夷」來的人在扶桑館接待，以後遷至慕化里。「西夷」來的人在崦嵫館接待，以後遷入慕義里。

唐朝的首都長安城裏的移民更多，有學者估計長安城裏的外族、外國的人要佔到總人口的一半以上，其中包括唐朝任用的官員、將士和他們的家屬、隨員、使者、商人、樂工、舞者、工匠、學者、留學生、醫生、僧人、奴僕等。各地也有大批人員因為當官、參加科舉考試、求學、遊學、旅遊、經商、

投親訪友等來到長安，其中相當一部分人就此定居。

歷史上無論是統一王朝的首都，還是分裂時期各政權的都城，都集中了大量的移民，特別是高端移民。在一些地區性的行政、經濟、文化中心城市，特別是工商業發達的城市都會聚居大量移民。唐朝後期的沿海城市，如廣州、泉州、明州（今浙江寧波）、揚州、登州等還集中了很多外國、外族的商人。廣州城裏聚集的阿拉伯人、波斯商人及其家屬估計達十萬人。

正因為這樣，在這些移民集中的都城中，特別是首都，多種文化並存，相互交流融合，也有衝突、摩擦，形成「五方雜錯，風俗不純」的文化格局。處在這種環境中的傑出人物，有機會接受多元的文化，創造更加輝煌燦爛的思想、文化、藝術，形成一種比較開放的格局。外來的商品、物種、音樂、舞蹈、風俗，也隨着外來移民，特別是在他們定居以後，在都市中間傳播，被廣泛接受，並且逐漸傳播到各地。

我們要了解歷史上這些首都、商業中心、文化中心的文化形態和發達程度，一定要了解這些地方的移民類型、來源、狀況、所處的地位、與土著的關係、作用和貢獻。在尚未出現現代傳播手段的古代，文化只能通過人傳播，而移民就是傳播文化的最活躍的載體。

第三節　「羌胡」的南遷與五胡亂華

西晉以後，歷史進入了東晉十六國時期。在一百多年的時間裏，北方先後出現了十六個大大小小的政權，實際上在這之外還有兩個政權。這些政權大多數是由匈奴、鮮卑、羯、氐、羌這五個少數民族首領建立的，所以歷史上稱之為「五胡亂華」，意思是這五個「胡」（非華夏少數民族）把華夏搞亂了。前人往往把「五胡亂華」的出現歸咎於東漢以後少數民族大規模的南遷和內

遷，其實南遷和內遷本身並不是「亂」的根本原因。我們可以看看少數民族的內遷是怎樣出現的，內遷以後究竟發生了什麼。

其實西漢時就有大批匈奴人因為在戰爭中被俘或者歸降而遷入漢地，大部分被安置在邊疆地區專門為他們設置的屬國，採取的辦法是「因其故俗」，即根據他們原來的風俗習慣，依然過着遊牧生活。少數被安置在內地，其中的上層人物還擔任了漢朝的大臣或者將領，比如受漢武帝遺命輔佐昭帝的金日。

漢武帝臨終委託四位大臣輔佐他年幼的兒子——後來的昭帝，其中一位就是金日。金日本人是匈奴休屠王的太子，因為他父親被漢朝打敗後不願意投降，被昆邪王殺掉，他和他母親被作為俘虜獻給漢武帝。但以後金日得到漢武帝的信任和重用，逐步成為漢武帝身邊最親近的大臣。這四位輔佐昭帝的大臣，以後一位被殺，一位死後被滅族，而金日不僅善終，金氏還繁衍為西漢後期著名的世族。

不過大多數內遷的匈奴人沒有留下進一步的記錄，顯然他們已經融入了漢人的汪洋大海。真正大規模的內遷還是發生在東漢，南匈奴投降漢朝後遷到了塞內，他們一度有三萬四千戶，二十三萬七千多人。很多散居在各地的匈奴人和北匈奴的降俘人員還沒有被列入統計。

除了匈奴人以外，鮮卑人也開始南遷，遷到了邊境，以後進一步南下。羌人、氐人被大規模地遷到了關中，一部分羌人甚至遷到了首都洛陽所在的河南郡。到西晉初年，江統曾經估計，「關中之人百餘萬口，率其少多，戎狄居半」。「戎狄」（泛指匈奴、鮮卑、羌、氐等少數民族）人口居然佔關中總人口的一半。

東漢末年到三國期間，今陝西北部、甘肅東北這些地方，原來的行政機構都被撤銷了，朝廷已經放棄管理了。《中國歷史地圖集》有關的圖幅只能在這一帶寫上「羌胡」兩個字，其他全部保持空白，因為當時留下來的史料中沒

有任何記載。

其實朝廷並不真正了解這一地區的情況，因為在那裏聚居的並不止羌人、「胡人」。一定要說是「胡人」，其中包括的民族就不止一兩個。因為匈奴原來散佈的範圍很廣，包括西域不少地方，今天的新疆與新疆以西的中亞，甚至西亞的一些民族也隨着匈奴人內遷了，有的就定居在這片「羌胡」地區。

匈奴人和其他胡人在定居以後，也開始從事農業生產。匈奴的主體又渡過黃河進入了今天的山西，在汾水流域定居。這些普通的匈奴人還有其他羌人、鮮卑人，他們的境遇是很差的，相當一部分人被漢族的官員、將領、地主、富人買了去當奴隸。

曹魏時，有人到晉陽（今山西太原）做官，其他人就託他在那裏幫他們買匈奴奴隸，有大批匈奴人和其他「胡人」被掠賣到中原各地，包括後來建了十六國之一──後趙的羯人石勒。他從小受盡折磨，他被掠奪賣走的時候是「兩胡一枷」，兩個胡人合戴一把枷鎖，就這麼兩個一對給賣了。

這批人受的苦要比一般漢族窮人還要大，所以他們後來起來造反，或者投奔其他的割據勢力，絕大多數人都是出於無奈，一開始就是出於求生，並不是因為與漢族有什麼特殊的矛盾。也就是說，如果他們得到善待，能夠維持正常的生活，他們就能安定下來，與漢族百姓沒有什麼兩樣。

少數民族的上層人物，一般都被安置在首都洛陽或者其他城市。匈奴和其他少數民族的上層人物有很好的生活待遇，再加上漢族統治者以為如果讓他們學習漢族的文化、接受漢族的禮儀，就可能消除他們對漢族的威脅。在這種情況下，匈奴等族的上層人物迅速接受了漢族文化。到東漢末年、曹魏以及西晉期間，這些人往往已經與漢族的學者士人沒有什麼差別了。

建安二十一年（公元 216 年），曹操將遷入河東的匈奴部眾編為五部，又在并州刺史的治所晉陽設立匈奴中郎將，監護五部。因此，匈奴不少上層人物

就遷居晉陽，其中一些人又遷到曹魏和西晉的首都洛陽。漢化了的匈奴貴族為了證明自己的血統高貴，就用漢高祖劉邦曾經與匈奴的冒頓單于結親為理由，自認為是劉邦之後，以「劉」為姓。這一支匈奴人中的劉淵在西晉末年建立了漢國，劉曜建立了前趙。

匈奴是所謂「亂華」的「五胡」之首，而劉氏匈奴又是匈奴中首先建立政權的一支。但如果我們不抱任何偏見的話，就不得不承認，這一支「亂華」的匈奴人在文化上與「被亂」的華夏族其實已經沒有什麼本質上的差別。

如劉淵，他七歲時母親死了，他表現出來的悲哀和痛哭得到了宗族部落的讚賞。當時任職司空的太原人王昶聽了以後也非常感動，還派人去弔唁。據說他從小好學，老師就是有名的學者上黨人崔游，他學了《毛詩》《京氏易》《馬氏尚書》，特別喜愛《春秋左氏傳》《孫吳兵法》，這些他都能夠背誦。其他像《史記》《漢書》及諸子百家的著作，他統統都看過。這哪裏還有一點匈奴人的痕跡呢？他習武也不是只繼承匈奴的尚武風尚，而是研讀《史記》《漢書》時受到了啟發。

劉淵的兒子劉和也是好學不倦，學習《毛詩》《左氏春秋》《鄭氏易》，另一個兒子劉聰十四歲就能夠究通經史，兼綜百家之言，《孫吳兵法》唸得很熟，還會寫草書、隸書，會寫文章，曾經寫了一百餘篇詩，有「賦」「頌」五十多篇。

這些人已經完全地漢化了，就是放在漢族中間，他們在文化上也已經達到很高的水平。

所以等到劉淵起兵建立政權的時候，就完全以劉氏漢朝的繼承人自居，舉行祭天、祭祖儀式，追尊劉禪也就是劉阿斗為孝懷皇帝，把漢高祖以下的三祖五宗立為神主。劉淵這樣做當然是出於他的政治目的，但顯然已經得到本族人普遍的接受，至少已經為匈奴的上層人士所認同了。他們的起兵並非單純的

民族衝突或民族戰爭，而是伺機奪取政權，建立王朝。而西晉的內亂給他們製造了合適的時機。

西晉建立後，司馬氏錯誤地吸取了曹魏政權被輕易取代的教訓，認為曹魏非但沒有壯大而是削弱限制宗室的政治、軍事勢力，導致面對司馬氏的篡奪無能為力。所以西晉大封宗室王，不僅給實際封地，還配置了軍隊，卻解散了朝廷的軍隊，為宗室之間的武裝叛亂和爭奪準備了條件。晉武帝司馬炎死後，繼位的晉惠帝是個白癡，而他的賈皇后是個野心勃勃的悍婦。她首先利用宗室勢力，殺了執政的外戚（惠帝的外祖父）楊駿，集權專政，然後引發八位宗室王之間的混戰——「八王之亂」。十六年後，當八王中的東海王司馬越成為勝利者時，十六國中的漢（前趙）、成漢已經建立，首都洛陽被包圍，司馬越只得逃出洛陽，次年在途中病死，隨從的官員軍隊全部覆滅。

所以「五胡亂華」其實是「華」先亂，才被「五胡」找到機會。而在這場「亂」中，「五胡」的底層與漢族中那些被迫成為奴隸的百姓、失去土地的平民、動亂中無以為生的難民其實沒有什麼區別。而「五胡」的上層人物，無論是匈奴還是鮮卑、羯、氐、羌，其實漢族文化的影響都已經誘發了他們的民族認同，他們開始為本民族奪取政權。他們恰恰是利用了漢族文化中對他們有利的部分，如劉淵把自己塑造成漢朝劉氏的繼承人。因為他們在學習漢族文化過程中，已經掌握了「天命」之類的帝王之術。漢人可以做皇帝，我們為什麼不可以？你有天命，我也可以有天命。像石勒這樣底層出身的人，一旦掌握了權力，又有漢人張賓這樣的謀士輔佐，就可以建立華夏傳統的帝王體系。而且他們都大量地任用漢族官員、謀士為他們服務，統治的人民也大多是漢族，他們建立的政權與漢族的分裂割據政權沒有本質區別。

總而言之，「五胡亂華」絕不是簡單的民族之間的衝突或戰爭，並非純粹出於民族矛盾，相當程度上是「華亂」的結果。持續的、大範圍的自然災害又

加劇了戰亂的殘酷性和破壞性。我們應該在這樣一個大背景下來客觀認識「五胡亂華」。

第四節　牧業部落的北遷與匈奴的南下劫掠

有兩句唐詩大家一定很熟悉：「但使龍城飛將在，不教胡馬度陰山。」秦漢以後，陰山山脈經常是農業民族華夏漢族與北方遊牧民族之間一道重要的界線。所以詩人希望像李廣這樣的飛將軍能夠一直守住這條邊界，這樣胡馬就不能夠「度陰山」了。但事實是，胡馬經常「度陰山」，那胡馬為什麼要「度陰山」？

從中國有可靠的歷史記載開始，中原的農業民族和北方的牧業民族之間的衝突從來就沒有停止過，不同的只是激烈程度和衝突的範圍而已。其實衝突的界線遠遠不止陰山山脈，往往從遼東一直到隴西再到河西走廊，都不斷出現這樣一種衝突。飛將軍雖然也有，但是未必守得住。以往人們往往把衝突的出現歸咎於牧業民族的野蠻落後、侵略好戰，或者認為是農業民族軟弱無能，這種看法是相當片面的。

在生產力低下的情況下，牧業民族只能「逐水草而居」，具有很大的流動性。黃河流域曾經是東亞大陸最適宜生產和生活的地區，牧業民族也曾經與農業民族一樣生活在這一地區。但隨着農業民族人口的增加和生產力的提高，牧業民族的生存空間不斷被壓縮，到戰國後期已經被擠出了黃河中下游，遷到了秦國、趙國、燕國三國的長城以北。

在正常情況下，牧業民族遷移的範圍並不大，所謂「逐水草而居」，主要是季節性的或者周期性的。但是在發生嚴重自然災害或外敵入侵的條件下，他們的遷移範圍不得不擴大。一般來說，要獲得足夠的生存條件或者有了充分的

安全感以後，他們的遷移才會告一段落。

秦始皇築起萬里長城以後，匈奴的生存空間被限制在陰山山脈以北的蒙古高原。但是由於氣候寒冷，匈奴人不可能擴展到貝加爾湖以北。公元前 3 世紀到公元前 2 世紀初，氣候逐漸變冷，嚴寒、乾旱、大雪、蝗災成為蒙古高原上的主要災害。東西向的遷移往往同樣難以躲避由北而來的災害，還會遇到其他遊牧民族的抵制，向南遷移就成為他們最合理的選擇。

如果他們的遷移受到限制，殊死的搏鬥就不可避免。牧業民族的生產技能 —— 為放牧和狩獵需要鍛煉出來的騎馬和射箭 —— 非常容易轉化為軍事需要，在與農業民族的戰爭中他們擁有天然的優勢，尤其富有攻擊性和機動性，這使他們穩操勝券。

在佔有農業民族的土地的同時，牧業民族往往也奪得了糧食、紡織品、生產工具和其他物資、婦女和勞動力。這些戰利品不僅使他們順利地渡過了災害，而且使他們輕而易舉地提高了生活水平，甚至有了積蓄。這使他們意識到，用武力從南方農業區掠奪物資和人口是趨避災害、獲得財富最容易的手段。而與其他遊牧民族的爭奪，付出的代價很大，收穫卻很少。在這種情況下，只要南方農業區缺乏有力的防衛，牧業民族就會經常進行襲擊性的掠奪。每當秋高馬肥，牧業民族的戰鬥力最強，又最需要準備過冬的糧食和物資，這類掠奪也最頻繁。

無論是正常的交換，還是掠奪所得，一旦牧業民族開始消費糧食、紡織品，使用更先進的生產工具和更適宜的生活用具，就會產生更大的需求，逐漸地形成依賴性。原始的牧業民族可以完全依靠畜產品為生，但在食用糧食、穿上紡織品，使用了鐵製工具或武器以後，就再也沒有辦法抗拒。

比如說茶葉，原來都是南方農業地區生產的，但傳到北方牧業民族中間以後，很快成了他們生活的必需品。但是牧區很難生產這些物資，至少不能滿

足他們全部的需要。如匈奴人在秦人、漢人的影響下也開始種糧食,但產量很有限。所以他們將這些物資的供應視為生命線。

來自中原王朝的供應,即在邊境進行的「互市」和「關市」對牧業民族來說至關緊要,不可或缺。但中原的統治者不了解牧業民族的需要,或者故意將這些物資的供應作為對付他們的手段,往往就成為戰爭的導火線。

地理環境的不同導致農業民族和牧業民族生產和生活方式的巨大差異。儘管的確存在先進和落後,但從本質上說,各個民族的文化是與各自所處的地理環境和物質基礎相適應的,並沒有優劣之分。

但處於東亞大陸中心、地理條件相對優越的農業民族 —— 華夏各族(以後的漢族)中很少有人認識到這一點,發達的農業文明使他們很早就形成一種民族優越感。在春秋時就集中表現為儒家的「夷夏之辨」—— 中原的農業民族、華夏各族是「夏」,周邊的牧業民族和非華夏族是「夷」;「夏」是中心,是文明,是先進;「夷」是附庸,是野蠻,是落後;「夏」和「夷」的界線絕不能混淆。正因為如此,漢朝從皇帝到臣民都很難理解和同情匈奴人,漢朝和匈奴也不容易建立起正常的睦鄰關係。

在漢匈的爭奪和戰爭中,漢朝還有一個致命的弱點。匈奴人的生存條件比漢民差,漢民無法適應牧區的生活,而匈奴人卻完全可以生活在農業區,尤其是在黃河流域的農業區。牧區大多數地方沒有條件發展農業,而農業區一般很容易變成牧地。所以匈奴人南下以後,可以將農牧界線南移,可以在原來漢人的地方放牧,但是漢人北上以後卻不能將農業區向北擴大。在當時的生產力條件下,陰山山脈已是農業區的北界,是難以逾越的界線。

在秦漢之際、兩漢之際,匈奴人都曾經佔有過陰山以南的土地,他們照樣可以在那裏放牧和生活。漢朝的軍隊儘管曾經一次次深入蒙古高原,甚至已經將匈奴人驅逐到蒙古高原以外,卻沒有辦法在那裏長久留駐,更不能將那些

地方變為自己的疆域，設置郡縣等行政區。因為軍隊或者移民都沒有辦法就地生產自己需要的糧食，他們所需要的糧食、物資，全部要從遙遠的後方運來。

在匈奴人和他們的牲畜全部轉移以後，漢人既沒有統治的對象，也沒有戰後掠奪的目標。即使是給匈奴以重創的戰爭，實際上損失往往是漢朝一方面更大。所以在漢匈的衝突中，漢朝往往只能取守勢，匈奴卻往往採用攻勢。匈奴的每次入侵都給漢朝造成很大的損失，而漢朝的反擊倒經常是得不償失。因為在匈奴遠離的時候，漢軍出兵再遠，也不會有任何戰果，卻要賠上大量糧食、物資和人員。

比如漢武帝打了幾個大勝仗，甚至深入蒙古高原，但在國內聽到的倒是反對的話。當時一些官員就提出：「我們自己有很多田地，因為農民都當兵出征了，就都荒蕪了，沒有人種，還需要那些乾旱寒冷的土地嗎？又不能種莊稼的，要拿來幹什麼呢？」

所以在漢朝軍事實力不如匈奴的情況下，和親不失為一種明智而現實的政策，能夠以較小的代價換來和平，避免更大的損失。特別是在匈奴相對弱勢的時候，執行適當的政策，正是保證雙方能夠和平相處的重要前提。

我們當然應該肯定漢武帝反擊匈奴人入侵的貢獻，這一努力鞏固了西漢的疆域，也為以後的和平局面奠定了基礎。但還應該看到，真正給邊境帶來持久和平和安寧的是漢宣帝的正確方針。當匈奴分裂，呼韓邪單于兵敗投降的時候，漢宣帝不僅沒有趁機消滅匈奴政權，還給予了基本平等的政治待遇和充分的物資供應，使他們能夠享受體面的和平。比如說單于朝見漢宣帝的時候，漢宣帝給他的地位「在諸侯之上」，僅次於皇帝。不把他當自己的臣下，而是拿他當朋友、當賓客，還派軍隊護送他回去，供應給他很多物資。等到他認為呼韓邪已經有自立能力了，又把他送回蒙古高原。

漢元帝繼承了漢宣帝的政策，並更加務實。有一次，漢元帝派使者去匈

奴，使者在沒有事先得到授權的情況下，與匈奴訂立了完全平等的盟約：「自今以來，漢與匈奴合為一家，世世毋得相詐相攻」（不得相互欺騙，相互攻擊），「敢先背約者，受天不祥」（背約者要受天的懲罰），並按照匈奴儀式，登諾水東山，殺白馬，飲血酒。使者回來匯報後，公卿大臣都認為他們擅自與夷狄發這樣的惡誓，丟了國家的臉面，要求重新派使者去匈奴，重新舉行祭天儀式後解除誓約，並追究他們「不道」的死罪。元帝卻下詔書不解盟，實際上承認了盟約，只給了他們很輕的處罰。

正因為這樣，漢匈之間出現了六十年的安定，邊境「數世不見煙火之警，人民熾盛，牛馬佈野」。在漢朝四百年的歷史中，與北方的匈奴能夠保持如此長時間的安定局面，是空前絕後的。所以到底怎麼樣才能「不教胡馬度陰山」，很明顯，僅靠飛將軍是不夠的。

第五節　古代人為什麼要遷移？

古代人為什麼要遷移呢？絕大多數人都是為了生存，特別是在生產力落後的情況下，到一定時候，當地的自然條件已經不能夠為他們提供生存的資源了，那麼就只能遷移。

從文獻記載中可以看到，商朝人是不斷遷移的，而且經常遷都。主要的原因是當時農業生產能力低，到一定時候，當地土地質量下降，或者遇到水、旱、蝗等自然災害，糧食產量無法維持正常生存，只能遷移，換個地方。當時一部分人從事牧業，也只能遊牧，「逐水草而居」，什麼地方有水有草，就往那裏遷，等那的水草不夠了，再往更合適的地方遷。也有一些人的遷移是為了發展。追求財富，就遷到富的地方；想從政當官，就遷往首都；要求學、研究學問，就遷到文化發達的地方。這是一種發展型的移民，這種人是少數。

更少的人是出於好奇。這是人的天性，只是絕大多數人不具備條件，或者更多地考慮現實。只有極少數人或者具備往外走的條件，或者即使沒有條件也會不計後果滿足個人的好奇心。

早期的中華文明主要是在黃河中下游地區發展起來，再擴散到全國各地的。當時這塊地方的自然條件相當優越，有足夠的土地可供開發，土壤疏鬆，土地有足夠的肥力。而且當時氣候溫和，降水充沛。長期處於這樣的環境，當地人養成了一種「安土重遷」的生活習慣，非不得已是不向外遷移的。所以在正常情況下，外遷的人的數量很少，大多數人世世代代生活在原地，或者就地做擴散性的遷移。如果碰到天災人禍，就不得不逃離故鄉，但是在災禍過去以後，他們還是要回到故鄉。

然而在特殊情況下會引發大規模的人口遷移。一種情況就是出現了大規模的、持續的天災人禍。古代各種自然災害裏，大範圍、持續性的乾旱對人口影響最大。因為當時沒有天氣預報，更沒有長時段的天氣預報，出現了旱情，不知道會持續多久，什麼時候結束。不像洪水，洪峰到達、成災以後也就過去了。等到糧食吃完了，旱象還沒有過去，人已經沒有力量走出災區了。所以旱災發展到一定程度，災民會根據經驗估計，如果生活維持不下去，就不得不逃荒，往外遷移。如果戰爭爆發，平民百姓更沒有其他辦法，只有逃亡躲避。時間長了，離家遠了，回不了家鄉，就只能在外地定居。

黃河中下游一帶，長期是首都所在。無論是農民起義、軍閥混戰或者由統治者內部矛盾引起的戰爭，目標都是要奪取政權，首都附近往往是戰亂的中心。而統治者總要竭力鎮壓，保衛首都，首都周圍往往成為反覆爭奪的戰場。早期的首都長安、洛陽，以後的開封都集中在這一帶，受戰亂影響比較大，引發的人口外遷也特別多。

歷史上的民族衝突，異族入侵，華夏（漢族）以外的少數民族，往往是

從北向南，從蒙古高原、西北進入黃河中下游地區，進入中原。中原的華夏（漢族）人口，只要有可能，都會隨同自己的政權往南遷移。

還有一種情況是自然條件的變化。因為氣候的變化，一度相當適宜生存的黃河中下游地區，慢慢就變得不太適合了。隨着氣候周期性的變冷，原來溫和的氣候變得比較寒冷乾燥、降水量減少。相反，南方長江流域隨着氣溫的緩慢下降，從濕熱變成了溫和。加上生產力發達以後，清除叢林植被比較容易，比較黏結的土壤也能被開墾，可以容納大批移民。

所以歷史上的幾次大規模的移民，基本上都是由北到南，由西北到東南，由黃河流域遷到江淮之間、長江流域，再越過南嶺進入珠江流域。

秦漢之際其實已經開始有人口南遷，但規模和影響都有限。歷史上最大規模的南遷中，第一次就是在西晉的「永嘉之亂」以後。西晉內部的「八王之亂」，成為所謂「五胡亂華」的導火線，匈奴、鮮卑、羯、氐、羌等非華夏民族推翻了西晉，先後建立十幾個政權。從 4 世紀初開始，北方的戰亂持續了一百多年。司馬睿在建康（今江蘇南京）建立東晉政權，中原的「衣冠」——皇室貴族、文武官員、世家大族、平民百姓紛紛南遷，聚居於江淮之間和長江中下游，特別是建康周圍地區。由於北方已為異族政權統治，戰亂持續，原來只是臨時避難，或者猶豫觀望的人，只能選擇在南方定居。

第二次大的南遷，就是從唐朝「安史之亂」爆發（公元 755 年）以後，一直延續到唐後期以至五代，人口還是從黃河流域南遷。不過南遷已經進一步深入南方，比如長江流域的江西，就又吸收了大量的北方移民，移民波及的範圍已經到了今天的湖南、廣西這一帶了。

第三次南遷，就是北宋「靖康之亂」（公元 1127 年）以後，金兵南下滅了北宋，導致大批的北方人南遷，特別是南宋在臨安府（今浙江杭州）的建立，對北方民眾有更大的吸引力，大批北方移民在南宋範圍內定居。這次南遷一直

延續到南宋末，不僅人數多，而且範圍更廣，波及更遠，一部分人已經越過南嶺，遷入嶺南。

在這幾次南遷的同時，也有一些人來不及南遷，或者南遷之路被阻，或者離南方太遠，遷到了河西走廊、遼東，還有的被遷到北方、東北。有些人是被擄掠強制的，也有的人是為了躲避中原的戰亂主動遷去的。如在五代、北宋初，契丹人就把大批的漢人遷到他們統治的地方。五代後期契丹佔了「燕雲十六州」，控制了今天的河北、山西北部，北京成了它的「南京」，大同成了它的「西京」。中原不少人遷到了河北、山西的北部，以及內蒙古、東北一些地方。同時，大批非華夏的部族，從蒙古高原、從東北、從西北遷到了黃河中下游地區，遷到了中原。

到了元朝，人口南遷已達到了極限，中國人口的南北之比到了頂點，大部分人口集中在南方。經過元末明初的戰亂，北方人口相對稀少，南方很多地方的人口相對飽和。加上明朝不久就把首都遷到北京，首都以及周圍地區都需要充實人口。從明朝初年開始，北方出現大規模的移民，從山西大批遷至北京及華北各地。遷都過程中，朝廷的文武官員及其家屬、軍隊、辦事和服務人員、工匠、樂戶數十萬人遷往北京及周圍地區。還有江南的富戶、士人也被遷到北京。明朝初年，總的趨勢是以北京為中心的華北吸收了大批移民，同時在一些經歷戰亂人口稀少的地方，也有大批外來移民自發地遷入定居。

明朝中期，經濟比較發達的地方人口已經相當稠密，土地被開發殆盡。貧民、流民紛紛擁入一些尚未開發的內地山區，如當時還處於封禁狀態的荊襄山區，政府無法阻止，驅趕不了，只得承認現實，允許流民佔地入籍，在那裏新設鄖陽府等行政區劃。明朝後期已經出現了從平原向山區、丘陵、邊疆移民的潮流。

清朝初年的戰亂造成四川等地人口大量損失，好多地方已荒無人煙，成

都城裏老虎白天在街上遊蕩，有的縣好不容易招募到幾百個移民，卻被老虎吃掉一半。清朝實施優惠政策，鼓勵移民遷入。如移民到當地後可免交三年公糧，資助種子、耕牛，合法擁有開墾的土地，合法地入籍。如果能組織五百戶移民遷入定居，給予縣官待遇；如果能組織一千戶，可直接任命為縣官。大批移民從湖廣（今湖北、湖南）進入四川，這就是歷史上有名的「湖廣填四川」。其實移民不單來自湖廣，還來自江西、安徽、廣西、廣東、福建等地。四川人口基本飽和後，一部分人繼續遷往陝南、雲南、貴州。

清朝中期以後，今天山西、陝西這一帶的人「走西口」，通過長城上原來的那些「口」，遷入內蒙古。這些人口開始還是季節性地遷移，被稱為「雁行人」，像大雁一樣，春天去內蒙古開墾種田，秋收後回老家，其他主要是一些往返於內蒙古、外蒙古、俄羅斯的商人。到了清朝後期，「雁行人」在當地落戶了。特別是 19 世紀 60 年代內蒙古放墾後，移民可以在那裏合法定居，大批山西人、陝西人還有內地其他地方的移民遷到今呼和浩特到包頭一帶，還有人進入大青山以北地區開墾定居。

清朝初年，有大批客家人從廣東山區遷到了平原，後來引起與當地土著之間的大規模械鬥，官府調解、鎮壓不了，只好將一批客家人集中安置，與土著隔離。有些客家人被遠遷到了雷州半島、海南島。還有一些客家人就遷到了台灣。

康熙二十三年（公元 1684 年）台灣建府後，吸引了不少大陸的移民。儘管清朝曾經幾次下過禁海令，但最後還是開放了。到日本佔據台灣時，島上已經有了兩百多萬大陸的移民及其後裔。移民中主要是閩南人，第二位的是客家人，他們構成了台灣人口的主體，維繫着與祖國的聯繫。

自明朝中期開始，就有福建、廣東山區和沿海一些山區的人「下南洋」，遷往東南亞。因為當時移居海外是非法的，只能採取民間偷渡的方式。鴉片

戰爭以後，又出現了非法的苦力移民。帝國主義利用特權，誘騙、綁架一些貧民，販「豬仔」，以所謂「契約勞工」的名義把他們輸送到海外，包括美洲、非洲（像南非）、東南亞很多地方。以後在生存壓力的驅使和早期海外移民的吸引下，大批福建、廣東人遷往東南亞、南亞、美洲、非洲。

19 世紀 60 年代，面對帝國主義的侵略，清朝終於取消了東北的封禁，原來涉嫌非法的「闖關東」成了得到政府鼓勵資助的大規模移民活動，為東北的開發和邊疆的鞏固做出巨大貢獻。大批移民從山東、河北和北方各地迅速遷入東北，很快建立一個一個新的縣、府。清朝末年，東北原來的三個將軍衙門都改建為省，即奉天（今遼寧）、吉林、黑龍江三省。到 1931 年日本發動「九一八」事變佔領東北時，東北已有三千萬人口，主要由移民及其後裔構成。正是他們的存在，才最終保住了東北的大好河山。

回顧中國移民的歷史，可以這樣說：沒有移民就沒有中國這片疆土，沒有移民就沒有中華民族，沒有移民就沒有中國的歷史。

第五章

人口

被政策影響的人口數量

第一節　古代中國究竟有多少人？

　　在中國古代不同的歷史時期，到底有過多少人呢？要回答這個問題是相當困難的，特別是要精確地回答。因為古代的人口已經成為過去，我們不能像今天這樣再做一次人口普查或做一次人口調查。所以，如果古代當時沒有做過人口調查，或者做了而沒有留下記錄，我們今天只能根據已有的史料做出一些估計。有人曾經在歷史書上翻到說大禹的時候有多少人，周朝的時候有多少人，還精確到個位數，那我告訴大家，這個數字是完全不可靠的，顯然是後人編造的。

　　大禹的時候這個人口數是怎麼來的？要調查。當時有這樣的條件嗎？而且更主要的是，一直到周朝實行分封制的階段，最高統治者是沒有必要花那麼大的精力，去調查統計有多少人的。因為一個個的諸侯國，大國下面的小國，每個國它都是自己在管理，只要按照規定納貢，貢上來多少東西或者多少人就行了，所以沒有必要去調查它們下面具體有多少人。所以包括《周禮》裏面講

的「登人」——調查人的制度，大部分都是後人的一種設想，並沒有真正實行過。既然當時就沒有調查過，我們今天要精確地說出大禹時候有多少人，周朝時有多少人，那顯然是不可能的，這些數字大家完全不要去相信。

到了戰國後期，因為有些大的諸侯國已經開始設立郡縣了，諸侯要知道這些郡縣裏有多少人，所以已經有一個叫「上計」的制度。每年或者是每三年，當地的地方官就跟諸侯報告這個地方有多少戶口，這樣應該講就有一些局部的數據了。

我們知道，要調查人口本身要花費很多的人力物力，調查人口的目的是什麼呢？

無非三種，一種就是徵兵。徵兵的話就要知道有多少男性人口，當兵有一定年齡限制，因此不僅要調查男性的人數，還要調查年齡。還有一種是服勞役，也需要調查有多少人，也有年齡限制，太小了不行，太老了也不行，就有調查人口和歲數的必要。因為服兵役、服勞役的對象基本上是男性，所以對女性就沒有必要調查。再一種是納稅，就是要調查該納稅的人口。如果女性也要納稅，那麼對女性人口也有調查的必要了。

所以從秦朝開始就要進行全國性的戶口調查，因為普遍實行勞役、兵役制度。漢朝還實行人頭稅制度，每個人都要交納「口賦」（口錢），那麼不但男性，女性也要被調查了。秦朝統一以後，實行中央集權的制度，朝廷直接統治下面的郡、縣，已經有條件通過各個縣調查人口，然後各個縣把數字匯總起來報到郡，郡再報到朝廷。中國第一個全國性的戶口數字，就是秦始皇的時候形成的。到劉邦攻佔咸陽的時候，蕭何專門接管了秦朝留下的檔案，其中就包括全國的戶口數，一個郡、一個縣有多少戶口都查得到。

為什麼講戶口，不直接講人口？因為當時調查的指標主要是戶，勞役、兵役一般就是以戶為單位徵集的。一戶裏面有多少口，並不等於我們今天講的

人口──每一個人都要調查到，它的重點顯然是跟徵兵、跟賦役、跟納稅有關的那些人。譬如老人、小孩，就不一定都調查，或者都要求調查準確。

以後每一個朝代都有這樣的戶籍，可惜今天有些數據早就不存在了。所以我們現在要講歷朝歷代有多少人口，只能根據還保存着的這些戶口的數字來推算、估計。

有幾個階段，戶口數是比較接近實際人口數的。

比如西漢時，國家既有勞役、兵役，又徵收人頭稅。因為徵人頭稅的對象是七歲以上的男女人口，為了保證不漏徵，對這些人口都要認真調查。漢武帝時把起徵年齡提前到三歲，調查對象幾乎覆蓋全部人口了。所以西漢期間的戶口數與實際人口數非常接近。

要了解中國歷史上某一階段的人口數據，還有一個條件，這個階段的行政效率要比較高。如果行政效率不高，很多調查進行不了，或者地方敷衍塞責，甚至在數字上胡編亂造，即使調查的範圍包括全部人口，結果也不可靠。西漢時期的行政效率總的來說還是比較高的，符合這個條件。又如明朝初年，朱元璋曾經出動軍隊，到地方上去查戶口，規定了嚴格的獎懲措施，而且做了詳細的登記，以後又規定每十年要編修一次戶籍。特別是在他在位時期的這一兩次調查，規定非常仔細，他實行嚴刑峻法，官員們都不敢怠惰，更不敢違法。有這樣高的行政效率，這一階段調查的戶口數基本上覆蓋了全部人口。但在朱元璋以後就做不到了。

另外一個條件是這些數據被保留下來了。像秦朝的戶籍數字只留下個別縣的，用處有限，更無法了解全貌。非常幸運的是，西漢末年的數字，全國總數、郡級單位的戶數及口數，還有個別縣級單位的數字都被保留下來了。

戶口數比較接近實際人口數的另一個階段就是清朝。康熙五十一年（公元 1712 年），康熙皇帝宣佈實行一項政策──「盛世添丁，永不加賦」，就是

說現在到了太平盛世，朝廷對此後新增加的人口，只統計數字，永遠不增加賦稅。本來無論是官員還是百姓，隱瞞戶口、少報人口的目的大多是為了少交賦稅。現在賦稅與新增人口脫鉤了，還有必要隱瞞嗎？當然，官員、百姓不會馬上相信這樣的政策，特別是會懷疑政策能不能落實，所以還會或多或少地隱瞞，但畢竟有了根本性的改變。

到了雍正年間，又實行「攤丁入地」，又稱「攤丁入畝」。本來百姓要交兩種稅，一種是人頭稅，主要依據是戶口登記，徵收對象是「丁」（理論上是成年男子）；另一種是地稅，徵收對象是土地的主人，依據的是地畝數量。「攤丁入地」就是把人頭稅統統分攤到土地上，總量不變，徵收對象是土地的主人。當時有個說法，「天下有逃丁，無逃地」。逃得了和尚逃不了廟，人口數容易隱瞞，土地隱瞞不了。今後只徵地稅了，再漏報、隱瞞人口就沒有必要，人口的數字與賦稅數額已經完全脫鉤了。到乾隆四十一年（公元 1776 年），朝廷對調查戶口的方法進行了整頓，還通過保甲制度加強覆核，從乾隆四十一年開始，戶口數字比較接近或基本上就等於人口數字。

所以我們看有關戶口的史料，不要只看字面上用的什麼「丁」啊，「口」啊，要弄明白這些單位到底是什麼意思。大多數情況並不等於一個人，或者一個符合服役或徵稅年齡的人，而只是一個額度，就是應徵服役或納稅的單位，實際相當於多少兩銀子、多少個錢、多少斤糧食、多少兩絲。

根據這些規律，再結合歷代留下來的戶口數字，可以歸納出幾個比較可靠、多數學者能接受的數字，作為前後推算估計的基礎。

第一個節點就是西漢末年，公元初，在漢朝統治的範圍內，大概有六千萬人口。還有漢朝沒有統治到的，如蒙古高原、青藏高原、東北這些地方，但是這些地方當時人口非常稀少，蒙古高原充其量不過幾十萬人，基本上可以忽略。可以講，公元初的中國大概有六千餘萬人。

有了這個數字，我們往上面推，估計秦漢之際，秦朝滅亡西漢剛建立的時候，至少有一千五百萬人。再往上推算，戰國末、秦朝初估計有三四千萬人。

第二個重要節點是唐朝，唐朝安史之亂前的「大唐盛世」。這段時間戶口隱漏比較嚴重，統計到的戶口數偏低。專家一般估計，盛唐的人口高峰大概是七千萬到八千萬之間，不會超過八千萬。

第三個節點是宋朝。現在估計到 12 世紀初的北宋末年，宋朝人口應該已經達到一億，13 世紀前期宋、金合計人口達到一點二億。

第四個節點是明朝。明朝初年到永樂年間，應該有七千萬人口，發展到 17 世紀初，明朝的人口已經達到兩億。

最後一個重要的節點，是太平天國戰爭前，清道光三十年（公元 1850年），是中國古代的人口頂峰，四點三億。這四點三億也沒有包括一些邊疆地區，但是這些地區的人口加在一起不過一兩百萬，所以不影響這個數字大致的準確性。

清光緒三十四年（公元 1908 年），清朝要籌辦立憲，準備選舉，選舉涉及人口調查，所以準備花六年時間進行一次全國性的人口普查。這次是真正意義上的人口普查，要求調查到每一個人，而且在不少地方採取逐戶登記的辦法。如果這次調查完全進行了，可以產生一個現代意義上的真正的全國人口統計數。可惜一方面有些地方還剛剛建立警察系統，調查的技術、人力、物力都很缺乏；另一方面調查還沒有進行完清朝就亡了，民國政府並沒有繼續進行。但無論如何，這是中國歷史上第一次真正意義的人口普查。

民國年間，專家學者對這次調查中大部分省區已經完成的調查資料加以整理，估計 1911 年清朝的全國人口總數大約是四億。

第二節　貞節觀念與唐朝的寡婦改嫁

西漢時對匈奴和親，王昭君遠嫁匈奴，嫁給匈奴的呼韓邪單于，號稱「寧胡閼氏」，生了一個兒子，地位相當於漢朝的貴妃，因為單于另有「大閼氏」和多位閼氏。呼韓邪單于死後，大閼氏的兒子被立為新單于，根據匈奴的習俗，王昭君又嫁給他為妻，又生了兩個女兒。新單于雖不是她的親生兒子，畢竟是她丈夫的兒子，從輩分上講他們是母子關係。如果到這位新立的單于死時她還活着，也許還得再嫁一次。漢朝人實在接受不了，覺得這種習俗野蠻甚至亂倫，但匈奴人理直氣壯：我們就是用這樣的辦法，保證我們的「種姓」能夠綿延。

此前漢武帝時，將江都王的女兒封為公主嫁給烏孫王昆莫，公主被立為右夫人。以後昆莫將公主配給自己的孫子，公主不願意，武帝要她入鄉隨俗，她只得下嫁，又與昆莫的孫子生了個女兒。

匈奴、烏孫是遊牧民族，生活的地方主要是蒙古高原、中亞草原，氣候寒冷、乾燥，物產有限，基本不能生產糧食，生存條件艱苦。再加上他們的生活習慣、飲食方式，人均壽命很短，人口很難增長，一遇到天災人禍人口往往是負增長。即使到了近代，蒙古高原的民族人均壽命還是很短，人口增長率很低。所以匈奴不只是採取這樣的辦法以充分利用婦女的生育能力。漢朝人凡是進入匈奴的，不管是被俘虜的，還是被扣為人質的，或者自己投奔的，匈奴人都會讓他們在那裏成家生孩子。比如張騫第一次出使西域，離開漢朝不遠就被匈奴扣留了，一扣就是十年，等到張騫離開的時候，他已經有了家室，有了孩子。又如蘇武是漢朝的使者，被匈奴扣為人質。匈奴一方面把他流放到貝加爾湖一帶，不許他回去，但是另一方面還要配給他匈奴婦女，等蘇武後來返回漢朝時，他已經有了兒子。但兒子得留在匈奴，不能帶

走。更不用說像投降匈奴的李陵、李廣利等人，一到匈奴就得與匈奴婦女成家，為匈奴增加人口。

的確，千方百計地增加人口是匈奴的一種生存方式。所以在他們那裏，這種行為能夠得到合理的解釋，他們完全不會有像漢朝人那樣的觀念。在西漢、東漢時，已經開始出現婦女的「貞節」觀念，寡婦改嫁就覺得不大光彩。

匈奴人、烏孫人、胡人與漢人在生育觀念方面，或者在這種「貞節」觀念方面，是不是一定會完全對立呢？其實，如果是在同樣的生存條件下，就並沒有嚴格的界限。

比如北朝時，因為連年戰亂，農業生產也受到影響，人口很難增長。特別是那些長期駐守前線的將士，沒有辦法及時結婚，沒有機會及時傳宗接代。曾經有幾次皇帝下命令，徵集後方的寡婦送往前線，嫁給將士。不是鼓勵寡婦守寡，而是要逼她們與馬上奔赴前線的將士結婚，保證他們有家庭，保證他們有孩子。

也許你不能想像，唐太宗在他登位的當年［貞觀元年（公元 627 年）］居然下了一道詔書，目的就是為了增加人口。詔書規定：男子二十歲、女子十五歲以上應該促使他們趕快成家結婚。詔書還特別規定了寡婦如果喪期已滿，守孝時間滿了，就要及時改嫁。鰥夫也要及時婚配。並且把詔令的實行結果作為考察地方官政績的重要指標。

由此可見，一種婚姻習俗、觀念是要與社會的存在、需要相適應的。唐朝初年，經過隋末唐初的戰亂、突厥的南侵等天災人禍，人口銳減，迫切需要增加人口。

唐太宗即位的當月，突厥南下，甚至兵臨長安城下，唐太宗不得不親自出城，與突厥可汗對話談判，才使突厥退兵。唐太宗深感增加人口的緊迫性，但當時沒有增加人口的有效辦法，唯一能想到的，只有充分利用婦女的生育能

力。寡婦大多數年紀不大，還有生育能力，怎麼能允許她們「守節」不嫁呢？所以一定要命令地方官動員、資助，或不惜強制轄區內的寡婦改嫁。

由於種種原因，唐朝的人口增長並不理想，所以到唐玄宗開元二十二年（公元 734 年），繼續採取促進生育的措施，下詔規定將合法婚齡降到男子十五歲、女子十三歲。這是中國歷史上法定適婚年齡的最低點。

這種原來的「貞節觀念」、婚嫁的習俗，如果和實際需要不適應，那就會被改變。

社會的實際需要決定了唐朝根本沒有寡婦不能改嫁這個觀念，更不會把寡婦「守節」作為一種值得倡導的優良風尚和優秀事跡進行表彰。據唐朝正史中公主傳的記載，大多數公主都是改嫁過的，最多的一位改嫁了五次，而且改嫁了、改嫁給誰，都堂而皇之地記載在她們的傳記裏面，史官絲毫不覺得有隱諱的必要。

但在唐朝以後，五代、宋朝，特別到了宋朝時，「貞節觀念」越來越受到重視，非但寡婦不能改嫁，甚至未婚夫死了，從小結的「娃娃親」的男方死了，「指腹為媒」（雙方都還沒有出生時家長間預定的。如生下異性就定親，生下同性就結為兄弟姐妹）的男方死了，女方也不能改嫁。於是出現了很多女人「守節」的典範，一些「守節」的故事簡直令人毛骨悚然。

歐陽修記載了一位「節婦」李氏的事跡：五代時山東人王凝任虢州（今河南靈寶市）司戶參軍，病故在任上。王凝一向沒有積蓄，一個兒子年紀還小，妻子李氏帶着兒子送其骨骸回故鄉。東行過開封時，到旅館投宿，店主見她單身帶一個孩子，心裏有疑問，就不許她留宿。李氏見天色已晚，不肯離店，店主就拉住她的手臂拖了出去。李氏仰天大哭，說：「我作為一個女人，不能守節，這隻手難道能隨便讓人拉嗎？不能讓這隻手玷污了我全身！」於是拿起斧頭自己砍斷了手臂。過路人見了都圍觀歎息，有的彈指警戒，有的流下

了眼淚。開封府尹得知後，向朝廷報告，官府賜給李氏藥品治傷，還給予優厚的撫恤，店主被打了一頓板子。

貞節要守到這樣殘酷的程度，更不要說寡婦改嫁了。宋朝的學者曾經說過：女人「餓死事小，失節事大」。女人餓死了也不過是死了個人，一旦失節，喪失了「貞節」，比死還嚴重。

而且從宋朝以後，包括元朝，直到清朝，這種「貞節」觀念越來越流行，越來越被強化。明朝、清朝都在各地為「節婦」「烈女」造貞節牌坊，大力表彰。她們的「主要事跡」往往就是拒絕改嫁，或者以死相拚，為了抵制強迫她們改嫁的力量，有的自殺，有的剪掉頭髮，有的割掉耳朵。或者年紀輕輕就守寡，為未婚夫守寡，有的撫養遺腹子（丈夫死的時候已經懷孕留下的孩子），又教育其成人，一直到老。這類優秀事跡，廣泛見於各種記載，幾乎每一部地方志、家譜中都有《節婦傳》，一些縣城，甚至縣以下的鄉鎮，都可以看到不少為「節婦」建的牌坊。

這僅僅是價值觀念或者倫理道德的影響嗎？其實，任何一種價值觀念，任何一種倫理道德，都有它存在的社會基礎和物質基礎。看一下這一時期人口數量變化的趨勢就可以明白了。

唐朝初年人口不多，甚至到安史之亂前的盛唐，總人口也不過七八千萬人，稍超過公元初的西漢。但是到了 12 世紀初的北宋末年，宋朝人口已經突破一億，到了 13 世紀前期，南宋與金朝合起來估計人口有一點二億，17 世紀初明朝人口突破兩億，1850 年清朝人口達到四點三億。在人口不斷增長，突破一個又一個高峰時，當然完全不需要再通過強制寡婦改嫁來增加人口出生率，而大力倡導婦女的貞節觀念，使寡婦能「守節」終身，正好符合社會實際的需求，當時也找不到調節人口增長的其他途徑。

由於人口壓力日益嚴重，到了清朝後期還出了一位學者汪士鐸，人口學

界稱之為「中國的馬爾薩斯」。他認為當時最大的社會危機是人口太多，哀歎「天地之力窮矣」，自然界能夠提供的資源已經窮盡了。人多的禍根是什麼呢？他認為就是女人。在他的一本未刊印的著作中，他認為根本的措施就是限制女人的數量，限制女人的生育能力。他主張一部分女嬰生下來就應該被溺死，留下來的女嬰一部分要送進「童貞院」，從兒童時就把她們集中起來收養，今後終身不能結婚。同時要嚴禁寡婦改嫁，寡婦改嫁要依法治罪。

了解了這些歷史背景和社會現實，我們就不難理解，為什麼曾經為漢朝人不齒的匈奴習俗，在唐朝會無所顧忌。在宋朝人看來驚世駭俗的行為，唐太宗會堂而皇之地下詔推行。傳統儒家文化培養的學者，會與西方的馬爾薩斯「心有靈犀一點通」。

第三節　為何宋朝的戶口資料裏平均每戶不到三個人？

看宋朝的戶口資料，可以發現一個非常奇怪的現象。無論是南宋、北宋的戶口數字，每戶家庭的平均口數低得出奇。低到什麼程度呢？只有兩個多一點。比如最高的是北宋天聖元年（公元 1023 年），每戶平均口數也只有二點五七。而最低的是元豐三年（公元 1080 年），竟然只有一點四二，也就是說每戶平均一個半人都不到。這怎麼可能呢？不要說當時根本還沒有計劃生育，或者是限制人口增長的概念，就是在嚴格實行「一胎化」的情況下，如果說夫妻兩個加上一個孩子，那也有三個。如果每戶平均只有不到一點五個，那就還湊不齊一對夫妻，這能稱其為「戶」嗎？何況這還是個全國平均數！

宋代到底每一戶應該有多少人呢？我們在宋朝史料裏發現還有其他記錄。這說明兩個多一點的平均數其實不是全部人口，而是每個家庭中承擔賦

役、納稅的人口。舉例說，一個五六口的家庭，除了老人、小孩、婦女，有時候可能還有殘疾人，夠得上承擔賦役條件的成年男子大概不過兩三口。而且就全國而言，還有大批官僚家庭和投靠他們的人口享有免役特權，他們當然就沒有被計算在賦役人口裏。還有不少貧民為了逃避賦役，尋求庇護或者外出流亡，也沒有被登記在正常的戶籍中。所以平均每戶的「口」只有不到三個，那是比較平常的，但是如果低於兩個，證明逃避賦稅的比例已經相當高了。

在宋朝的史料中也可以看到一些不同的數字，每戶「口」的平均數都在五上下。如一種很重要的史料——李心傳的《建炎以來朝野雜記》，裏面記載鄂州（治所在今湖北武漢）每戶平均四點七三口。在羅願的《新安（歙州）志》裏記載城內每戶平均五點三五口，但城外每戶平均五點零五口，都比五口還多一點。

在其他的一些史料裏，我們也可以看到，少數州的每戶平均口數在四至六之間。又比如朱熹當地方官時，他在為地方申請救濟的公文裏提到，當地每戶的人口都是五口上下。

可見宋朝存在着不止一套的戶口統計數據，我們今天在《宋史》等官方史書中看到的全國性的統計數據，恰恰是賦稅人口，或者叫賦役人口，也就是全部人口中承擔賦役的那一部分。因為這個數字對國家來講是最重要的，所以這一套不同年份上報的數字是最完整的。其他類型的數字，如申請救濟撫恤、編練民兵等，就必須完整地調查統計男女老幼每一個人。但這並非國家經常性的或全國性的需要，所以沒有必要花人力物力做經常性、普遍性的整理申報，也沒有載入史冊。根據這些數字分析下來，再結合相關方面的研究，可以肯定宋朝的人口結構也應該是「五口之家」——每一戶五口上下。

還有一項數據也可以作為參考。金朝的戶籍統計是包括全部人口的，根

據它歷年的統計數，原北宋疆域內的人口每戶平均口數都在六以上。而金朝的每戶人口中還包括一些家庭以外的成員如奴僕、僱工等，實際家庭人口數也應該是五口上下。

從這樣的事實出發，我們根據宋朝留下來的戶口數中的戶數來推算。北宋大觀四年（公元 1110 年）有兩千零八十八萬二千二百五十八戶，四千六百七十三萬四千七百八十四口，平均每戶二點二四口；如果以每戶五口計，那麼實際人口數已經超過一億了。

明朝和清朝前期的戶口統計數都有類似情況。明朝初期以後，朝廷對統計戶口的關注點從實際人口數轉移到了與賦稅直接掛鈎的「額」，即每一個戶口調查單位「里」所必須承擔的賦稅額度，要求「務求不虧原額」──新一次調查的結果，務必不能使各個單位承擔賦稅的額度比上一次調查的額度低。所以就出現了官方統計到的每戶平均口數越來越低的不正常現象。其實根據人口史、社會史、人類學等多學科研究的結果，從漢朝到清朝，一個家庭的平均人口一直是在五口上下。出現戶均人口低於五，或者特別低的情況，都是統計指標與賦稅制度掛鈎的結果。

既然如此，為什麼我們長期有這樣一種錯覺，好像中國古代的家庭孩子很多，有人甚至認為中國沒有實行計劃生育以前，多子多福現象很普遍。其實這完全是一個誤解。

為什麼說是誤解呢？首先需要區別清楚，戶籍制度下的「戶」是指按照當時的制度登記人口的基本單位，而現代人口學講的「戶」是指「核心家庭」。什麼是核心家庭？就是一對夫妻加上他們未成年的孩子。其他類型的家庭，如由幾個核心家庭或者一個核心家庭加上其他人口組成的家族稱為「複合家庭」。比如，一對夫妻是與老人在一起生活的，那麼除了一對夫妻加上他們未成年的孩子以外，還要加上一兩位老人，當然比核心家庭的人口就要多了。古

代有些聚族而居或者三世同堂、四世同堂的大家庭，好幾個核心家庭生活在一起的「戶」，比如一對老人下面有三對小夫妻，小夫妻下面還有他們未成年的孩子，這個「戶」的人口當然比核心家庭要多很多。這樣的複合家庭給人的感覺好像都是子孫繁衍，人丁興旺，如果分解為核心家庭的話，就是另一種感覺。

我們看小說《紅樓夢》裏，又是榮國府，又是寧國府，加上寄居的親戚，有不少公子、小姐。如果分解到核心家庭的話，不僅每戶人口不多，有的還稱得上計劃生育的模範家族。比如林黛玉，家裏面就她一個女兒，父母在時也是三口之家，父母死後就成了一口，等她死了這一戶就絕了。又比如賈政，雖有五個孩子，但是由一妻一妾生的，王夫人生了賈珠、賈元春和賈寶玉。但賈珠死得早，只留下妻子李紈和兒子賈蘭。賈珠這個核心家庭曾經是三口之家，他死後就成了兩口。賈政的妾趙姨娘生了賈探春和賈環。寧國府的賈赦，邢夫人為他生了一個兒子賈璉，而不知名的小妾給他生了一個比賈璉小二十來歲的賈琮。對照學者研究清朝家庭人口的成果，《紅樓夢》裏的情況符合實際。

再有一點，古代大家庭都實行大排行，一個複合家庭裏同一輩的，特別是同一輩的男性，往往就從第一個最長的排起，一直排到最後一個。所以我們在唐詩裏看到有「元十八」，就是姓元的家裏的第十八個男孩；還有「李二十」，就是姓李的家庭裏的第二十個男孩。這並不是元氏夫婦或李氏夫婦生了那麼多男孩，而是這兩個家族中多對夫婦生育的結果。比如說上面祖父、祖母下面有五個男子，他們組成了五個核心家庭，總共生了十八個男孩，這個大排行就可以從老大排到十八。如果一個曾祖父、高祖父繁衍的後代都生活在一起，用大排行，那麼到第四代、第五代排到二三十就不稀罕了。分解到一個個核心家庭，每一個核心家庭的男孩不一定多，有的核心家庭甚至沒有孩子。

第三種情況，的確是有一些特殊的現象。比如好多皇帝有幾十個兒子，還有幾十個女兒。但與皇帝佔有的女性相比，平均每個女性的生育率極低，絕大多數是零。皇帝一般有幾十位后妃、數千名宮女，歷史上佔有的最多的有兩萬多名宮女。其中有機會與皇帝過性生活的人只是個零頭，這麼多女性的生育能力都浪費了，同時卻造成社會上很多人終身結不了婚。即使這樣，皇帝中還有不少人沒有孩子，或者孩子未成年就死了。歷史上也記載了一些宗室、貴族、高官、富人，甚至平民生了很多孩子的例子，但在總人口中的比例是非常之低的，完全缺乏代表性。小說、戲曲裏那些子孫滿堂的情節，往往是編造的，不足為據。

從人口發展的規律來看，在古代比較低的生產力條件下，公共醫藥衛生條件落後，普遍是高出生率、高死亡率，低增長率。孕婦和嬰幼兒死亡率高，殺嬰現象嚴重。一部分人口因經濟原因或男女性別比不平衡，終身無法結婚，造成人口有偶率低。由於人均壽命短，一些人未到婚齡或未到育齡就已死亡。天災人禍、嚴刑峻法，造成大量非正常死亡人口。種種因素綜合下來，中國歷史上正常的人口年平均增長率大概在千分之七左右，一般不會超過千分之十。這就決定了實際的家庭規模維持在五口上下，而其中還包括了一部分複合型的家庭。

第四節　明朝的戶籍制度與預編了十年的戶籍冊

清朝順治十三年（公元 1656 年），有一位監察御史在整理明朝崇禎十五年（公元 1642 年）的黃冊（戶籍冊）時，發現已經預先編到了「崇禎二十四年」。我們知道，崇禎總共只有十七年。但是，在崇禎十五年編黃冊時，大概那些官員要為後任的官員省事，或者認為自己十年後還不到退休年齡，不如現

在同時預編一份，到時可省事清閒，居然預先把十年以後的黃冊編好了。他們絕對沒有料到崇禎只有十七年的氣數，才鬧出這樣的笑話來。

照理說，黃冊是登記戶籍的實際數字的，那些官員怎麼會知道十年以後的戶口數字呢？要是編錯了，豈不是會影響國家重要檔案的準確性？會不會被追究責任呢？其實我們多慮了。因為從明朝中期以後，每十年一次的黃冊編審，看似十分隆重，動用大量人力物力，但早已不能反映戶口變化的實際狀況，除了固定不變的軍籍（衛所將士的戶籍，歸都督府管轄，但身份記錄在黃冊中，世代不能改變）可以作為核對原來身份的依據外，其他數字已經毫無用處。由各省按期解送到南京玄武湖後湖收藏的數萬本黃冊，早已如同廢紙。主管官員無論怎樣胡編亂造，根本不會有上司來檢查，更不會被追責。

明朝的開國皇帝朱元璋，他自己出身底層貧民，來自民間，深知老百姓受夠了賦役不均勻的禍害，知道以前徵集賦稅、徵發勞役並不是真正根據百姓家裏人口的實際數量和狀況，而是經常加重百姓的負擔，讓他們承擔過度的賦稅徭役；而官員和有錢有勢的人反而享有免除賦役的特權，或者可以通過種種舞弊手段逃避，甚至完全不承擔賦稅，這一切弊病的根源就是戶籍不實，通過戶籍弄虛作假。

所以朱元璋做了皇帝以後，下決心要把戶口查清楚，以便能夠做到賦稅均衡，老百姓該承擔多少就承擔多少。他專門下了一道命令，為了讓老百姓都看得懂他的聖旨，特意用白話記錄下來後頒佈。大家一看就會明白：

戶部洪武三年（公元 1370 年）十一月二十六日欽奉聖旨：說與戶部官知道，如今天下太平了也，止是戶口不明白俚。教中書省置天下戶口的勘合文簿、戶帖，你每（們）戶部家出榜，去教那有司官將他所管的應有百姓都教入官，附名字，寫着他家人口多少，寫得真着。與那百姓一個

戶帖，上用半印勘合，都取勘來了。我這大軍如今不出征了，都教去各州縣裏，下着繞地裏去點戶比勘合。比着的便是好百姓，比不着的便拿來做軍。比到其間有司官吏隱瞞了的，將那有司官吏處斬。百姓每（們）自躲避了的，依律要了罪過，拿來做軍。欽此。除欽遵外，今給半印勘合戶帖，付本戶收執者。

手段非常嚴厲，他的軍隊反正不打仗了，就讓軍人都到「地」裏，就是到基層，挨家挨戶去對照戶口記錄，一個個核對，如果發現官吏隱瞞就抓來殺頭，百姓如果敢隱瞞的就抓來充軍。在朱元璋這麼嚴厲的命令下，又出動了軍隊，官員們戰戰兢兢，老百姓更不敢隱瞞，這一次戶口調查的結果肯定是非常準確的。

這裏提到的戶帖和半印勘合，也是當時運用的一種確保戶籍人口能夠準確，而且今後有變化的話可以隨時修正的切實措施。所謂戶帖和半印勘合，就是每一個民戶都要發給他一張公文，上面將該戶的戶口資料抄成一式兩份，在騎縫上面蓋上官印，並且由經手人員在上面畫押，在騎縫處裁開後，一半留在戶主那裏，另一半由官府保存。到下一次調查的時候，要把官府保存的一半拿去和他家裏的一半合起來，官印和畫的押必須連得起來。然後再根據實際變化修改，形成新的戶帖。

至今還有明朝初年戶帖的原件或抄件傳世，從上面可以看到調查和登記的確非常仔細，家裏有幾口人、有幾畝地、有幾間房都清清楚楚，連不滿一歲的嬰兒也沒有遺漏。例如：

一戶張得肆，係嘉興府崇德縣梧桐鄉二十九都貽字圍，本戶計今四口。

男子二口：成丁一口，本身，年三十四歲。

　　　　　不成丁一口，男阿狗，年一歲。

婦女二口：妻宋大娘，年二十六歲；女阿勝，年四歲。

事產：民田三畝五分一釐，房屋壹間壹廈。

全印　右帖付張得肆收執，准此。

洪武　年　月　日。

半印　半字貳佰三十六號。押押押　押押

　　在這次調查的基礎上，洪武十四年（公元 1381 年）朱元璋又規定今後每十年要進行一次全國性的戶口普查，並且按照統一的規格編成戶籍冊，所有這些戶籍冊都要送到南京玄武湖後湖的一座島上集中保存。

　　戶口冊為什麼叫黃冊呢？因為它的封面都是用黃顏色的紙。編審的過程相當嚴密：先由每戶在規定的時間內填寫「供單」，有十多項具體內容以及與十年前比較的增減數。每十戶設一個甲首，每十個甲首設一個里長，供單填妥後交給甲首，甲首審核後交給坊長、廂長、里長，里長將本里十甲的供單裝訂成冊報州縣衙門，州縣匯編為縣總冊，呈報府衙。按各省距離南京的遠近規定送到期限，最近的浙江 20 天，最遠的雲南 180 天。遷都北京後，黃冊庫還是留在玄武湖後湖。

　　到明朝末年，已經集中了一百七十餘萬本黃冊，根據留下的黃冊的重量估計，總重量達到四千噸，可以說是當時的一項世界紀錄。

　　既然明朝初年的戶籍調查那麼仔細、認真，規定那麼嚴格，怎麼會到了後來出現可以預先編十年的戶口冊的怪事呢？我們知道朱元璋花這麼大的精力，出動那麼多人力物力來編戶口冊的目的，並不是為了我們今天把它作為人口史的資料來研究，或者作為一樣重要的檔案，根本的目的就是為了徵收賦稅。

但是明朝徵收賦稅的制度很快就發生變化，到第二次編黃冊以後，朝廷最關注的已經不是實際上有多少戶、多少人，而是承擔賦役的那些人口有什麼變化。並且已經把這些承擔賦役的人口折算成為賦稅的指標，也就是「額」。這樣一來，各級政府對這些「額」以外的人口已經不感興趣，所以從第三次編黃冊開始，朝廷的基本要求就是，「務求不虧原額」，確保徵收賦稅的額度不能減少。譬如某一個「里」，100戶人家，原定的「額」是30個，那麼新一次編審時必須不少於30個。這個「里」在編審時，自然沒有必要再一家一戶填供單，再具體檢查，與十年前的比較，只要將本「里」承擔的「額」定在不少於30個的合理變化範圍內就可以了。不僅與「額」無關的婦女、兒童、老人、殘疾人、畸零戶（不完整的家庭）可以隨便填寫，就是本來應該是確定「額」的依據的適齡男子的情況，也不必真正調查核實，只要編得與「額」適應就可以了。

由於這個「額」已經折算成為一定數量的銀子、糧食或某種具體物資，實際上已經是一項財政指標。所以從基層到各級政府，都只關心如何「不虧原額」，完成財政指標，又不至於加重地方的負擔，早已與實際戶口數脫鉤。

在這種情況下，不要說貪官為了中飽私囊要造假，就是清官，為了不增加地方的負擔，也要儘量將這個「額」在「不虧原額」的前提下儘量做低，這樣的戶籍當然可以隨便編，提前十年編好也沒有什麼關係。

由於這項制度是太祖高皇帝親自定的，所以一直維持到明朝滅亡。每隔十年，全國各地都會逐級大規模編造黃冊，浩浩蕩蕩地送到後湖。主管官員一本正經地匯總統計出各項數據上報朝廷，實際上已經連賦稅制度的意義也沒有了。因為在「額」滿足不了朝廷的需要時，與其向地方政府追加「額」，還不如提高每個「額」的含量簡單。或者直接給某些地方增加「額」，地方上也不敢不服從。既然這樣，何必再與那些本來就沒有什麼價值的假數字較真呢？

所以明朝大多數地方志裏記錄的戶口數字都是相當奇怪的，不僅一個府、一個縣總的戶數在不斷減少，口數的減少速度更快，以至戶均口數也在不斷地減少。比如說永樂年間（公元 1403 年—公元 1424 年）這個地方平均每戶五口人，到了嘉靖年間（公元 1522 年—公元 1566 年）減到了每戶四口人，萬曆年間（公元 1573 年—公元 1620 年）又減到了每戶三口人。我們知道這種情況實際上是不可能發生的。還有些方志中記錄的男女性別比嚴重失衡，女性人口數總是越來越少。

　　只有明白了明朝戶籍制度與賦役制度之間的關係，明白了戶籍中的「戶」「口」「丁」的實際含義，才能解釋為什麼明朝實際人口由明初的七千萬左右增加到了兩億，但黃冊和方志中反映的戶口數卻是一直下降的，始終低於七千萬。

第六章

人物
由人「鑄就」的時代現象

第一節　孔子：歷代統治者肯定的「春秋筆法」

　　孔子是偉大的教育家、思想家，也是偉大的歷史學家，他對歷史的貢獻主要是編訂了魯國的歷史《春秋》。《春秋》是根據魯國歷代的史官記錄下來的史料編纂的，已經成書，孔子只是重新整理定稿。但這件事成為孔子對歷史最大的貢獻，他所開創的「春秋筆法」被歷代正史奉為典範。

　　歷來有一種說法：「孔子作《春秋》而亂臣賊子懼。」為什麼孔子修訂《春秋》就能夠使亂臣賊子都害怕呢？這還要從歷史的作用說起。

　　我們現在看歷史，都以為歷史是古人特意留給我們後人看的，或者是為了讓子子孫孫都了解，或者是為了總結歷史的經驗教訓。其實最早記錄歷史的目的是向天、神、祖宗報告，以便得到他們的庇佑，獲得利益；或者取得他們的寬恕，消除災害。那時的人，即使是擁有最高權力的統治者都明白自己的能力有限，離不開天、神的保佑。另一方面，統治者又認為自己受天、神的派遣，甚至認為自己是他們的代表，得絕對服從天、神，所作所為必須如實向他

們報告。當時人還認為，人死以後生活在另一個世界，不但同樣有知覺，而且能起作用。所以對祖宗「視死如生」，像祖宗生前一樣尊重侍奉，要定期祭祀，也要如實報告。

向天、神、祖宗報告的任務最初是由巫師承擔的，因為只有他們才能溝通人與天、神、祖宗之間的聯繫。還沒有文字時，古人怕忘了重大事情，採用結繩的辦法，每件事在繩上打個結，重要的事、大事，打個大結，以鞏固記憶。有了文字，就刻在龜板上、牛骨上，寫在簡牘上，鑄在青銅器上，刻在石頭上。花那麼大的代價做記錄，就是為了向天、神、祖宗報告。以後要記的事多了，巫師忙不過來了，「巫」與「史」才分工，「巫」只負責溝通報告，「史」負責記錄收集，這才有了專職史官。史，是個象形字，一個人站着，手裏捧着一塊記錄用的板。史官記下來的內容也被稱為「史」，將這些「史」按日曆（繁體又寫作「歷」）編排，就稱為歷史。在這個意義上，繁體字的「歷」與「曆」是相通的。

史官的職業道德就是如實記錄，要對天、神、祖宗負責，而不是對統治者負責。而當時的人，從最高統治者到普通人，沒有人敢不保持對天、神、祖宗的敬畏，因此也都保持着對史官所記錄內容的敬畏，當時的人特別害怕因史官記錄了自己的惡言劣行而在生前死後得到懲罰，更害怕禍延子孫。

正因為這樣，孔子的「春秋筆法」歷來被認為非常嚴厲：「一字之褒，榮於華袞；一字之貶，嚴於斧鉞。」如果孔子對你的評價用了一個褒義字，那就相當於穿戴上華麗高貴的冠服那麼榮耀。如果孔子對你的評價用了一個貶義字，那就比刀劈斧砍還要嚴重難受。因為這不僅是一輩子的事，還要帶到另一個世界，並且影響到子孫後代。

那麼孔子在編訂《春秋》時採取什麼具體辦法呢？

首先是「為尊者諱，為賢者諱」。對「尊者」—— 地位高的人，「賢者」—— 品德高尚又有本領的人，要隱藏遮蓋他們的缺點和錯誤。尊者的標

準，是孔子根據心目中的《周禮》，按照《周禮》規定的等級和秩序來定的。而賢者的標準自然是根據他自己認同的價值觀念來定的。至於「諱」到什麼程度，哪些該「諱」，哪些可以不必「諱」，孔子並沒有留下具體的標準，只有靠後人自己體會了。

其次是「筆則筆，削則削」。如果「諱」了還不夠，有些內容就乾脆刪掉，所以說該記的就記，不該記的就削，就刪掉。為什麼稱「削」呢？因為當時這些內容都記在竹簡、木簡上，已經寫好的內容要把它塗掉、改掉比較麻煩，所以同時會準備一把小刀，如果一片簡上面這幾個字不要了，就把這一段用刀子削掉。我們看到出土的或者傳世的那些簡牘，有的就不是整片的，缺的這一半或一段就是因為上面的內容被削掉了。孔子在編訂《春秋》時用的原始簡，大多應該就是魯國史官記錄整理的原件，經過孔子的「削」，這部分原始史料就永遠消失了。

可以看出，孔子「作春秋」，重視的並不是歷史事實本身，而是價值觀念。對事實他可以按自己的標準選擇，可以用，也可以不用，甚至可以毀滅史料。即使是對同樣的事實，可以加以褒揚，也可以進行貶斥。他所孜孜以求的不是歷史事實，而是要有利於確立、鞏固、宣揚他的價值觀念，通過修歷史來實現他自己的政治抱負，宣揚他的價值觀念，譴責他所面臨的「禮崩樂壞」的局面。這也就證明了，歷史絕不是簡單地記錄以往存在和發生過的事情，而是歷史學家有選擇的、有意識的記錄。

可以具體舉一個例子。《春秋》僖公二十八年（公元前 632 年）裏記了這麼一件事：「天王狩於河陽。」從字面看並不難懂，「天王」就是周天子，「狩」我們現在理解為狩獵，在當時是一個以打獵為形式的隆重活動。在秋冬之交挑選一個黃道吉日，天子或諸侯、貴族在儀仗隊和警衛的護衛下到郊外預選的地點，先圍獵，然後用獵物和準備好的祭品祭祀，宴飲、娛樂後返回。選擇秋冬

之交，是因為秋收後民眾有空閒，糧食物資比較豐盛，動物經過春夏的生長也比較豐滿。河陽（今河南孟州市西北）是黃河邊的一個地名，離東周的都城洛陽不太遠。一句話，周天子去河陽舉行「狩」的活動了。

但真相是什麼呢？

實際上是當時晉文公的勢力已經很大，是想當諸侯的霸主。城濮之戰後，他本來想率領諸侯去洛陽朝見周襄王，造成他是諸侯盟主的事實。但又擔心自己的威德還不足以服眾，萬一有些諸侯不隨從就達不到目的。所以他請周襄王離開都城到河陽來，自己就近在踐土（今河南原陽縣西南）率領諸侯朝見，實際是讓周襄王為他的盟主地位背書。周天子雖已名存實亡，成了一具傀儡，畢竟還有形式上的尊嚴。本來應該晉文公率領諸侯去朝見，晉文公卻公然違背制度讓周襄王聽從他的擺佈，而周襄王不得不順從。孔子看到這段歷史，認為從來諸侯沒有召天子的資格，這是「禮崩樂壞」的典型，絕不能在《春秋》中留下這個惡例，對周襄王這位尊者遭遇的不幸必須隱諱，所以就記上了這麼一句與事實完全不符的話。周襄王被要挾羞辱的事，成了他主動進行的正常活動。

這種「《春秋》筆法」既維持了天子的尊嚴，同時也使理解孔子苦心的後人明白背後不光彩的事實，所以被後世的史官們模仿沿用。各位如果有機會看「二十四史」等正史，千萬要注意，凡是皇帝被稱「狩」，那就絕對是遇到大禍。

比如，《宋史》裏寫到宋徽宗、宋欽宗「二帝北狩」，不是他們跑到北方去狩獵了，而是在北宋覆滅後被金朝俘虜，押送到黑龍江五國城去，最終死在異鄉。《明史》裏寫到明英宗「北狩」，是指他出京「親征」被蒙古也先俘虜。而清朝的官方史料稱慈禧太后「西狩」或「兩宮西狩」，就是指八國聯軍打進北京後，慈禧太后帶着光緒皇帝倉皇出逃，一直跑到西安。在孔子以後，這個「狩」字已經成了帝王蒙難、被俘、離開首都受到羞辱的代名詞。

同樣，被孔子讚揚為「良史」（優秀史官）的，並不是因為他們如實記錄歷史，而是他們的寫法符合孔子要維護的價值觀念。如晉國的史官董狐記載「趙盾弒其君」，實際被殺的晉靈公是位昏君、暴君。因趙盾屢次勸阻，他懷恨在心，派刺客行刺未遂，趙盾不得已出逃。在此期間晉靈公被殺。趙盾曾責問董狐將他記為「弒」的理由，董狐給他列了兩條：「亡不出境」（逃亡但未離開國境，所以還得負責），「返不討賊」（返回後沒有懲辦兇手），趙盾只得接受。孔子也稱趙盾是「良大夫」，為他沒有「越境」而蒙受惡名而惋惜，但充分肯定董狐將此事定為「弒」的價值觀念，這正是他一心要維護的「禮」。

所以我們看《春秋》以後的「正史」，一定要用這樣的標準來理解。新建立的朝代花費很大的人力物力，隆重地為前朝修史，其目的不僅是要維護自己的價值觀念，更是為了證明本朝得了天命，擁有政治上的合法性。從這一意義上說，都是孔子「作《春秋》」的延續。

第二節　伏生：文化的保護與傳承者

秦始皇焚書坑儒，將古代流傳下來的像《尚書》這樣的典籍統統收繳銷毀，而且禁止民間收藏，官方還專門設立了一批「博士」負責保管，或許還要求他們做些研究。其中有一位伏生，他的名字大概沒有流傳下來，或者因為後來尊敬他稱他為「伏先生」，反而不知道他的名字了。在秦朝覆滅時，伏生利用職權從辦公場所取回一部《尚書》，偷偷藏在自己家的牆壁裏。後來天下大亂，他不得外出流亡。等漢朝建立，重新安定，他回到家裏，發現牆壁已經被破壞了。他收藏的這一部《尚書》丟了幾十篇，還剩下來二十九篇。他就靠着這二十九篇《尚書》，結合自己的研究和解釋，在齊魯一帶傳授。

漢文帝（公元前 180 年—公元前 157 年在位）時，徵求研究、傳授《尚

書》的學者，在其他地方都沒找到，聽說伏生還在，想把他召到首都長安去。但是伏生已經九十多了，沒有辦法出門遠行，朝廷特意派晁錯到他家裏聽他講述，做記錄，接受傳授。因為伏生年紀大了，口齒不清，只好靠他女兒一句一句地傳達。但是伏生和他女兒講的是山東口音的話，而晁錯是潁川（今河南）人，所以他們講的話晁錯並沒有全部聽懂，估計有百分之二三十是靠猜測，然後把它記錄下來。但是無論如何，《尚書》以及伏生的解釋和研究成果通過這樣一種特殊的方式，保存流傳下來了。

在印刷術沒有普及以前，這些經典和其他書都只能靠抄寫流傳。而且在沒有紙的情況下只能抄在竹簡、木簡、帛（絲織品）上面。不僅費材、費時，而且這些材料都不容易長期保存，傳抄過程中也難免不斷產生新的錯誤。所以學者在傳授這些知識和研究這些典籍的成果時，大多數只能靠口頭流傳，這樣就形成了不少錯亂或者遺漏，或者產生歧義或不同版本。如《書經》（即《尚書》）就曾經出現過兩個版本，《詩經》有三個版本，在齊地流傳的《論語》與在魯地流傳的就不同，儘管兩地相距不遠。《春秋》更有好幾家不同的版本。其他典籍更加混亂。

秦始皇時曾經頒佈過限制民間收藏書籍的命令，到漢惠帝（公元前 195 年—公元前 188 年在位）時撤銷了，百姓可以隨意收藏了。但是經過秦始皇的收繳和秦漢之際的戰亂，實際上留下來的書已經不多，所以漢朝初年就曾經在民間廣泛徵集圖書。到了漢武帝（公元前 141 年—公元前 87 年在位）時，又把太史（史官的辦公場所）作為收藏的專門機構，收藏全國獻上來的圖書。像司馬遷和他父親司馬談，就是充分利用了太史所收藏的史書，最後撰寫成了一百三十卷的《史記》。

到了漢成帝（公元前 33 年—公元前 7 年在位）的時候，這些藏書又流失了不少，因而就派了一個官員陳農到全國各地收集散落在民間的圖書，又命令

劉向專門負責校驗整理。劉向死後，他的兒子劉歆繼承父業，終於將三萬三千零九十卷的書分成七類，編成了一部《七略》。

公元 23 年，王莽覆滅時，皇宮中的圖書又被焚燒。東漢的光武帝（公元 25 年—公元 57 年在位）、明帝（公元 57 年—公元 75 年在位）、章帝（公元 75 年—公元 88 年在位）都很重視學術文化，特別注重儒家的典籍，各地又紛紛獻書，皇宮中石室和蘭台的藏書又變得相當充足。於是朝廷將這些新書集中在東觀和仁壽閣，命令傅毅、班固等人根據劉向父子編訂的《七略》分類整理，編成了《漢書・藝文志》。

可是到了東漢末年，董卓強迫漢獻帝西遷長安，軍人在宮中大肆搶掠，他們把縑帛寫成的長卷當作帳子和包袱，但是運到長安的書還有七十多車。以後長安也淪為戰場，這些書被一掃而光。

三國曹魏建立以後，又開始收集散在民間的圖書，由中央機構祕書負責收藏整理，根據不同的內容，分為甲、乙、丙、丁四部。

西晉初年有一個重大的發現，在汲郡（治所在今河南汲縣西南）的古墓中，居然發掘出來一大批古書，共有兩萬九千九百四十五卷，這是一個重要的收穫啊！但是不久「八王之亂」和「永嘉之亂」爆發，首都洛陽飽受戰禍，成為一片廢墟，皇家的圖書蕩然無存。

東晉在南方立國以後，又陸續收集到了一些書。但對照原來的「四部目錄」，只剩下了三千零一十四卷。以後北方的遺書陸續流到了江南，像東晉末年劉裕攻佔長安的時候，曾經從後秦的府藏中收集到四千卷古書。所以到了劉宋元嘉八年（公元 431 年）時，祕書監謝靈運就編成了新的《四部目錄》，已經登記到了六萬四千五百八十二卷。但是齊朝末年，戰火燃燒到藏書的祕閣，圖書又受到很大的損失。

梁朝初年，祕書監任昉在文德殿集中整理圖書，除了佛經以外，共有兩

萬三千一百零六卷書。由於梁武帝非常重視文化，加上江南維持了四十多年的安定局面，民間藏書也大量增加。

「侯景之亂」被平息以後，當時的湘東王蕭繹（即以後的梁元帝）就下令將文德殿的藏書和在首都建康收集到的公私藏書總共七萬多卷，運到了他的首都江陵。梁元帝也一直注意收集典籍，他自己的藏書也有七萬卷，合在一起就有十四萬卷。可是當他被西魏軍隊包圍時，居然下令一把火把十四萬卷藏書全部焚毀，造成一場空前的浩劫。因為如果被對方搶劫，或者是搬運中散落，多少還有一些留下來的，但主動的焚燒使片紙無存。他把在南朝的全部公私積聚，加上自己歷年的收藏，一把火全都燒了。所以到北周在關中建立之初，藏書只有八千卷，以後逐漸增加到一萬多卷，後來滅北齊時又繳獲了五千卷。

到隋朝統一，隋文帝接受祕書監牛弘的建議，派人到各地搜訪「異書」，還規定原來的書可以在抄錄以後照樣發還，並且每一卷書可以發一匹絹作為獎賞，因此這次收穫很大。在隋滅陳的時候，又獲得了南方的不少藏書，但這些書因為都是新抄的，用的紙墨質量比較差，內容也是錯誤百出。這說明經過梁元帝焚書以後，南方的古籍已毀滅殆盡。但經過整理，隋朝的皇家圖書館還是收藏了三萬餘卷。隋煬帝怕這些書再遺失，還下令將每一部藏書都抄寫了五十份副本，並且在東都洛陽建立觀文殿作為藏書之用。抄寫那麼多副本，還是起了很大作用的，因為分別收藏在不同地方（如長安和洛陽）的副本不可能全部都毀滅。在印刷術沒有產生和應用前，抄這麼多副本也屬創舉，為保存書籍起了很大作用。歷來被稱為荒淫無道的隋煬帝卻因為個人愛好圖書，做了這麼一件好事，使隋朝皇家收藏的三萬餘卷圖書基本保存下來。

唐朝滅王世充時攻佔洛陽，將所有的圖書裝船運到長安。但是過三門峽的時候翻了船，大多數圖書落水漂沒，留下的只有一二成，連目錄都殘缺不全。唐朝初年修《隋書‧經籍志》時，收集到的書有一萬四千四百六十六部，

共八萬九千六百六十六卷。這個數量還達不到梁元帝燒掉的總數，何況這些書中有的都是以後再產生的，還有的可能是重複的。

所以不管是出於什麼動機，梁元帝把這麼多書一把火燒掉，不僅是對書籍本身的破壞，而且是對人類文明犯下的不可饒恕的罪行。

到唐朝末年、五代，雕版印刷開始運用。宋朝時書籍的印刷日益普遍，所以我們今天還可以看到好多部宋朝時候印刷的古籍，還有以後翻刻的宋版書。有了這些印刷的書，書籍的流通面就廣了，大多數書都有很多複本，即使有天災人禍，總有一兩本書能夠倖存下來。所以從宋朝以後，只要曾經印刷出版過的書，一般都不會再消失。像清朝曾下令銷毀一些禁書，收繳上去的書連同書版一起銷毀，但民間總會千方百計地保存下來。又如有些宋版書在中國已經找不到了，卻因為流傳至日本，至今保存完好。

沒有印刷或複製的書就沒有那麼幸運。明成祖時編纂的《永樂大典》的原本，到明末就已不知所蹤，只留下一部近兩萬卷的副本在 1860 年英法聯軍和 1900 年八國聯軍侵入北京時被焚燒、掠奪，目前所存僅八百餘卷。

但任何時代，中國都不缺像伏生那樣歷盡艱辛，畢生保護書籍，傳承文化的人，薪火相傳，千年不斷。加上造紙術的進步和紙的普及，印刷術的發明和不斷完善，先秦的主要典籍得以流傳至今，唐宋以降的書大多得以保存。

第三節　海瑞：為何只有海瑞一位清官？

歷來都把海瑞看作清官的典型。所謂清官，儘管沒有明確的定義，但最基本的標準是「清」，就是個人的生活清廉儉樸，為官清正廉明。當官的不貪污，不受賄，不徇私枉法，潔身自好，就可以算清官了。如果要求再高一點，還應該包括剛正不阿，疾惡如仇，不畏強暴，打擊貪官污吏，為百姓申冤做主

等條件。無論根據哪一種標準，海瑞都是當之無愧的清官。

如在當淳安知縣時，他穿的是布袍，吃的是粗米飯，他讓老僕種菜自給，為母親祝壽時才買兩斤肉。萬曆年間首輔張居正派御史去看他，他只用「雞黍」招待，就是粗米飯，大概還殺了隻雞。

海瑞沒有子女，到他死後，人們發現他用的是葛布帳子和破竹箱，比窮書生還不如，喪事還是別人集資為他辦的。

他以右僉都御史巡撫應天十府時，疏浚了吳淞江和白茆河，使得老百姓得到實惠。他打擊地主豪強，不遺餘力救撫貧民和受欺壓的人，富家佔有的貧民土地都被他奪回發還。正因為如此，海瑞深得民心。他做巡撫雖然只有半年，但百姓聽說他調離的時候，沿途都是哭泣的人，百姓還在家裏供上他的畫像。

海瑞在南京逝世以後，載靈柩的船在江上經過時，兩岸滿是穿着喪服送靈的人，哭着祭奠的人延續到百里之外。

但海瑞卻非常不得官心，跟同僚上下級的關係都很差，他在官場和朝廷是相當孤立的。明朝的官員按慣例可以為自己的父母申請封贈，一般只要沒有犯罪或者受過處分，朝廷都不會不批准的，但是官居正二品的海瑞卻沒能夠為他的母親請到「太夫人」的稱號，在當時是少有的例外。

海瑞一生提出過不少治國施政的意見和方案，但被採納的幾乎沒有。他能夠大刀闊斧地實行自己的政見，只有在巡撫應天十府任上的短短半年時間，而且除了疏浚江河的成果得以保持以外，其他的措施在他離任以後全部被廢止了。

我們如果用政績來評判明朝人物的話，海瑞不過是一個一般的清官，對明朝的政治、經濟和社會並沒有多大的影響，很大程度上他只是一個道德典範。民間流傳的很多海瑞的故事，大多是出於百姓的良好願望而編造的。

海瑞為什麼不得官心呢？因為他的所作所為得罪了大多數官員。貪官當然恨他，比如說總督胡宗憲的兒子，路過淳安縣的時候作威作福，海瑞就把他

扣留了，沒收了他帶的幾千兩銀子，還說：「以前胡總督巡視的時候，命令路過的地方不許鋪張，現在這個人行裝豪華，一定不是胡公子。」並派人報告胡宗憲。胡宗憲哭笑不得，又不能治海瑞的罪，但心裏不會不恨。

都御史鄢懋卿巡視過縣的時候，海瑞聲稱縣小容不得大人物，招待很差。鄢懋卿很不痛快，卻不便發作，但回去以後還是授意下屬誣陷海瑞，使他降了職。

他出任應天巡撫時，下屬官吏有貪贓行為的連忙辭職，有的地主豪強甚至聞風逃往他鄉躲避，原來將大門漆成紅色的豪強嚇得把門都漆成黑色，連負責監督南京織造的太監也減少了轎子和隨從的排場。

海瑞曾向皇帝建議恢復明太祖時懲處貪官的法律，也就是說貪贓枉法所得滿八十貫錢的，就處絞刑，更嚴重的貪官要「剝皮實草」；這自然引起大小貪官極大的怨恨和恐慌，連皇帝也覺得實行不了。

問題是恨他、怕他的還不止貪官，他在應天十府打擊豪強的時候，據說一些「奸民」乘機誣告，使一些官僚大姓都被錯罰。他裁減了驛站的費用，也使過路的官員得不到相應的招待，紛紛表示不滿。

平心而論，儘管海瑞有良好的主觀願望，他的措施和建議卻往往是不現實的。在幾乎無官不貪的情況下，如果真要實施明太祖時的法律，大概很少有人不夠處絞刑的資格。取消各地驛站的招待，雖然節約了經費，也使貪官少了一個揩公家油的機會，但正常往來的官員人等，包括與海瑞一樣的清官，肯定會感到不便，甚至影響公務。

但是海瑞的悲劇主要還不在於他的偏激，為什麼海瑞這樣一個清官會受到如此大的抵制和孤立呢？隆慶年間的首輔高拱、萬曆年間的首輔張居正和此後的執政者，無不在私底下盡力阻止皇帝重用海瑞。

為什麼明朝吏治那麼腐敗，以致到了無官不貪的地步，海瑞成了鳳毛麟

角呢？其實這還應該考慮制度本身。

明朝的開國皇帝朱元璋出身貧民，對百姓的疾苦記憶猶新。他當了皇帝後，一方面為了打擊官吏的貪贓枉法，另一方面也為了樹立自己的絕對權威，對貪官污吏的懲處採取了空前絕後的嚴酷手段。他規定官吏貪贓額滿六十兩的一律斬首示眾，還將皮剝下來，中間塞上草，製成一具「實草」的皮囊。他把府、州、縣衙門左面的土地廟作為剝人皮的場所，稱為「皮場廟」。他又在官府公座的兩側各掛上一具皮囊，使辦公的官員隨時提心吊膽，不敢再犯法。他採用挑斷腳筋、剁手指、砍腳、斷手、鈎腸、割生殖器等酷刑。有時還讓犯貪污罪的官員服刑以後繼續任職，充當反面教員。他還屢興大案，比如洪武十八年（公元 1385 年）戶部侍郎郭桓的貪污案，牽連被殺的就有萬餘人。

朱元璋又把官吏的俸祿定得極低，如洪武二十五年（公元 1392 年）確定的文武百官的年俸，最高的正一品只有一千零四十四石（米，部分折成錢支付），最低的從九品才六十石，未入流的只有三十六石。比如一省之長的布政使是從二品，知府是正四品，知縣是正七品，他們的年俸分別是五百七十六石、二百八十八石和九十石。相當於全國最高學府校長的國子監祭酒是從四品，年俸是二百五十二石。按照慣例，官員的部分幕僚、隨從的報酬和一部分辦公費用都要在這年俸中開支，所以官員們依靠正常的俸祿過不上舒適的生活，低級官員更連養家糊口都有困難。

官員的正常收入太低，儘管朱元璋懲處的措施十分嚴厲，貪污還是屢禁不絕。隨着這位開國皇帝的去世，後繼者既不具備那樣的權威來執行如此嚴厲的法律，也沒有興趣來對付越來越普遍的貪污現象。稍有作為的皇帝明知低俸祿的弊病，但又不能更改「太祖高皇帝」的制度。而昏庸的皇帝自己沉溺於奢侈享樂，除了朝廷的正常開支外，還經常要大臣和地方貢獻，自然不會管他們的錢是從哪裏來的。

明朝初年以後，大小官吏貪污成風，幾乎無人不在俸祿以外設法搞錢，真正的清官就相當拮据。

海瑞去世前的兩年擔任了南京右都御史，年俸是七百三十二石，是高級官員中第三位的高薪，但相當多的下屬是要由他支付薪水的。可以肯定他也不會像其他官員那樣讓下屬自己去辦「三產」掙錢，而他生活又極其節約，死後卻毫無積蓄，可見官員們靠正常收入是沒有辦法維持生活的。

要讓一般官員這樣嚴格地遵守本來就不合理的俸祿制度，既不合情理，也完全不可能。明朝的奸臣贓官自然不用說，就是一些在歷史上有影響的人物，也免不了廣為聚斂。如江南名流、東林領袖錢謙益，在清兵攻下南京以後，率領文官投降。為了表示自己的廉潔，他向清軍統帥多鐸送了一份最薄的禮品，也包括鎏金壺、銀壺、玉杯及古玩等二十種，而其他大臣的禮物大多價值萬兩以上。

明朝的權臣和太監迫害政敵或者清流常用的手段就是給對方栽上「貪贓」「受賄」的罪名。這固然出於誣陷，但也說明當時像海瑞那樣的清官實在太少，清流們也未能免俗，要說他們貪污受賄是最容易的。

清朝初年沿用明朝的制度，官員還是貪污成風，大權在握的官員肆無忌憚地貪污公款、收受賄賂。康熙皇帝一度懲辦了一些貪官，還樹立幾位清官作為典型。但後來他發現，不但貪污無法肅清，連自己樹為典型的清官也並非兩袖清風。比如張鵬翮在山東兗州當官時就曾收受別人的財物；張伯行喜歡刻書，每部至少得花上千兩銀子，光靠自己的官俸肯定不夠。晚年的康熙也意識到這個問題沒有從根本上解決，反而認為：「若纖毫無所資給，則居官日用及家人廝役，何以為生？」如果不稍微有點貪污或者受賄，官員日用開支和家人、衙役靠什麼過日子？

既然知道要維持官員正常的「居官日用及家人廝役」的開支無法靠正常

的薪俸解決，為什麼不對這個制度進行改革呢？

雍正皇帝繼位以後，下決心改除積弊，在嚴厲打擊貪污、整頓吏治的同時，他進行了一項重要的改革。具體辦法就是實行「耗羨歸公」，將全國的耗羨——在徵收糧食或上交庫銀的過程中間，損耗量原來是不統一的，有的甚至加徵相當高的比例，改為每兩統一加徵五分，列入正常的稅收，存留在各地的國庫。官員按照級別，從這筆五分加徵中間提取「養廉銀」，作為生活補貼和必要的辦公開支。「養廉銀」的數量一般大大超過原來的俸祿，官員們完全可以靠「養廉銀」過上體面的生活，開支必要的辦公經費。這並沒有增加國庫的開支，只是化暗為明，把原來不規範的慣例改成全國統一的稅收，所以百姓的負擔也沒增加，相反，不少地方的負擔都有所減輕。

貪官污吏想再在耗羨上做手腳，既直接犯法又不易隱瞞，所以在雍正期間吏治有了明顯改善，貪污雖不能說就此絕跡，但的確大大減少。

但隨着行政機構的膨脹和老化，吏治的腐敗，朝廷對貪官污吏的縱容姑息，特別是一些不規範的開支沒有被納入正式的預算，所以到清朝後期，「養廉銀」已養不了廉，這個制度也名存實亡。

第四節　王二：吏統官的奇特現象

清人許仲元的《三異筆記》中記載了一位「王二先生」的故事。這位王先生是紹興人，善於寫奏摺公文，不管是刑事還是財政方面的事都非常內行。他在雲南的時間很久，熟悉當地的風土人情，成為當地的首席幕僚。他的家就在省衙附近的一座花園裏，亭榭戲台，奇花異草，樣樣齊備。總督、巡撫有事還可以批條子召見他，但道台、知府以下的官員就只能登門求見了。

雲南的布政使是浙江德清人許祖京，按察使是湖北江夏人賀長庚，都是

他的兒女親家。省會所在的雲南府知府是杭州人莊肇奎，與他的關係更加密切。平時他的左邊一個皮包裏放刑事方面的文書，右面一個皮包中放財政方面的文書，簽訂意見後就讓僕人報到布政司和按察司衙門去，兩位長官一般不會再有任何改動。

各府、廳、州、縣的官員到總督、巡撫衙門參見以後，中午必定要聚集到他家中，有的拜見上司和要人，有的會見朋友，審理案子的也跑到他家，消遣娛樂的更離不開他家。他家裏常常是一個廳上在審訊，鞭打聲和吆喝聲一片喧嘩；另一個廳上卻是笙歌悅耳，舞姿婀娜；彼此互不干擾，各行其是。

王先生每天晚上都要設宴請客，用具也與眾不同，有專門設計的大方凳、寬茶几，每人用一套。送上菜單後可以各人自點，每人有一把酒壺、一個菜盤，各吃各的，專品一種還是每樣都嚐悉聽尊便。

王先生是位紹興師爺，雖然是省裏的首席幕僚，卻是毫無官職的，當然屬於吏，而不是官。但他的權勢卻遠在省裏絕大多數官員之上，除了總督、巡撫這兩位最高首長，誰也不能不聽他的。他的家儼然就是處理省內日常事務的衙門，也是實際上的行政中心。他的生活在省裏也肯定是第一流，並且十分新潮，推出當時絕無僅有的高級自助宴會。不用說一般中下級官員，就是省中大員也未必能有如此排場。

王先生這樣的例子或許只是個別的，但吏的權力之大，並且往往在實際上操縱着官，卻是相當普遍的現象。

朱克敬的《瞑庵雜識》裏面記載了清朝末年一個吏所說的話，其坦率和自信的程度簡直到了令人吃驚的地步。他說：「來辦事的人就像乘客，政府各部門就像車子，我們這些人就像是車把式，各部門當官的就像是騾子，我們用鞭子抽着他們往哪兒走就行了。」本來應該高高在上、發號施令的官，卻會被名義上是下屬和附庸的吏當成拉車的騾子，用鞭子抽着，愛往哪裏趕就往哪裏

趕。這些吏居然還敢公開說這樣的話，這不能不使我們考慮一下：官和吏，究竟誰管誰，誰服從誰？古代為什麼會出現這樣名實不符的怪事？

要說官員們都心甘情願，那當然不可能。哪一位當了官的人願意做自己下屬的傀儡？又有哪一位官員會主動讓幕僚來擺佈自己？但有時卻不得不接受這樣的事實，清朝雍正年間河南總督田文鏡的故事就很能說明問題。

據說當時有位紹興師爺鄔先生，本領極大，但脾氣也不小。田文鏡請他做自己的幕僚，專門給雍正皇帝擬奏摺。鄔先生提出的要求是，放手讓他寫，保證對田文鏡有利，但寫些什麼不許田文鏡看。田文鏡同意了，鄔先生就任幕僚，幾道奏摺呈上後，果然皇帝龍顏大悅，田文鏡一下子成了寵臣。

原來鄔先生認準了雍正一心要除掉了解他篡位隱私的顧命大臣隆科多，所以以田文鏡名義接連上奏揭發，使雍正獲得藉口消了這個隱患。但不久鄔先生脾氣越來越大，田文鏡受不了，打發他回老家去了。從此以後，田文鏡上的奏摺無不受到雍正的批駁，弄得他膽戰心驚，只得再次請鄔先生出山，並且答應了他的苛刻條件。鄔先生重新操起刀筆，果然身手不凡，為田文鏡起草的一道請安折奏上，雍正居然認出了他的手筆，親自用朱筆批上：「朕安。鄔先生安否？」田文鏡對這位幕僚自然只能奉若神明了，哪裏還敢說個「不」字？

此事究竟是否是歷史事實，現在已很難查考了，但類似的故事很多，足以說明紹興師爺們的威力，也說明無論職位多高的官員都離不開吏的輔佐和指點，經驗豐富、辦事幹練的吏更是不可或缺。

說奇怪其實也並不奇怪，只要看一下古代的官員是如何培養和選拔的，就不難找到問題的答案了。

在隋唐全面推行科舉制以前，選拔官員主要是採用世襲制和薦舉制。世襲制一般限於皇室、貴族和少數門第高的世家大族，這些家族的子弟到了法定年齡，甚至無論多大，就能繼承某一級官職，或被任命為某一方面的官員了。

這些人中雖也不乏人才，但大多數卻是養尊處優的紈綺子弟，或者還是不懂事的兒童，甚至根本就是個白癡。他們出任的官職既有在中央政府的具體部門，也有地方的軍政大員，如果沒有各種吏替他們效勞或者包辦一切，可能連一天也混不下去。

薦舉制是由官員向皇帝或上司推薦，且不說不少人趁機扶植親信、結黨營私，就是完全出於公心，採用的標準也主要是道德和學問，而不是行政能力。如一個人父親死後在墓旁搭草棚守孝三年，這期間不吃魚肉葷腥，不喝酒，不近女色，沒有娛樂，整天哀傷哭泣，人消瘦得連路也走不動了。地方官認為這個人是大大的孝子，極力向皇帝推薦，於是此人被任命為官員。當然如果只是把他樹為典型，或讓他到處做報告介紹經驗，問題並不大，可是如果派他為地方官或朝廷某一部門的負責人，這位孝子就未必幹得了，要不出洋相就只能請吏來代勞了。

實行科舉取士解決了很多世襲制和薦舉制的弊病，但科舉考試的內容卻與行政管理根本無關，也就是說，未來的行政首長並不是根據管理能力挑選出來的。從隋唐到明清，科舉考試的內容雖然不盡相同，但基本是這幾項：書法、八股文、詩、策論。

書法是基本要求，考官對字寫得太差的考卷往往連看也不看。八股文是用自己的話為四書五經上的一句話、一段話做解釋，文章必須按規定次序寫出八個小節，連字數也有規定。詩是根據命題和規定的韻目、長短寫一首規範的詩。策論則是根據提出的問題寫一篇對策性的論說文。書法和八股文是最基本的要求，其次是詩，用得最少的倒是多少有些實際內容的策論。

但一旦考上進士，他們就會被委以具體的政府部門如軍事、刑法、財政、賦稅、戶口、建造、倉儲、漕運、水利、檔案等各方面的行政職務，或者被派為縣級或縣以上的地方官。在任期屆滿以後，一般還要調動。這些人原來

根本不掌握專業知識，又沒有經過任何行政管理的訓練或見習，每次升遷還調動部門或地方，靠他們自己的本領是絕對無法勝任的，所以也只能依靠吏。

另一個主要原因是專制、集權、官僚的體制。皇帝或朝廷的命令等於法律，既不能更改，更不能反對。但這些決定往往有很大的隨意性，有的根本不符合通行的法律，也不符合各地的實際情況。

從漢朝以後的各個王朝都標榜以儒家經義治天下，各種典章制度都必須符合儒家的經典教義，至少在字面上應該如此。但統治者的真正目的往往與這些教義相反，儒家經典也不能包羅社會生活中的一切事務。官場上長期形成的各種慣例、不成文的條例、辦事程序、人際關係更加複雜，並且因時因地而異。各種機構必須處理的文書、簿籍、檔案也名目繁多、數量巨大，既有嚴格的規範，又必須弄虛作假。薦舉或科舉出身的官員在這些命令、制度、慣例和公文面前往往一籌莫展，而經驗豐富、手段靈活的吏卻能大顯身手。

以原籍紹興的師爺為代表的吏們一般都沒有進入比舉人更高的科舉，也沒有得到過朝廷的正式任命，但他們通過家庭或師徒間的口耳相傳和長期的實際操作，已經諳熟一切與自己的部門或地方有關的成文的和不成文的法律、歷史和現狀、各種習慣做法和官場的微妙關係。完全能夠在不影響皇帝和法令尊嚴的表面下，維護本地區、本部門的實際利益和習慣做法；在不改變制度條文的前提下，實行完全不同卻切實可行的對策。他們既能成全好事，為主人、部門、地方謀利消災，也有辦法把壞事做絕，不留把柄。

再一個原因是儘管從秦漢以來各個中央集權政權都有相當完整的職官制度，卻一直沒有形成一套吏的制度。以明朝為例，主管全國刑法的刑部正式編制只有一名尚書（二品）；左右侍郎（三品）各一名；司務廳司務（從九品）二名；分管各省的十三個清吏司各有郎中（五品）一人、員外郎（從五品）一人、主事（正六品）二人；照磨所照磨、檢校（九品）各一人；司獄司（管監獄的）

司獄（從九品）六人；合計六十五人。主管一個省的政務的布政司的正式編制也只有二十餘人和若干派出人員。一個縣的編制只有知縣（七品）、縣丞（八品）、主簿（九品）和典史共四人。當然從中央到地方的衙門遠不止這些人員，但其餘的都是沒有正式品級和編制的吏了。他們不是朝廷命官，而是官員聘請或招募來的；不領國家發的俸祿，只有主人給的薪水；高級幕僚與官員是賓師關係，一般的吏則是僱傭來的，或者是高級幕僚的徒弟。高級幕僚一般都隨主人進退升遷，一般的吏也沒有固定的任期或升退制度。所以官員到了新的任所並沒有現成的幕僚和辦事班子可用，只能自己隨帶或重新聘請招募。而官員又不可一日無吏，所以更不得不依賴自己的吏了。

千百年來中國形成了這樣一種奇特的現象：大大小小的吏組成的管理系統長期管理着中央和地方政府的具體事務，即使是改朝換代時也很少受到影響。從理論上說，這一管理系統應該聽命於大大小小官員組成的決策系統，但實際上官員往往不了解吏做了什麼，或者是怎樣做的。在很多情況下，吏反而成了一個部門或一個地方實際的主宰者。沒有吏，朝廷和地方官的決策根本無法變為現實；但有了吏，也使一部分決策無疾而終，或者變得面目全非。

這種奇特現象已經隨着封建制度的滅亡而成為過去，但在一個國家如何建立起一套穩定而有效的公務員制度，主管官員與幕僚屬員、決策者與執行者之間應該形成何種關係，官員與幕僚屬員應該分別具備什麼樣的素質、發揮什麼樣的作用等方面，我們還是可以從中吸取歷史的經驗。

第五節　燕榮：「上有政策，下有對策」

隋朝時候有個叫燕榮的，出生將門，武藝高強，性格剛強，立下赫赫戰功。在隋朝滅陳的戰役中，他被任命為行軍總管，率領水軍從今天的山東沿海

而下，進入太湖，直取吳郡（治所在今江蘇蘇州），一路包抄南朝，直到把南朝的江南地區全部平定，立了大功。之後朝廷又讓他防衛北方邊疆，屯兵幽州（治所在今北京城西南隅）。但這個人生性殘暴，特別喜歡用各種手段打人。他在轄區裏面抓到的盜賊，都要重打，打到皮開肉綻露出骨頭，所以那些盜賊嚇得都逃到其他地方去。連其他地方經過他的轄區的那些行人都不敢休息，怕萬一得罪了他被處罰。

燕榮在外面看到一束荊條，他覺得打起人來肯定很管用。就當場採下荊條，找了個屬員說：「來，你來試試看。」那個屬員向他哀求：「我今天沒有犯什麼過錯，幹什麼打我？」他說：「這樣吧，今天打了你，下次有過錯的話可以免除。」下一次那個人真的有了過錯，燕榮抓了他要打他，他說：「你不是答應過我，上次打過了下一次可以免掉的嗎？」這個時候燕榮話就變了：「上次沒有錯也得打，何況這次真有錯呢。」照打不誤。他打人經常是動不動打上千下，打得那些人鮮血直流，但他坐在旁邊照樣喝酒吃肉，神態自若。

因為他有這樣的惡名，所以當元弘嗣被派去做他的屬員——長史的時候，非常害怕，再三推辭。

隋文帝說：「你別怕，我會下一道保護你的命令。」他傳令給燕榮：元弘嗣如果犯了錯，要打他十下以上，都必須上報我批准。他對元弘嗣說：「這下你放心去了吧。」元弘嗣不好再推辭，只好赴任。

燕榮聽到這個消息氣得不得了，說這個傢伙竟敢在皇帝面前告我的狀，戲弄我。等到元弘嗣報到以後，就派他去管糧食倉庫，然後經常派人去檢查，只要找到一點差池，比如在糧食裏發現一點糠，找到一粒石子，就毫不客氣，下令打，但是每次總不超過十下，都沒有違背隋文帝的規定。但是有時一遍接着一遍，元弘嗣很可憐，剛剛挨過打，衣服還來不及穿好，又得打第二遍了，有時一天會打三次。

一年下來，兩個人結怨越來越深，一方面元弘嗣受不了，另一方面燕榮覺得還不夠，乾脆把他抓到監獄裏面去，並且斷絕他的糧食。元弘嗣餓得不行了，把衣服裏的棉絮抽出來，和着水，咽下去充飢，他的妻子不得不跑到京城為他鳴冤。

　　這時候，隋文帝才派一名官員到當地去查問，結果調查下來，燕榮的確罪行嚴重，除了打人以外，他還貪贓枉法、姦淫婦女。此時隋文帝才把燕榮抓到京城，逼他自殺。

　　這件事表面看來是燕榮格外殘暴，但實際上罪魁禍首還是隋文帝。首先他在下命令的時候犯了一個很大的錯誤，他規定每次打人不超過十下，表面看來是防止燕榮把更重的處罰加在元弘嗣頭上，但是他竟然沒有規定一個總數，沒有規定比如每天或者每個月最多能夠打幾下，只是規定每一次不能超過十下，這樣就讓燕榮有機可乘。

　　實際上，完整的法律條文都有單項罪做什麼處罰，合併起來最高不能超過什麼處罰這樣的規定。我們看隋朝以前的法律條文已經有這樣的規定，但隋文帝下命令的時候，居然沒有考慮到這一點，被燕榮鑽了空子。更嚴重的是，燕榮的這些罪行隋文帝並不是不知道，特別是元弘嗣不願去當他的屬員，就是因為害怕他隨便用刑，隨便用殘酷的、超過法律規定的處罰。但是因為隋文帝只看到了燕榮的功勞，以及他防守邊疆、治理地方的政績，對他的另一面即所做違法的事根本不去追究、不去處理，只是想通過一個具體的限制能夠保護元弘嗣，而放棄了根本的原則。

　　現在我們有的時候講到有些事情是「上有政策，下有對策」，關鍵還是政策到底對不對，政策它本身有沒有漏洞，特別是政策的前提對不對。比如說對待燕榮這樣的人，既然元弘嗣已經提出了他的這種擔憂，真正解決問題的辦法應該是首先調查處理燕榮，而不是採用一種姑息縱容的辦法，並且做出一個有

漏洞的決定。

不過如果我們再深入考慮一下，即使隋文帝做了具體規定，比如說每次只能打幾下，在多少時間裏面總數不能超過幾下，那麼像元弘嗣那樣的遭遇是不是就可以避免了呢？

其實漢文帝的時候就廢除了更加殘酷的肉刑，用笞刑來代替割鼻子和砍腳，應該說是很大的進步。但不久就發現，犯人的鼻子和腳雖然保全了，卻有不少犯人在執行笞刑的過程中被打死了。甚至規定的數量還沒打完，人就已經死了。每年被打死的犯人居然有一萬多，大大超過了原來判處死刑的人數。所以到他的兒子漢景帝的時候，就下令減少打的數量，但是被打死的犯人還是不少。於是漢景帝做了非常具體的規定，規定打人的刑具要用竹子來製作，五尺長，一寸寬，半寸厚，竹子上的節要刨平。行刑的時候只准打臀部，每個犯人施刑的過程中間不能換人，打完一個人才能換。

以後有的朝代還製作了標準的刑具，派人拿到各地檢查比較，一定要照這個標準。秦始皇當年推行統一度量衡的時候，製作標準的量具、衡具，製成標準的打屁股的竹板子，拿到各地去比較。明朝乾脆實行專業化生產，規定每年由江南的官府提供三千塊標準的竹板，供全國各衙門使用。

這些規定不能說不具體，制定者的用心也不可謂不周到，但是任何規定都沒有辦法確定打手該用多大的力，也沒有辦法測定捱打的人有多大的承受力，所以就給徇私枉法的官員以至衙役，留下了足夠的餘地。

比如說有的就在竹板上做手腳，綁上重的東西，甚至在中間灌鉛，還有的在行刑以前把竹板浸在水裏面，甚至浸在小便裏面，這樣不僅可以打得重，而且一旦皮破了還可以通過小便中間的鹽分刺激傷口，造成更大的痛苦。

另外就是在「打」上下功夫，比如明朝的錦衣衛、東廠這些特殊衙門，在招收打手的時候都有一項奇特的考試：在磚上面鋪上一層紙，打手必須在規

定的數目中用標準的刑具將磚頭打得粉碎，但是不能把這層紙打破。可見這些打手日後在行刑的時候會做出什麼事來，結果可想而知。所以明朝的官員在接受「廷杖」（由皇帝親自下命令在午門外打屁股）時，如果監刑的太監說一聲「用心打」，或者兩隻腳尖相對，那個人肯定會被打死。各地的衙役雖然不會人人都有這手絕招，但幾乎都有把壞事幹得教人抓不到把柄的本事，既可以把人打死，也可以為人消災。

比如說明清時候，幾乎所有地方的衙門，都可以花錢僱人代捱打。江南有些富戶欠了賦稅，一般都派僕人代替上堂受審，如果被判處要受笞杖，就可以出錢找個乞丐去代捱打，根據被打的數目付錢就可以了，所以就出現一些代人捱打的專業戶。明朝中山王徐達的後人徐青君，入清後家產被沒收，一度淪落到與乞丐為伍，就曾幹過這事。

如果事先買通行刑的衙役，也可以兩三下就打得皮破血流，聲音山響，實際卻不受多大損傷和痛苦，更不會有性命之憂。

還有一個很大的問題，同樣地打那麼幾下，或者用同樣的力量，每個捱打的人的承受力，他的身體狀況、精神狀況，都是不同的，很難判定究竟是行刑過分了還是他本人缺乏基本的承受力。

所以我們看到歷史上的有關事實，一定要認真思考。要考慮在一個專制集權的社會，在一種法律往往是通過皇帝或者官員的個人意志來實施的情況下，在執法者有很大運作餘地的情況下，在一種沒有公眾監督的情況下，這些問題有沒有正確的答案呢？「上有政策，下有對策」在中國歷史上的專制社會中是有相當長的傳統的。背後的原因是什麼呢？希望大家進一步考慮。

第七章

外交

「開而不放，傳而不播」的古代人

第一節　與「開放」失之交臂的漢朝

東漢永元九年（公元 97 年），駐守在西域（今新疆和相鄰中亞地區）的軍政長官西域都護班超派他的下屬甘英出使大秦（羅馬帝國）。甘英從西域都護府的駐地 ── 今天新疆新和縣的西南出發，經過長途跋涉到達了條支國的海濱，一般認為就是今天的波斯灣。就在他準備渡海的時候，安息的船員對他說：「海上非常遼闊，如果遇到順風要三個月的時間才能夠渡過去。如果遇到逆風那就得花兩年的時間，所以到海上去航行都得準備三年的糧食。而且在海上航行的時候容易得思鄉病，經常有人死在海上。」聽了這一番話，甘英就不敢繼續往前走了，只好返回。就這樣，漢朝和羅馬帝國失之交臂，東方和西方兩大文明的直接交往至少推遲了七十年。

安息人為什麼要阻止漢朝和羅馬帝國直接來往？有人分析認為，他們想壟斷絲綢轉口貿易的利益，因為漢朝的絲綢都是先被運到安息，然後從安息再繼續往前運到羅馬。這種說法是不是有道理呢？其實根據並不足。因為在整個

絲綢貿易的過程中，中國方面，包括漢朝和以後的唐朝，都沒有什麼自覺性，都不當一回事，而且實際上也從來沒有從絲綢貿易中獲得什麼重大的利益，都是當時外國的商人在做這個買賣。所以是不是通過安息轉口，只跟那些從事絲綢貿易的商人有關，與漢朝本身是沒有關係的。而且從甘英回來報告的內容看，安息人講的情況也是符合當時實際的。在沒有動力船的情況下，要渡過波斯灣或者到地中海，的確都是要靠風力、風向、洋流。就算他們說的情況稍有誇大，甘英回來以後也沒有因此受到追究，事後班超再沒有派其他人去完成這項使命。可見班超並不一定希望打通與大秦的關係，更不是漢朝的朝廷讓他去做這件事，看來這只是一個偶然事件，所以過去就過去了。

我們還可以注意一個情況：對甘英這次畏難退卻，一直到清朝，也沒有見到哪一位專家學者評論這件事，或者認為他犯了一個重大錯誤，認為漢朝失去了一次重要的機遇。

不僅如此，在甘英以後，除了特殊的軍事使命，或者特殊的外交活動以外，中國歷朝歷代從來沒有派出什麼人專門去考察、了解境外的情況。更不會像西方國家，或者像有些地方的人那樣，孜孜不倦地去尋找新的交通路線，尋找新的出海口，尋找新的殖民地，或者致力於對外的侵略、掠奪。其實根本的原因，就是中國長期以來缺少一種對外開拓的動力，甚至連了解外界的興趣和積極性也不存在。

中國古代文明主要的發祥地是黃河中下游地區，現在「中華文明探源工程」的初步結論已經告訴我們，中華文明完全可以說有五千年，早期的文明甚至超過五千年。早期文明的發源地像滿天星斗散佈在中國各地，但到了距今四千年前後，早期的文明匯聚在黃河中下游，形成中華文明的主體。為什麼會集中到這個地方？根本的原因還是在於，這片土地是黃土高原以及由黃土沖積形成的平原。當時的生產力很低，還沒有有效的工具，如最早只有石器，以後

有了木製農具，這樣的土地因為土質疏鬆，一般沒有太茂密的植被，更不會有大片森林，最多有一些稀疏的草原，所以比較容易開發。如果是熱帶叢林，或者茂密的森林、黏性土壤、沼澤地，在當時沒有有效的工具的情況下怎麼清除開墾呢？而且當時黃河流域的氣溫比近代偏高，降水比較充分，依據這樣的地形，可以比較容易地實行自流灌溉。又由於土地面積大，連成一片，便於開發、便於管理，也為形成中央集權的體制打下了地理的、物質的基礎。這一片土地總面積遠遠超過從尼羅河三角洲到中東兩河流域這樣一個新月形的地帶——這是公認的在中國以外的、地球上的主要農業區。

所以，中華民族早期的先民在黃河中下游地區可以生產出足夠的糧食和生活資料，就是在人口不斷增加的情況下，也還有非常大的開發餘地。

到了漢朝，漢武帝在軍事上壓倒了匈奴人，取得決定性的優勢。漢朝的軍隊好幾次都打到了蒙古高原，但是結果並沒有留駐在那裏，也沒有長期佔領它，而是很快撤退回來了。而且，漢朝開疆拓土的標準，就是看這塊地方是不是符合農業生產條件，否則在軍事行動結束後、在自己的安全能得到保障後就放棄了。

在中國的農業社會，黃河中下游這片土地的確可以在很長的時間內生產出足夠的糧食和物資來滿足人口的基本需求。最早的一次次人口南遷，並不是出於人口的壓力或者土地資源的不足，而是在戰爭、動亂發生的情況下，黃河中下游這一帶的人口才會外遷。但是在戰爭結束或者動亂平息以後，他們大多數人又會回來。

正因為這樣，早期的中國人不具備對外擴張的願望和動力，也沒有探索、了解外界情況的興趣和勇氣，甘英現象的出現不是偶然的，所以他的行為並沒有受到追究或者被後世譴責。

退一步講，即使甘英到了羅馬，難道漢朝就能夠和羅馬建立密切的聯繫

嗎？因為漢朝沒有這個必要，漢朝與羅馬隔得那麼遠，羅馬並沒有對漢朝構成威脅。從另一方面講，漢朝對羅馬也沒有什麼具體的需求。

也許我們會問，為什麼外界，比如西域、兩河流域、歐洲，那裏的人會有這樣強烈的擴張要求？為什麼產於兩河流域的小麥、牛、羊、青銅，早在四千年前後就已經傳到了中國？

我們不妨對比一下，這些地方其實大多數是半乾旱地區，可開墾、可灌溉的土地面積有限。等到當地人口增加到一定的程度，當地的資源、當地的農業生產往往就滿足不了當地人的需求，或者僅僅能夠維持他們的生存，而不可能使他們獲得更多的財富。這種情況就促使那裏的人要往外擴張，向外尋求新的土地和資源，或者向外推銷自己的產品以獲得更多利益。

我想，當初青銅就是作為一種貴重的物資，慢慢從兩河流域往東傳播的。這是受利益驅動，絕對不僅僅是為了向外界展示，或者是為了所謂的和平友好。一開始當地人不會有明確的目的地，是隨着需求一步步往東販賣過來的。而黃河流域更大量的需求，又驅使一批商人，在高額利潤的驅動下，將更多的青銅輸往東方。小麥也應該是這樣，由於它比其他農作物有更大的優勢，可以賣更高的價格，或者交換到更多更貴的物品，才可能一步步往東擴散，最終到了黃河流域。

歷史上人類的交往，人類的對外擴張，無非出於幾種目的。

個別人是出於好奇，就像我們今天有的時候想看看外面的世界。這本來是人類的天性，大多數人都有，但沒有滿足好奇心的條件。僅僅有好奇心，沒有其他利益追求，是走不遠的。因為走遠的話是要成本的，特別是在古代，沒有機械動力的交通工具，多數情況下也沒有現成的道路，一般人出於好奇心，除非本人是統治者，或者擁有強大的人力物力可以動用，否則是走不遠的。即便如此，如果僅僅是好奇，最終沒有獲得什麼利益或想要的結果，也不可能持久。

而更強的動力來自利益，或者要解決生存的問題。早期還不具備生產能力的人群，光靠採集或者狩獵過日子，如果他們附近能夠利用、捕捉到的小動物，可以採集的果實消耗完了，出於生存的壓力，他們會往外遷移或者擴張。有了生產能力，當原來的土地和資源耗盡，或者是不足以供養本身人口的時候，擴張或外遷就是必然的選擇。

　　還有就是動力來自貿易，要使自己的產品獲得更高的利潤，必定要尋求新的市場和顧客。為了達到這一目的，往往需要尋找新的陸上或海上的路線，製造出更高效的交通運輸工具，不斷推出新的商品，更新推廣、銷售的方式。如果貿易受阻，或達不到預期，很可能訴諸武力，用戰爭解決問題。

　　再有就是驅動力來自少數人的貪慾，要通過擴張、戰爭、掠奪，尋找並佔有新的土地、資源、奴隸、勞動力。

　　另外，出於對某種宗教的信仰，虔誠又狂熱的信徒要將這種宗教擴張到世界。但這種擴張同樣需要以經濟實力和軍事力量為後盾，或者直接發動宗教戰爭。

　　中國古代享有比較優越的地理環境，有足夠的生存空間，又缺少上面這幾種需求，所以甘英現象的出現不是偶然的。

第二節　古代中國對外影響如何？

　　我們一直以為，既然中華文明源遠流長，中國文化博大精深，那麼在古代，中國文化、中華文明對外的影響一定很大，一定對周邊甚至對世界的發展起過重大的作用。但我們認真研究周邊地區、外國的、世界的歷史，就發現並非如此。

　　改革開放以後，我們有比較多的機會到外國去，到世界各地去，應該承

認在大多數國家找不到古代中國和中國文化的影響，除了亞洲「漢字文化圈」中的朝鮮、越南、琉球，或者包括日本。而在其他國家中，包括華人華裔比例很高的國家，它們的主流文化也不是中國文化，宗教信仰也不是漢傳佛教。

在信息不發達的古代，文化是要靠人傳播的，影響也主要靠人造成。中國可考的對外群體移民只能追溯到 16 世紀的明朝中期，在東南亞的今印度尼西亞等地有數以萬計的華人遷入並定居。但他們絕大多數是底層貧民，一部分人因種種原因逃亡，都是非法出境，得不到明朝的承認和保護。他們能傳帶的只是代表底層的通俗文化和地方文化，影響侷限於他們自己的聚居地。

原因何在？我們還是要對古代中國所處的環境和與周邊的人群的關係做個比較全面的了解。

前面已經提到，中國的早期文明是以黃河中下游地區為核心、為基礎發展起來的。這是當時世界上面積最大的連片農業區，比從尼羅河三角洲到中東兩河流域的新月形農耕地的面積還大。早期黃河流域農業的開發，不僅可以養活更多的人口，並且導致農業人口以更快的增長率增加，也加快了農業和牧業的分化。原來雜居在黃河流域的牧業人口，或者轉而從事農業，或者只能遷離，農牧業的界線由此基本形成。

農業的範圍不斷擴大，從事農業的夏人部族聚集在中原，他們的後人自稱「夏」「諸夏」（不止一個部族）。即使在夏朝以後，他們所處的優勢地位也沒有改變，始終是商、周人口的主體，所以自稱「華夏」。華，同「花」，引申出來就是美麗的、美好的、偉大的意思。用「華」字修飾「夏」「諸夏」，自然再恰當不過。

農業區佔據了中原這片最適宜生產的地方，牧業區處在蒙古高原及其南部的邊緣、西北和東北地區，牧業區本身乾旱、高寒，牧民只能「逐水草而居」，生存不易，一遇到天災，往往不得不進行長距離遷移，或者南下劫掠為生。

南方不少部族還處於披髮文身、刀耕火種，或者採集狩獵的階段。東部沿海還殘留着夷人部落。

早在春秋時期，華夏就將周邊的牧業民族和非華夏部族稱之為「東夷」「西戎」「北狄」「南蠻」，或者通稱為「戎狄」「夷狄」「蠻夷」「四夷」。劃清夷、夏之間的界限，已經被華夏當作重要的原則，被稱為「大防」，決不允許混淆。比如孔子說的「四海之內皆兄弟」，只是指華夏之間，並不包括夷狄。而夷狄中間只有個別已經「向化」的人，就是完全接受了華夏文化，完成了「由夷入夏」過程的人，才能變為華夏的一分子。

從秦朝到清朝，即使在自己的統治範圍之內，凡是還沒有被正式編入戶籍，並由正式行政區管轄的非華夏人口，比如在都護府、羈縻州、羈縻府、土司轄境內的部族，還是被當作蠻夷的。外國人除了朝鮮、越南、琉球以外，更被認為是蠻夷，只是開化程度稍有差別而已，他們居住的地方、所在的國家通通被當作「四裔（夷）」「蠻荒之地」。

這樣的觀念根深蒂固，歷代中原王朝從君主到臣民，一直認為自己的地方是「天下之中」，天朝無所不有，無須仰賴外人。周邊凡是還沒有接受華夏聲教，成為華夏一部分的，都是蠻夷、蠻荒之地，不值得去佔有，更不應該遷居到那裏去。

在文化上，華夏之人認為蠻夷不配享受他們的文化，過他們的文明生活，而只有當蠻夷主動地來接受文明、接受教育，也就是所謂「向化」，他們才可以教蠻夷。所以不僅從來沒有主動到外國去傳播自己的文化，就是在他們國內那些少數民族聚居地區，也要等到那些地方「改土歸流」，正式設立了府、州、縣這些行政機構，才開始辦學校，再給對方科舉的名額。否則的話，也不屬於傳播華夏文化的範圍。

儘管歷史上有過「絲綢之路」之類的交通路線，提供了人員往來的便利，

但古代中國從來沒有向外派過一位文化使者或者文化教師，更沒有在外國辦過一所孔子學院。像朝鮮、越南、琉球、日本，都是它們的人自己主動來中國學習的。

日本了解到唐朝各方面的先進之處，特別是在制度和文化方面，所以前後派出幾十批「遣唐使」，不畏風浪，前赴後繼，其中包括官員、留學生、學者、和尚、工匠，到唐朝全方位地學習。有的人長期留在唐期，還擔任了唐朝的官員，學習、考察相當深入。但唐朝官方沒有主動派過一位文化使者或老師前往日本，鑒真和尚東渡弘法也是出於日本方面的一再邀請。

以前我們誇大漢朝、唐朝的開放程度，憑想像將唐朝稱之為最開放的時代。其實漢唐的開放是相對其他朝代的不開放或者封閉而言，漢朝、唐朝都沒有擺脫「夷夏之辨」的侷限，不存在真正的開放機制。我將這種狀況總結為「開而不放，傳而不播」。

一方面唐朝的大門的確是開的，大明宮裏出現了「萬國衣冠拜冕旒」的盛況，進出朝堂的突厥人、外國外族人要佔到官員的一半。長安城裏到處是番將、胡商、胡姬、崑崙奴，長安城裏的人聽的是胡樂，看的是胡旋舞，吃的是胡餅、胡瓜、胡豆、胡麻。

但是唐朝從來沒有放本國人外出，或者允許本國人出國貿易、遊歷、考察、學習、取經。迄今為止，我們能夠查到的屈指可數的出國記錄，都是出於偶然或者例外。比如玄奘，是發願取經，在邊境非法闖關。他回來時到了高昌，派人送信向唐太宗請罪，唐太宗正苦於不了解西域的情況，得知他在外面十幾年的情況，不僅赦免他，還派人迎候。否則的話，恐怕他就無法重新踏上故土了。又如杜環，他是在怛邏斯（今哈薩克斯坦塔拉茲）之戰被阿拉伯人俘虜的，幸運地得到優待，在十二年後搭乘阿拉伯商船返回廣州。近年在西安發現一塊墓碑，墓主到過大食（今阿拉伯半島），碑文寫得很清楚，他是作為唐

朝的使者去的。所以唐朝只能說是「開而不放」，開着門，但是從來不放自己的人出去。而且唐朝人自己也沒有走出去的意識，到自己的邊疆地區已經是不得已，到蠻荒之地去幹什麼？

所謂「傳而不播」，就是說你進來學習，我可以教你，可以「傳」，但是沒有必要主動到外面去宣傳，去教，從來沒有主動過。

比如說中國的造紙技術，到 2 世紀已經成熟。但是由於沒有對外傳播，這項重要的發明並沒有影響到絲綢之路的另一端，更沒有影響世界，西方繼續沿用古埃及的紙莎草造紙。一直到公元 751 年怛邏斯之戰，阿拉伯人從唐朝軍隊的俘虜中發現一批造紙工匠，才向他們學會了造紙術，取代了紙莎草造紙，以後又傳到歐洲。

又如契丹人興起以後建立遼朝，遼朝與宋朝以今天河北、山西中間為界。照理說宋朝出版的書流傳到那裏很容易，但宋朝規定書籍不許出口，契丹人就沒有學習並採用漢字，而是創造了自己的文字。這種文字是在漢字的基礎上複雜化，所以到遼朝亡了，契丹文字也就失傳了，成了死文字。宋朝也不許書籍出口到西夏去，党項人也只能自己造文字。西夏文字也是在方塊字的基礎上複雜化，結果西夏亡後也成了死文字。

為什麼有些國家、民族在古代就大力對外傳播自己的文化，進行文化擴張呢？這些國家、民族的觀念與古代中國截然不同，並且無不藉助於宗教與戰爭。

比如基督教，它的教義是要將上帝的福音傳遞給每一個人，傳到世界的每個角落，不會嫌你野蠻落後，是蠻荒之地。傳教人會深入窮鄉僻壤，用各種手段傳播，應用語言、文字、音樂、藝術，它的文化也得到廣泛、深入的傳播。

有的宗教認為其他異教和文化都不應該存在，推廣自己的宗教可以採取

武力，採取行政手段，強制皈依，強制接受，結果迅速擴張。

有的政權擴張到哪裏，就強制推行自己的語言文字、文化藝術、價值觀念。公元前 6 世紀波斯帝國擴張到帕米爾高原，至今塔吉克語還屬波斯語系。沙俄擴張到中亞，掠奪了中國的土地，就在那裏推廣俄語。到今天，俄語還是那裏的通用語言。有些國家獨立後想將母語定為官方語言，但發現會講本族母語的人口還不如講俄語的人口多。

通過這樣的比較，我們就可以明白，一方面，中國文化的確有強大的生命力，在我們自己的人民中、在自己的國土上，可以說是生生不息。但另一方面，從先秦時期就形成的「夷夏之辨」，使我們一直持「開而不放，傳而不播」的態度。既然如此，古代中國和中國文化怎麼可能對外產生影響呢？

第三節　唐朝長安是世界的中心嗎？

最近一段時間，人們對唐朝和唐朝的首都長安的評價越來越高，一些人甚至提出唐朝和唐朝的首都長安曾經是當時世界的中心，其實這個結論是不符合史實的。

首先，世界還沒有連成一片，還沒有形成世界，怎麼可能有世界的中心呢？其次，無論從政治還是軍事角度看，唐朝能夠發揮中心作用的範圍還是有限的，並不包括當時世界的其他部分。

唐朝的疆域在歷代王朝中間的確是比較大的，但是唐朝並不始終擁有那麼大的疆域，而且在曾經擁有的地方也並沒有真正去行使主權，實施行政管轄。唐朝最西的確曾經到過鹹海之濱，控制了阿姆河流域、錫爾河流域，但這主要是軍事上打敗西突厥的結果，唐朝並沒有真正把那裏作為自己的領土去管理、去經營。除了少量軍事駐防以外，並沒有實施有效的移民，或者去傳播自

己的制度、文化。基本只是利用了當地現存的部族首領、軍事長官，給他們一個羈縻都督或刺史的名義，內部的、具體的事務是不去管的。

而且這一疆域維持的時間比較短。如唐朝能夠到達鹹海之濱的時間，也就三年。因為這片土地原來的主人是波斯的一個王子，波斯發生內亂，王子帶着這片土地投降唐朝，唐朝就讓他繼續管理。三年以後，波斯內亂平息，以後阿拉伯人又擴張過來，唐朝就失去了這片土地。

又如公元 751 年，也就是安史之亂的四年前，由高仙芝率領的唐朝進攻石國（今烏茲別克斯坦塔什干一帶）的軍隊突然遭遇「黑衣大食」（阿拉伯阿拔斯王朝）的軍隊，唐軍毫無準備，全軍覆沒。除高仙芝帶了少數人逃回，其他幾萬名將士不是被殺，就是被俘。以後唐朝再也沒恢復對這些地方的統治，而是退到葱嶺（帕米爾高原）。

安史之亂以後，連今天新疆的大部分、河西走廊、青海、甘肅、四川西部、雲南西北，甚至陝西的一部分，都被吐蕃佔據了，有一次甚至被吐蕃軍隊攻佔長安。這時候，唐朝或者長安，還是這片土地的中心嗎？

如河西走廊，雖然一度由張義潮率領這一帶軍民起義，擺脫吐蕃控制，回歸唐朝。但是到了唐朝後期，這些地方又成了孤懸於唐朝以外的地方政權，與唐朝的聯繫也基本斷絕了。唐朝還是河西走廊的中心嗎？長安對他們還有什麼中心的作用？

又如朝鮮半島，唐朝一度征服了朝鮮，並且把它的國王和幾萬民眾內遷，唐朝在那裏設立安東都護府，這個時候可以說長安是朝鮮半島的中心。但三年以後，安東都護府不得不從平壤遷到了鴨綠江以北，以後甚至從遼東以東退到了遼河以西，朝鮮半島上的朝鮮遺民與靺鞨人聯合建渤海國，實際脫離唐朝。此時還能說長安是朝鮮半島和遼東的中心嗎？

應該講，在唐朝疆域極盛的時候，長安的確是唐朝疆域的中心。但是形

勢是變化的，到了安史之亂以後，唐朝再也沒有恢復到原來的疆域，所以長安只能是那片殘山剩水的中心。

比如阿拉伯興起了以後不斷東擴，根據現有的史料，唐朝與阿拉伯並沒有發生什麼交往，更談不上可以影響阿拉伯，唯一的一次戰爭唐朝大敗，以後阿拉伯繼續東擴，你說唐朝與阿拉伯誰是中心？長安可能是阿拉伯的中心嗎？

一般認為，在古代曾經建起的那些大帝國裏，它們的首都、行政中心就是它們的中心，但不能說就是當時世界的中心。這些帝國雖然曾經跨歐亞大陸或者跨歐亞非三個洲，實際上還只是這三個洲裏連成一片的一部分，有的還只佔了某一洲的一個角落。比如波斯帝國，它的東邊只到了帕米爾高原，沒有影響到當時的中國。又如亞歷山大帝國，它往東還沒有越過開伯爾山口，也沒有影響到東亞。

到成吉思汗的蒙古軍隊西征，以後蒙古人建立了連成一片的元朝和四大汗國，把它的控制範圍一直擴展到東歐，這是人類歷史上第一次真正打通了歐亞大陸。在這種情況下，也許有一個地方可以說是歐亞大陸的中心。但由於元代與四大汗國並不是統一的政權，哪一個國家的首都也只能是中心之一。唐朝時還沒有出現這樣的形勢，連當中心之一的條件也沒有。世界的中心必然出現在世界形成以後，沒有世界，當然不可能有世界的中心。

有人說，唐朝和唐朝的長安在經濟上總可以說是當時世界的中心吧！如果我們只看一方面，盛唐時經濟繁榮、商業發達，而且在長安、揚州、泉州、廣州這些城市的確有很多來自外國的商人、商品，通過這些貿易、商業活動和國際間的商人影響到周邊。但不能說唐朝已經成為這些地區的經濟中心了。一個主要的原因是唐朝缺少一種外向經濟，唐朝無論是進口還是出口都不是主動的，從事國際貿易經商的幾乎都是外國人。比如在長安城裏做買賣的，最多的是粟特人，就是今天中亞費爾干納盆地哈薩克斯坦、烏茲別克斯坦這一帶的商

人。又如唐朝後期在廣州、泉州做買賣的，主要是阿拉伯人以及被認為是阿拉伯人的波斯人。據記載，廣州城裏外國商人和他們的家屬、隨員超過十萬。有沒有唐朝的商人去了阿拉伯、波斯或其他外國經商呢？到現在還沒有發現證據。已經發現的往返於中國貿易的海上沉船，有的雖然是中國式樣，或者是在中國製造的，但基本上都是外國的船，或者船主是外國人。著名的「黑石號」沉船，20世紀90年代在印度尼西亞附近的海上被發現，後來打撈成功。從船上還保存着的大量唐後期的銅錢和瓷器看來，這是一艘從阿拉伯來中國的貿易船，到唐朝賣掉貨物後採購了大量瓷器、絲綢、茶葉等商品，帶着還沒有花完的唐朝銅錢，準備去南洋採購香料、胡椒，再返回阿拉伯，不幸在印度尼西亞附近沉沒。這是一艘阿拉伯船。在廣東陽江發現的整體打撈成功的「南海一號」，其船主也基本可以肯定是阿拉伯人。

這樣一種單方面的由外國的商人將外國商品輸入唐朝，根據他們的需求再把唐朝的商品販運出去的貿易，主動權不在唐朝。這種貿易對於對方的影響有多大，決定於對方的需求，而不是出於唐朝的主動。即使對那些有直接貿易關係的國家和地區，唐朝或者長安也談不上是它們的經濟中心。

在文化方面，唐朝也從來沒有主動地對外傳播，擴大影響。唐朝從來沒有派出一位文化使者或者派出一名官員到外國去傳播自己的制度、文化、技藝。鑒真和尚東渡，那是出於日本的一次次請求，而且也不是官方派出的，主要目的是弘揚佛法，傳播文化是順便的。日本派遣「遣唐使」來唐朝學習，完全出於主動，派不派，什麼時候派，派什麼人，到唐朝學什麼，學多久，回去後如何應用，推廣到什麼範圍，取捨的標準，哪些學哪些不學，這一切都出於日本的自主，與唐朝無關。唐朝的文化、長安的文化，可以說是當時日本學習仿效的重要來源，甚至是唯一的來源，卻不能說長安已經成了日本的文化中心。

實事求是地講，唐朝時期的確是中國歷史上國力比較強、疆域比較廣，也相對比較開放的一個階段。唐朝的長安也的確是當時世界上最繁榮發達的城市之一。但是唐朝和長安城無論在經濟、文化、政治上，都沒有積極、主動地影響外界，沒有成為唐朝以外的任何國家或地區的中心，更不用說是世界的中心。

　　以前我們不開放，關起門來自娛自樂，經常說古代中國有多少世界第一、世界之最，對國人也許還有一點積極作用，可以提高一點自豪感、自信心。到了今天我們已經全面開放，包括在歷史研究方面，與世界各國都有了聯繫和交流。如果還是不做認真調查，不做對比分析，輕率地提出聳人聽聞的「新發現」「新觀點」，或者繼續滿足於自我陶醉，自娛自樂，那就絲毫起不了積極作用。一旦民眾發現事實不是如此，或者他們直接了解到外界相反的觀點，或者他們經過比較顛覆了原來形成的觀念，只能產生消極的後果，甚至動搖文化自信。

居馬上得之，

寧可以馬上治之乎？

且湯武逆取而以順守之，

文武並用，

長久之術也。

第三編

古代中國的精神中樞

導言

英明的開國皇帝為何會成為暴君？

公元前 202 年，劉邦統一天下，諸侯共同尊他為皇帝。即位大典在定陶（今山東定陶區西北）舉行後，劉邦嫌秦朝留下的禮儀太煩瑣，全部刪除，只求簡易。結果一幫大臣在朝堂上邊喝酒邊爭功，喝醉後有的人大喊大叫，有的竟拔出刀劍在柱子上亂砍，劉邦覺得實在不成體統，擔心沒有辦法收拾。

叔孫通知道劉邦心裏頭已經非常討厭這種現象，就提出建議：「讀書人在打天下時起不了什麼作用，但可以一起守成，我可以召來魯地的儒生，與我的弟子一起為陛下制定上朝的儀式。」

劉邦問：「會不會太難辦了？」叔孫通說：「我可以用比較簡單的辦法。」劉邦同意試一試，但是要求「一定要容易學，按照我能做到的程度來訂」。

漢高祖七年（公元前 200 年），長樂宮建成了，諸侯、文武百官齊聚新宮，完全按照新的朝儀舉行朝會。天剛亮，警衞宮殿的兵車、騎兵、步兵就在庭院中排列整齊，舉着武器和旗幟。負責指揮調度的官員——謁者，在檢查合格以後，將諸侯百官依次序領進殿門。大殿的台階兩旁排列着數百名郎中，一聲「趨」——意思是快步輕聲上前，百官魚貫而入；功臣、列侯、諸將和其他武官排列在西面，東向站定；丞相以下的文官排列在東面，西向而站。一切準備妥當後，在殿上的典禮官接受百官的逐級報告，又接力傳聲，請皇帝起駕。皇帝坐着轎子離開住所，有儀仗隊開道，沿途警戒。皇帝在大殿坐定以後，典禮官引導諸侯王至六百石俸祿以上的官員依次拜賀，諸侯王和百官嚇得大氣都不敢喘，沒有一個不畢恭畢敬的。朝見以後，皇帝賜酒，有資格坐在殿上的大臣

都低着頭，俯着身子，依照地位尊卑、官職高低，分九次向皇帝祝酒，然後謁者下令「罷酒」。在飲酒的過程中，始終有御史在監督，發現有不遵守儀式的人立即把他帶走，整個朝堂上沒有人敢喧嘩失禮。劉邦好不得意地說：「我今天才體會到做皇帝的尊貴了。」

當時另一位大臣陸賈，他認為要使新建立的漢朝能夠長治久安，必須使劉邦了解治國安邦的道理，所以經常在劉邦面前引用《詩經》《書經》中的話。劉邦非常討厭，有一天竟破口大罵：「你老子是在馬上奪取的天下，要靠《詩經》《書經》幹嘛？」陸賈反問他：「在馬上得的天下，難道可以在馬上治理嗎？」又說了一番大道理，把劉邦說得啞口無言，劉邦心裏雖然不樂意，卻也感到內疚，就對陸賈說：「試着為我寫一點秦朝之所以失天下，我之所以得天下的原因，以及古代各國成敗的教訓經驗。」

於是陸賈就概括論述了興衰的規律，寫成了十二篇文章。每奏上一篇，劉邦沒有不說好的，左右見皇帝高興，一齊高呼萬歲。陸賈奏上的書就被稱為《新語》。

劉邦之所以從善如流，接受陸賈的意見，承認在馬上得天下，不能在馬上治天下，大概是已經嚐到了治天下的不易。而叔孫通為他制定隆重的禮儀，也使他享受到了皇帝的尊嚴，體會到治天下的妙處。

但治天下不易到什麼程度呢？史書上沒有明說，讀史者往往缺乏具體的了解，我們可以做一個比較。

在民主政治制度建立之前，中國歷代都是實行中央集權的專制政體。在這種條件下，要得天下，推翻一個現存的政權，取而代之，自然只能夠依靠武力和陰謀。因為堂堂正正地進行政治鬥爭，無異與虎謀皮，不僅成不了氣候，反而是自取滅亡，連試試這種可能性都不現實。但這些卻成為企圖得天下者的優勢，因為只要能達到目的，手段可以不論。無所不用其極，反正不必承擔什麼政治、道義責任。即使真相暴露，也不難找到各種藉口或者替罪羊。

治天下者做事就不能太過分，至少不能越過社會公認的底線。比如清朝初年，袁崇煥在關外反明，守住了邊關，清朝軍隊屢次被袁崇煥打敗。於是就使用反間計：派人到北京散佈流言，故意泄露所謂袁崇煥與清朝勾結的密信。崇禎皇帝居然信以為真，再加上當時不同派別之間的鬥爭，袁崇煥成為犧牲品，不僅蒙了「漢奸」「叛國」的惡名，並且被崇禎皇帝殘酷地處以凌遲的酷刑。但等到清朝要治天下的時候，到了乾隆年間，清朝方面自己披露了事實，而且為袁崇煥平反昭雪，因為統治者不這樣做，以後就逃脫不了惡名，跟他治天下的身份，跟自己標榜的「自古得天下無如本朝之仁者」這樣的形象是不相稱的。

得天下的過程中可以以破壞為主，不計後果，而且破壞得越嚴重，對自己越有利。所以無論天災還是人禍，巴不得鬧得越大越好，搞得越亂越管用。治天下的人什麼事都難辭其咎，人禍固然是治理不當、防範不力、政策錯誤、吏治腐敗所致，天災則更是上天的警告和懲罰，說明自己失去了「天命」，成了「天之所厭」，不僅會造成生命和財產的巨大損失，更會動搖人心，為反對派所利用。任何時候，破壞不知比建設要容易多少。

所以在得天下的過程中，得天下者慣於使用斷絕糧食供應、屠城、殺俘虜、以水代兵、散佈流言蜚語、美人計、反間計等各種手段，無所不用其極，而且總是握有主動權，可以隨時隨地應用。治天下者防不勝防，只能被動捱打。

得天下的人為了爭取人心，煽動民怨，可以不顧實際可能，做出過高、過多的承諾，或者給自己的支持者、擁護者以現成的利益，反正是慷他人之慨。治天下者只能量力而行，在物質基礎有限的條件下，滿足一部分人的需求，還必須留有餘地。

比如王莽在執政之初，就給社會各階層許諾，並且一律給予優待，獲得各階層的好感和普遍支持，這使他順利篡奪，當上皇帝，得了天下。但等到他治天下的時候，面對着虛假的數字和空虛的國庫，那就只能用空話、假話應付天下人，號召臣民艱苦奮鬥，以野菜代替糧食，結果原來的擁護者都成了反對者。

同樣，李自成發動民眾支持自己的口號是「吃他娘，用她娘，闖王來了不納糧」，由文人加工為「盼闖王，迎闖王，闖王來了不納糧」，反正開的是明朝的官倉，分的是別人的家產。但一旦他進了北京，就忙着「追贓」，搜刮金銀財寶，連倉皇出逃的時候都捨不得丟棄。要是真讓他治天下，百姓的負擔恐怕絕不會比明朝時輕。

得天下的時候可以結成最廣泛的統一戰線，只要目標對着現政權，都能互相利用。其他方面的分歧或者衝突可以暫且不論。內部的權力鬥爭雖難以避免，但是大敵當前，首領還不能當孤家寡人，專制和殘暴的手段不得不有所收斂。但到治天下的時候，皇帝和現政權就成了另一些人的唯一目標和奪取的對象。

趙匡胤在杯酒釋兵權的時候對老部下說：「皇帝誰不想當？……你們不想當，誰能保證你們的部下不想當？到時候把黃袍披在你們的身上，你們怎麼辦？」這話雖說得絕了一點，卻是至理名言。一方面，五代時候那些短命的皇帝就算得了天下，可是卻治不了天下，一個個像走馬燈般下台或喪命。另一方面，當了皇帝就有了至高無上的絕對權力，以往的袍澤、同鄉、師生、兄弟關係一筆勾銷，更不必有什麼顧忌。於是就大開殺戒，幾萬人甚至幾十萬人被殺也不在話下。

得天下的過程中，從上到下都還沒有過多的要求，原來的貧民、罪犯只求活命。因種種原因投奔的也志在長遠利益，被武力收降或陰謀收買的人會暫時隱忍。在物資有限和戰事頻繁的時候，各級首領還沒有條件或者來不及太腐敗。等到治天下的時候，個人的要求都要得到滿足，統治者也不能一直提倡艱苦樸素。老是要求臣民「共渡時艱」又不像個太平盛世。要天下太平，還得對一部分人實行贖買政策，對豪強做些讓步，這些都需要真金白銀，所以往往剛坐穩江山就開始捉襟見肘。

正因為如此，英明的開國皇帝往往在治天下時會成為暴君，當現成皇帝的人不少是昏君，或者成了權臣、宦官的傀儡和玩物，不幸當了末代皇帝下場就更慘。這些都是專制制度治天下的產物，是不可避免的。

第八章

天下

得天下與治天下

第一節　胡服騎射與騎兵時代

　　趙武靈王初年（公元前 326 年），日益強大的秦國成為趙國的主要威脅。趙國參加了韓、魏、燕、楚的五國聯合抗秦，與魏、韓聯兵攻打函谷關，以失敗告終。趙武靈王九年（公元前 317 年），秦國軍隊打敗了趙、魏、韓的聯軍，趙軍被殺八萬人，損失慘重。接着，趙國的中都（今山西平遙西南）、西陽（一作中陽，今山西中陽）等地被秦軍攻佔。趙武靈王並不是碌碌無為之輩，面對這樣的形勢，他不斷地考慮要實行根本性的改革，增強趙國的國力。

　　趙武靈王十九年（公元前 307 年），他帶軍隊大舉進攻中山國（春秋時白狄別族所建，又稱鮮虞，在今河北東北，當時建都靈壽，在今河北平山縣東北），佔據了一片地方。然後他親自率軍北上，從代北而西，在今天河套一帶渡過黃河，登上了黃華山。這不僅使趙國獲得大片的土地，也使趙武靈王進一步地了解了胡人的習俗，特別是胡人戰鬥力強的原因。於是他召來謀士樓緩，正式提出了他的改革計劃。

他認為現在趙國一定要改穿「胡服」，也就是要模仿北方胡人的衣服，要改革趙國傳統的服裝。樓緩完全贊成，但是群臣卻一致反對。於是趙武靈王只好與他的謀臣肥義再一次商量，在這個關鍵的時刻，肥義這位老臣一錘定音，他說：「沒有信心辦不成大事，懷疑自己的行動就不能名正言順，大王你既然已經準備承擔不尊重傳統的指責，那就不必再顧慮天下人的議論反對。智者自己做出正確的預測，你還有什麼可猶豫的呢？」趙武靈王說：「我不是對改穿胡服有猶豫，而是怕天下人會笑話我。改穿胡服的好處無可限量，縱然天下人笑我，胡人的土地和中山國必定會落入我的手中。」他下定決心，自己帶頭穿了胡服。但是趙武靈王深知反對勢力的強大，為了順利推動改穿胡服，他必須取得一些關鍵人物的支持，其中一位就是他的叔父公子成，於是他派了使者去傳達自己的意見。

果然公子成表示反對。使者回報以後，趙武靈王說：「既然叔父有病，那我親自去向他說明。」因為公子成藉口自己有病，實際上還是不願接受。到了公子成的家裏面，趙武靈王又懇切地跟他說了一番道理，說明自己這樣做的原因，又說明如果公子成能夠帶頭的話，會起到關鍵的作用。聽了這番話，公子成表示歉意：「我太愚蠢了，不理解您這樣做的道理，這是我的罪過。現在要繼承先王的計劃，實行先王的遺志，我怎麼能不聽命呢？」他恭恭敬敬地接受了趙武靈王賜給他的胡服，並在第二天穿着胡服參加朝會。於是趙武靈王正式發佈了改穿胡服的命令。

大臣中還是有人反對，如趙文、趙造、周紹、趙俊等還是極力勸阻，認為還是原來的服裝好，要求撤銷改穿胡服令。為此，趙武靈王再次強調了他要改穿胡服的理由，同時不再理會一些大臣的反對，堅決實行「胡服騎射」（穿上胡服，騎馬射箭）的政策，不久就開始見效。

趙武靈王二十年（公元前 306 年），他親自率軍隊進攻中山，佔據了寧葭

（今河北獲鹿北），然後又西征林胡，奪取了榆中（今內蒙古與陝西相交處一帶），林胡王不得不向他獻馬。趙武靈王二十一年（公元前305年），趙軍大舉進攻中山，奪取了一大片土地，趙武靈王親自率軍隊攻下了石邑（今獲鹿東南）等城市，中山王獻出四座城市求和，趙軍方才暫停攻勢。趙武靈王二十三年（公元前303年）和趙武靈王二十六年（公元前300年），趙軍繼續奪取中山國的土地，使北面到燕國和代國（今河北西北及相鄰的內蒙古地區），西面到雲中和九原（今內蒙古陰山以南）的土地連成一片。四年後，中山國被滅，國君被遷到膚施（今陝西榆林東南）。至此，趙國的疆域和國力都達到極盛。

今天大家也許很難理解，一位國君要臣民改變服裝竟會那麼困難，而胡服竟有如此大的威力。其實改穿胡服並不僅僅是服飾的改變，根本的原因就是為了推廣一種新的作戰方式，就是騎射，也就是組建騎兵，是軍事制度的根本性改革。

馬傳入中國的時間比較早，而且早就成為家畜，但中國的農耕民族與遊牧民族對馬的利用卻形成了兩種不同的方式：華夏諸族主要用來拉車，而胡人（泛指北方遊牧民族，包括東胡、林胡、樓煩、匈奴等）主要用來騎乘。華夏諸族，包括春秋及戰國前期各諸侯國軍隊主要的力量是兵車，步兵是兵車的輔助力量，而胡人基本上都是騎兵。騎兵的機動性和戰鬥力當然要遠遠勝過兵車，特別是在長距離和複雜地形條件下。比如兵車對道路要求比較高，兵車的機動性不如騎兵那麼強。諸侯國之間的戰爭因各方都使用兵車，所以這兩種方式的優劣難以顯示。而當華夏與胡人發生戰爭，兵車對騎兵的劣勢就非常明顯。對這一點，趙武靈王必定比其他諸侯國君有更深的體會。因為當時趙國北面已經跟胡人接觸，而且他自己深入前線做了認真仔細的觀察。

由於馬車普遍使用，所以「御」（趕馬車）就成為當時成年男子一項必須掌握的技藝。因為無論貧富貴賤，人人都有駕車的可能和需要。如日常生活、

婚喪禮儀、行軍出征都離不開車，替貴族或者國君駕車得有一定身份，戰時為主帥、主將駕車更不同尋常。所以孔子教學生的「六藝」，也就是當時定的六門主幹課程，其中一門就是御，而孔子本人也是一位御術的高手。

射箭倒不是胡人的專利，比如孔子的「六藝」中也有一項是「射」。所不同的是，胡人習慣於騎在馬上射箭，而華夏人都是站在車上或步行射箭，效率高低不言自明。胡人經常騎馬狩獵，要射飛禽走獸，他們的弓箭威力也不是華夏人可比的。而華夏人除了打仗外，弓箭的利用機會並不多，往往成為一種裝飾和單純的技藝，結果是中看不中用。

趙武靈王特別能夠意識到胡人騎射的優勢，當然與趙國的地理位置接近胡人有關，但更重要的是他事先進行了長期深入考察。比如說他在十七年（公元前 309 年）和十九年（公元前 307 年）「出九門，為野台，以望齊、中山之境」，去觀測中山國的情況；又到了代地，「北至無窮，西至河，登黃華之上」，到了黃華山。他當然不是為了遊山玩水，而是做了十多年的準備，所以才要頒發胡服騎射令。

他要推廣胡服騎射的「騎射」是沒有人能公開反對的，也反對不了，找不到不贊成的理由。但是改胡服不僅遇到普遍反對，而且反對還相當的激烈。這兩者究竟有什麼關係呢？因為胡服是騎射的前提，不改服，騎射就推廣不了。當時男子的服裝是「上衣下裳」，下面的「裳」就是不分褲腿的裙子，站在車上或者坐在車上當然沒問題，但怎麼能跨上馬，騎在馬上奔跑呢？就是上身穿的「衣」，貴族所穿的也是寬袍大袖，站在車上揮戈指揮還沒有大礙，但騎馬射箭或格鬥也是不適宜的。

可是服飾又是等級的標誌、地位的象徵、種族的傳統、家族的榮譽，要貴族穿上與平民、奴隸的服裝差不多樣式的緊身衣褲——胡服，他們是接受不了的。就是一般士人，也把服飾視為生命的一部分，甚至比生命還重要。

比如孔子的得意門生子路，在格鬥中帽纓被打斷，他明知危險，還是停止戰鬥說：「君子死而冠不免。」為了保持帽子的完整，他將帽纓重新紮上，就在這個過程中被對手殺害。

而且，華夏優於夷狄的觀念已經根深蒂固。所以，大臣們包括趙武靈王的叔父公子成反對的理由，就是中國要比這些夷狄先進，從來沒有中國學夷狄的先例。

當然還有一點，貴族們可能還沒有明說。因為當時文武官員還沒分化，一般貴族大臣必須文武兼備，胡服騎射涉及每一個人。但胡服騎射對個人技藝的要求比車戰要高，在戰鬥中的危險性也更大，對那些平時養尊處優的人或者只是濫竽充數的人而言，自然是一大難關。正因為如此，一旦實行胡服騎射，不僅會迫使貴族大臣們只能精心騎射，而且會淘汰一大批素質低又不能提高的人。也正因為如此，改革後的趙國才能擁有如此強大的軍事實力。

趙國推行胡服騎射，不僅使自己因此而強大，開疆拓土，滅了中山國，使疆域達到了趙國歷史上最大的範圍，而且也成為其他諸侯國學習、仿效的樣板，騎射很快地推廣到各國。到了戰國後期，車戰基本上已被淘汰，代替的就是各國新訓練組建的騎兵部隊，騎射成為一種普遍的戰鬥手段。

但是胡服只推廣到了將士，君主、貴族、官員、平民百姓還是繼續穿戴華夏衣冠，只有在行軍出征、當兵打仗時才換上來源於胡服的戎裝。這也可以看出衣冠作為一種文化、禮儀和傳統，是相當難改變的。

第二節　中國古代的大規模屠殺──長平之戰

秦昭王四十五年（公元前 262 年），秦國的大將白起進攻韓國，攻佔了野王（今河南沁陽市），完全封鎖了韓國本地和上黨郡（治所在今山西長子縣西

南）之間的交通線。上黨郡的郡守馮亭不願意投降秦國，就依附趙國，趙國派大將廉頗駐在長平（今山西高平市西北）抗拒秦兵。雙方相持了一年，廉頗在打了幾個小的敗仗以後，就堅守不出，以逸待勞。

到了秦昭王四十七年（公元前 260 年），秦國採用范雎的計謀，派人到趙國去行反間計，散佈謠言說：「廉頗仗打得不行，也快要投降了。其實秦國最害怕的人是趙括，如果趙括去取代廉頗的話，那麼秦國就會退兵。」趙王相信了這些謠言，就任命趙括為統帥，取代了廉頗。其實趙括只會空談，根本沒有帶兵的經驗，又不體恤將士，所以他貿然出兵進攻，結果大敗，被秦軍包圍。

秦國知道這場戰爭非常重要，徵發了國內所有十五歲以上的男子，通通調派到長平，團團圍住了趙國的軍隊。趙軍的運糧道也被秦軍切斷，趙軍餓了四十多天，最後只好苦戰突圍。趙括自己戰死，四十萬軍隊全部投降。秦國的大將白起決定把這些降兵統統「坑殺」，全部活埋，僅僅挑出兩百四十個年紀小的人，讓他們回趙國去報信。

趙國前後喪失了四十五萬兵力，而秦國的軍隊經過這番苦戰也是死者過半。

對於這次戰爭的真實性歷來是有爭議的，一些人認為不會一下子活埋了那麼多人。這些年在高平這一帶已經發現了大批古代的骸骨，經過 DNA 鑑定，基本上可以肯定就是當年被活埋的趙國軍人。

為什麼秦軍要採取活埋的辦法呢？因為在冷兵器時代，要殺個人也不是那麼容易的。要保證將一個人在短時間內徹底殺死，最簡單的辦法就是砍頭。一旦身首異處，絕無可能不死。但由於當時還沒有高質量的鋼刀，即使被殺者引頸受戮，完全配合，再鋒利的刀砍不了幾個頭就會因刀刃口鈍了而無法繼續使用。

想要把四十萬人在短時間內全部殺掉，最方便的辦法就是活埋。特別是高平這一帶本身地勢起伏，不缺土石，只要找個合適的地點，或者挖個大坑，把這些俘虜捆綁趕入推入，就可以大規模撲殺。

選擇這樣一種「坑殺」的方法，在當時是大規模快速屠殺俘虜的有效辦法，或者是唯一有效的途徑，史書所載不止這一次，不過長平之戰被坑殺的人數最多。

　　趙國士兵既然已經投降，老老實實當了俘虜，為什麼秦軍那麼殘酷，非要將他們都殺掉呢？當然這與白起個人的殘暴有關，但背後真正的原因還是這場戰爭是秦國與趙國之間你死我活的一場惡鬥，具體原因則是糧食供應。

　　長平戰場遠離秦國本土和糧食供應基地，加上雙方對峙已有兩年多。秦國動員了幾乎全部成年男子，連十五歲以上的未成年人都上前線了，後方的農業生產肯定會受到影響。即使運輸路線暢通，要連續兩年保證幾十萬秦軍和數量可觀的運糧人的食糧，秦國的糧食生產和儲備不會再有餘地。到戰爭結束，秦軍的餘糧至多能維持部隊返程的消耗。趙軍的糧食早已斷絕。那麼俘虜已經餓了四十多天，無論秦軍想就地收編一部分俘虜，或者將他們押送回秦國，至少要最低限度供給他們一點糧食，使他們不至於餓死吧！更何況秦軍本身已減員過半，又疲憊不堪，再要抽出一部分將士管理、押送大批俘虜，沒有哪位主將能有安全的把握。

　　如果將俘虜就地釋放，同樣得給他們留一點糧食，否則大部分人也會餓死，而其中一些強悍者完全可能與秦軍拚命，至少會製造麻煩。釋放他們回趙國，一部分人也會死在路上，而幸運能回到趙國的人，無論多少，都增加了趙國的人力資源，無論是繼續當兵還是回鄉種地，無論如何都是對秦國不利的。

　　經過這番分析，儘管我們在道德上可以譴責白起的殘暴，但是從當時的實際情況看，站在秦國的立場，為了秦國的利益，換了其他人，也只能做這樣一種殘酷的選擇。

　　在中國歷史上曾多次出現大規模屠殺俘虜或降人的情況，大多與這兩個因素有關——敵我之間的軍事態勢、糧食供應。而在早期，在缺乏高效有用

的殺人武器時，往往採用活埋的方式。

秦二世二年（公元前 208 年），楚懷王與項羽、劉邦等諸將相約，「先入關中者王之」（誰先進入關中滅了秦朝就當關中的王）。第二年，項羽在鉅鹿（今河北平鄉縣西南）大破秦軍，與秦將章邯相持數月，章邯屢戰屢敗，最終投降。項羽封章邯為雍王，讓他率降兵前行。不久，劉邦的軍隊通過武關，首先進入咸陽，滅了秦朝。而項羽的軍隊還在函谷關外面的新安（今河南新安縣西），當晚項羽就在新安城南將二十萬降兵全部「擊坑」（襲擊後活埋）。其實，秦軍中儘管有些人對章邯率他們投降項羽不滿，或者為自己的前途擔憂，卻並沒有暴動作亂的打算。真正的原因正是項羽與部將商議的：「秦朝降軍人員多，他們心裏還不服從，進入關中後會不聽指揮，形勢就危險了，不如突然襲擊殺了他們，只帶章邯等將領進關中。」項羽急於攻入咸陽與劉邦爭奪關中，自己的兵力綽綽有餘。而在短期內要控制消化這二十萬降兵，不僅完全沒有把握，而且會分散自己的兵力。項羽已經被劉邦佔了先機，豈能再被這些降兵拖延時間？項羽當時也沒有穩定的後方，不能將這些降兵留在原地，帶到關中去也不放心，權衡下來，就只能選擇徹底消滅。

項羽與部將沒有提到糧食供應的問題，但這肯定也是一個重要因素。項羽軍這樣一支不斷作戰、快速運動的部隊，不可能攜帶富餘的糧食。此前項羽的部隊在渡漳水時，曾「破釜沉舟」，只留三天糧食。章邯的部隊一直在打敗仗，加上秦朝已亡，行政機構和地方政府解體，糧食供應也難以保障。減少這二十萬降兵，無疑對改善糧食供應有利。

而要在一個晚上殺掉二十萬人，只有以迅雷不及掩耳的手段，突然襲擊將他們制服，集體活埋。

項羽有過多次屠城的記錄，劉邦也不免屠過城，其根源看來都是這兩種因素。

又如，蒙古軍隊在南下滅金和西征中亞、西亞的過程中，曾經做出一個很殘暴的決定，如果路過的那些城，在三天之內不投降的，在攻下來以後就要屠城，至少要將城裏的青壯年全部殺光。是不是完全出於遊牧民族的野蠻，或是成吉思汗及其部屬的殘暴呢？其實也得考慮上面講的這兩個因素。

　　蒙古軍隊離開蒙古高原的基地，無論是南下黃河流域，還是西征至中亞、西亞，是沒有一個穩定的後方的。比如蒙古軍隊包圍金朝的燕京（今北京）時，並不是已經完全控制了蒙古高原與燕京之間的疆土。蒙古軍隊和總人口數量不多，也不可能在沿途部署駐守自己的部隊，或安置本族人口。漫長遙遠的西征途中更是如此。如果一座城主動歸順，或者在三天內投降了，蒙古軍隊可以繼續進軍，無後顧之憂，而且還可以從這座城獲得一定的人員和物資的補充，甚至能將其當作自己的後方或後勤保障基地，當然是不進行燒殺搶掠對自己有利。

　　如果這座城三天之內不投降，是被攻佔的，蒙古軍隊能放心地將城裏的軍民留在後方嗎？敢將這裏的人徵調隨軍嗎？要保證自己的戰鬥力，適應快速推進、突然襲擊的戰術，又不可能留下一些人駐守防範。對他們來說，最合理的選擇，就是將能殺的人都殺掉，將能帶走的糧食物資都帶走，帶不走的就毀掉，儘可能消除隱患，否則對自己沒有任何好處，只能增加敵方的力量。

　　蒙古軍隊在剛離開基地時會攜帶一些肉類、乳類和糧食給養，以後主要靠沿途蒐集劫掠，本身就缺乏可靠的糧食供應。佔有或攻下一座城後，獲得的糧食、物資首先要保證自己的需要。如果將降兵或俘虜帶走，或者讓他們留在原地，都會減少自己的糧食和物資。即使僅僅考慮到這一點，蒙古軍隊也會毫不猶豫地殺掉會與他們爭糧的人。

　　同樣的現象在歷史上一些大動亂期間也出現過，如東漢末、三國、十六國、南北朝、唐末五代十國、金元之際，都曾經出現過大規模的屠殺，俘虜、

降人往往是屠殺的主要對象。除了爭奪劇烈、戰事殘酷以外，糧食極度缺乏是一個重要甚至決定性的因素。

但在統一過程中的戰爭，特別是到了統一戰爭的後期，勝券在握的一方往往要為今後着想，而且已經有了穩定的後方，能在不影響自身的條件下解決俘虜、降人的糧食供應，所以就會採取比較溫和的辦法。

同樣是蒙古統治者，忽必烈在滅南宋時，就在頒發的詔書中要求保護農商。滅宋的過程中也沒有發生什麼大規模的屠殺，因為他知道這些地方以後就是他自己的統治區，這裏的人口和物資也都歸自己所有。同時，此時的元朝已經在黃河流域和江淮之間建立了穩定的統治基礎和可靠的後方，特別是已經整編消化了上百萬金和南宋的俘虜、降將、降兵。已經完全沒有必要再採取殺俘殺降的屠殺政策，溫和招撫、減少損失才符合自己的利益。

第三節　秦始皇與他的標準化

公元前 221 年，秦始皇在滅六國以後，實現了國家的統一，並且從秦朝開始，統一成為中國歷史的主流。表面上看，秦始皇的統一是軍事征服的結果，是滅六國的結果，但是要形成一個統一的制度，要使這個統一的制度今後能夠長期延續，僅僅靠軍事征服，靠武力的統一是遠遠不夠的。實際上儘管秦始皇在統一以後在位的時間並不長，但他實行了一些意義深遠的措施，簡單地說就是一系列的標準化，使這個國家內部達到了真正的統一。

他有幾項重要措施，比如說統一度量衡，因為這對一個國家的治理是非常重要的。一個國家內部如果沒有統一的度量衡——長度、容積、重量的標準，在賦稅的徵集、貨物的流通、資源的調撥和管理以至於商業交易方面，就都沒有一個統一的標準，而且中央政府以及各級地方政府也沒有辦法精確地掌

握相關物資（比如最重要的糧食、武器）的數量，重要物資的儲備、調撥、供應消耗等數據。為了做到這一點，當時還由朝廷確定標準，製造了一些標準的尺、量具、衡器，發到全國各地，作為大家對比、遵守的標準。今天我們還可以看到傳世的或者出土的秦始皇時期所製造的標準的量具、衡器，在當時肯定是花了很大的人力物力，但這是必要的。一個國家如果沒有統一的、標準的度量衡，就不可能維持全國的財政、賦稅、物流、倉儲、貿易、商業體系，也無法維持正常的社會生活。

又如他實行「書同文，車同軌」。「書同文」就是統一全國的書寫標準。因為原來各地長期分為不同的國，同一個字可能在各國有不同的寫法。沒有統一時，國與國之間的交流有限，只要注意到兩國之間在文字上的差異，文件交換時注意改寫就可以了。統一後各種文件要上通下達，中央與地方之間、地方與地方之間、全國的人口之間都需要文件交流，不同的書寫方式會產生歧義和誤解，大至妨害國家大事、軍事機密，小至影響人際關係、個人感情。所以秦始皇下令統一書寫標準，就是每一個字都要有統一的寫法，這就是「書同文」。那麼以誰為標準呢？「以吏為師」，就是以公務員為老師，實際就是國家統一標準後，通過各級「吏」公佈、執行、推廣。而且，「吏」的書寫標準先統一了，就能保證公文中的用字都能統一，政令的上通下達首先得到保障。

對於幅員遼闊、人口眾多的古代中國，書同文更有特別重要的意義。戰國時期，各諸侯國之間、大的諸侯國內，就已經存在各種方言。各種方言之間不僅有明顯的差別，距離遠的方言之間往往無法交流。而且隨着疆域的擴張、人口的遷移、民族的雜居，方言只會越來越多，方言之間的差異也會越來越大。特別是南方那些地形複雜、交通不便的地方的人，一輩子沒有機會接觸外面的人，甚至一輩子都沒有進過城。有的地方，在山這一邊跟山那一邊、河這一邊和河那一邊的人都用不同的方言。在黃河流域，早已形成明顯的方言區。

如西漢初年，劉邦封他兒子劉肥為齊王，就規定根據方言劃界，講齊語的百姓的居住區都被劃入齊國。在沒有聲音的複製、傳播手段時，特別是在人際交流相對稀少的條件下，不可能確定一種標準語音，也不可能推行一種通用語言。但「書同文」的結果，使在中國的範圍內，全體中國人有了一種作為交流工具的通用的文字。統一的、標準的漢字還影響到中原王朝之外，朝鮮、越南從中國獨立後，形成了本土的語言，在各自境內又形成了不同的方言。但朝鮮、越南都繼續使用漢字，通過漢字維持着與中國的宗藩關係，延續着中華的政治制度、科舉制度、禮樂文明、儒家文化。直到近代，漢字都是其國內的官方通用文字。

要是沒有統一、通用的文字，語言不通的人群不可能結成統一的國家。從這一意義上說，要是沒有秦始皇的「書同文」，就不可能有長期統一的中國。歐洲有的小國，因為國民操不同語言，至今還為此而設立不同的地方政府，而這些語言之間的差異比多數中國方言之間的差異還小。

車是當時的主要交通工具，「車同軌」就是考慮到原來各國用的車的兩個輪子之間的軌距不統一，全國沒有辦法推行標準的道路系統。道路標準寬度如果根據比較寬的軌距確定，對軌距窄的車來講就是浪費；但如果根據窄的軌距確定，寬軌距的車就無法通用。實行「同軌」後，全國的道路系統可以根據統一的標準來建造，既提高了效率，又節約了資源和人力物力。

這一點，今天的世界鐵路系統還沒有做到。現在「一帶一路」沿線開的中歐班列就遇到這樣的難題。由於以前蘇聯通用寬軌，而中國和歐洲很多國家使用標準軌，從中國新疆開出的列車要進入哈薩克斯坦這些前蘇聯國家，就因軌距不同無法通行，只能將貨物卸下，換裝到對方的車上。等到離開這些寬軌鐵路進入歐洲時，又得再換一次列車。兩次變軌換車要耗費大量人力、物力和時間，也影響了效率。

真慶幸秦始皇注意到了「車同軌」的重要性，並採取了切實措施，否則兩千多年來會造成多大的浪費，會影響多少交通運輸的效率！

而世界雖然已經進入現代化、後現代化，卻還存在那麼多不統一、不標準化的問題，如通用的電壓不統一，電器插座不統一，行車規則不統一（有的靠左，有的靠右）。原因無非是一開始各行其是，沒有一個跨國家的機構進行協調。等到形成世界性的既成事實，又因涉及巨大的利益，且缺乏一個權威的管理機構而無法協調。

如果秦始皇不是在統一之初就採取果斷的措施，一旦形成了不同軌距的地方標準，再要統一就不容易了，或者必須付出巨大的代價。

秦始皇的標準化還不止這些。如他還將「年」標準化，規定全國使用同一個曆法，在同一個日子過年。

在秦朝以前，已經存在着至少三種不同的曆法，有夏曆、殷曆（商朝通用的曆法）、周曆。這三種曆法的「歲首」──一年開始的時間是不同的。夏曆以正月為歲首，殷曆以十二月為歲首，而周曆以十一月為歲首。在秦統一六國以前，不同的國家使用不同的曆法，在不同的時間過年。如魯國是用周曆的，十一月初一過年。楚國用的是夏曆，所以魯國人過新年的時候，楚國人還要再等兩個月，到正月初一才過年。秦始皇規定以「建亥之月」，也就是夏曆的十月作為歲首，從此整個國家都在十月初一過新年。

到漢武帝太初元年（公元前 104 年）才改以夏曆正月為歲首，全國改在正月初一過年。以後直到清朝末年的兩千餘年間，除了有過四次（王莽、魏明帝、武則天、唐肅宗）例外，即王莽初始元年至地皇四年（公元 8 年—公元 23 年）、魏明帝景初元年至景初三年（公元 237 年—公元 239 年）改以十二月為歲首，武則天載初元年至聖曆二年（公元 689 年—公元 699 年）、唐肅宗上元二年（761 年）曾以十一月為歲首，全國都是將正月初一作為新年的開始。

過年是古代中國人最重要的節日，已形成一種共同信仰，通過過年保持共同的生活方式和情感心態。歲首也是國家的法定標準，法律年度的起點。正月初一被稱為「正朔」，從漢武帝採用年號起，正常的紀年、改元都是從正朔開始的。「正朔」是一個朝代得天命及合法性的象徵。「奉正朔」就意味着服從一個朝代的統治，服從它的制度。一個朝代的一切日常運作，都是從正朔開始，以正朔為標準，周而復始，年復一年。如果一個國家連曆法都不統一，沒有同樣的歲首，國民在不同的時間過年，不僅不利於形成國民的共同生活方式和文化心態，政治上的統一最終也會被消解。回顧這一段歷史，不能不肯定秦始皇及其謀臣的深謀遠慮。

秦始皇的標準化還有很多，只是因為當時留下的史料有限，後人已無法完了解。秦始皇的這些標準措施，在當時肯定會受到部分人的反對和抵制，也未必能為習慣勢力所接受。但因為符合統一的歷史潮流，適應現實的需要，儘管秦朝二世而亡，但在漢朝得到繼承和強化，一直沿用。事實已經證明，對一個統一國家而言，必要的標準化，標準化的範圍廣一點，對國家和國民都有益。

當然，作為一位專制君主，秦始皇必定會追求一切都決定於他這「一尊」，導致過分的標準化。他還想統一學術，統一思想，統一人心，實際根本做不到，卻開啟了一個漫長的專制、黑暗時代。

第四節　項羽是劉項逐鹿的失敗者嗎？

《史記》裏有句話：「秦失其鹿，天下共逐之，於是高才疾足者先得焉。」意思是說秦朝失去了政權以後，天下人都在爭奪，才能高、動作快的人才能搶先得到。這個「高才疾足者」是誰呢？最後勝利者是漢高祖劉邦。但是如果我們將劉邦與他主要的爭奪對手項羽做比較的話，可以發現劉邦既不是「高

才」，也不能算「疾足」。

劉邦成為漢朝的「太祖高皇帝」後，儘管史臣給他編造了一系列神話，卻無法掩蓋他出身「細微」的事實。劉邦出生在一個普通農家，父母連名字都沒有，史書裏只能稱他父親為「太公」，稱他母親為「劉媼」（劉大娘）；本人只擔任過亭長，是最低級的吏。而項羽家世代楚將，是名將項燕的孫子、項梁的姪子。

起兵前的劉邦沒有什麼能耐，好吃懶做，不治家業。有一次他拉了朋友來家吃飯，大嫂很討厭，故意將鍋底刮得很響，使他們以為鍋裏已經沒有什麼羹了。他愛喝酒，卻沒有錢，經常向王、武兩家賒賬。據說王、武二人見他喝醉了躺着時上面有一條龍，常常主動把他的酒賬一筆勾銷。這當然是他當了皇帝後的記載，實際可能是他經常賴賬。他好色，大兒子劉肥就是他和一個姘婦曹氏生的。他當亭長後，與同事吃吃喝喝，關係拉得不錯，但押送刑徒去咸陽時，還沒有出縣境人就已經逃跑了不少，可見他的能耐有限。

單父（今山東單縣南）人呂公是沛縣令的朋友，來到沛縣後賀客盈門。負責收賀儀的蕭何只能規定：「禮錢不滿一千的人，請在堂下就座。」劉邦登門以後就說「賀錢萬（我的賀錢是一萬）」，其實身上一文不名。蕭何知道他的底細，怕自己為難，就說：「劉邦一向好說大話，辦不成正經事兒。」劉邦卻仗着人頭熟，大模大樣坐了上座。這居然引起呂公的好感，將女兒（呂雉，後來的呂后）許配給他。正因為他如此的行為，被自己的父親稱為「亡（無）賴」。

相比之下，項羽年輕時雖然不願意讀書學劍，卻希望能夠學「萬人敵」（對付萬人的本領），並粗通兵法。他身長八尺有餘，力能扛鼎，才氣過人，武功不可謂不強。同樣見到秦始皇巡遊的浩大排場，劉邦說「大丈夫當如此也」，項羽說「彼可取而代也」，顯然更有氣派，志向不可謂不高。從戰爭記錄，特別是最後的垓下之戰看，項羽稱得上是當時最勇猛的將領，當然遠在劉

邦之上。他自殺時三十一歲,沒有後人,大概也沒有像劉邦那樣尋花問柳。而且篤信儒家禮儀的魯城父老居然願意為他死守,作為失敗者而沒有留下個人的醜聞,看來項羽的人品要比劉邦好得多。

劉邦起兵的時候,只在沛縣徵集到兩三千人,而項梁、項羽渡江時已有子弟兵八千。劉邦連故鄉豐邑都攻不下來,得到項梁資助的五千士卒和十名「五大夫將」後才能取勝。項梁在時,劉邦聽從他的調遣。項梁死後,對付秦軍主力章邯的也是項羽,劉邦打的硬仗不多。入關以後,劉邦的軍隊只有十萬,而項羽擁有四十萬大軍。劉邦去漢中時,項羽只撥給他三萬士卒,沿途還有不少人逃亡。在楚漢之爭中,劉邦屢次失敗,父母妻子都被俘過,他胸口還中過箭,幾次都死裏逃生。但是歷史恰恰是劉邦得到了秦朝的「鹿」,成為最後的勝利者,而給項羽安排了一個悲劇性的結局。

我們當然可以說,推翻秦朝的統治,重新建立統一政權,是符合歷史潮流的。但是推翻秦朝的起義是由陳勝、吳廣發動的,在劉邦之前已經有很多人參加,項梁、項羽是與劉邦同時起兵的。消滅或牽制秦軍主力的並不是劉邦,即使沒有劉邦的參與,秦朝也不可能再延續。劉邦入關以後廢除了秦朝的暴政,但在其他諸侯控制的地區似乎也沒有繼續實行秦朝的政策。如果由包括項羽在內的其他人來重新統一中國,並不一定比劉邦建立的漢朝差。秦朝的覆滅和新朝代的建立可以說是歷史的必然,但並沒有注定非得由劉邦來完成不可。

還有人說,項羽的失敗是因為他分封諸侯。可是劉邦在與項羽抗爭的時候也大封諸侯,漢朝建立之初又加封了不少同姓諸侯。如果說這是權宜之計,那麼項羽為什麼不能也權宜一下呢?

以前還有人說,項羽出身楚國貴族,而劉邦出身勞動人民,所以劉邦能夠繼承農民起義的事業,那就更可笑了。且不說劉邦的最終目標也是當皇帝,他所建立的漢朝與秦朝並沒有本質上的區別。即使真是如此,陳勝、吳廣,還

有諸侯中的黥布、韓信、彭越、盧綰等的出身都屬於勞動人民，也未必輪得到劉邦。

所以說，歷史提供一種機遇，並非只給了劉邦一人，但卻讓劉邦爭取到了。從這個角度看，劉邦的成功自然也不是偶然的。

劉邦當了皇帝以後，有一次曾經讓列侯諸將說出他所以得天下、項羽所以失天下的原因，要求他們直言無隱。最後他自己總結了這幾點：「要說運籌決策於帷幄之中，決勝於千里之外，我不如張良；主持行政機構，管理百姓，保證供應，使糧食的運輸線不斷絕，我不如蕭何；率領百萬大軍，每戰必勝，每攻必克，我不如韓信。這三位都是傑出人物，我能使用他們，這才是我得到天下的原因。而項羽連一個范增都不能用，所以會敗在我的手裏。」看來劉邦還是有自知之明的，他知道自己的本領有限，遠不如項羽，所以如果要戰勝項羽，只能重用傑出人物，發揮他們的作用，才能彌補自己的不足。

不過，僅僅能用人，能從善如流是統一不了天下的。作為開國皇帝，劉邦的確還有他獨特的本領。或許他不願意當眾表白，以往的史家似乎也沒有充分注意，那就是他在「爭天下」的堅定目標下，實行相當靈活的策略，甘冒風險，又能屈能伸，甚至不擇手段，從來不講究光明正大、說話算數，不愧是一個「無賴」。但是我們不得不承認，對劉邦這樣一個出身「細微」的人來說，這是取得成功的唯一辦法。

比如楚懷王派軍隊入關伐秦的時候，秦軍還很強大，諸將都不敢去爭這個先，劉邦卻敢於接受這樣的命令，說明他有膽略，不怕死。項羽想與劉邦一起入關，卻始終沒有被准許，原因是懷王身邊的「諸老」反對。諸老認為項羽「為人剽悍猾賊」，經過的地方都會被他燒殺破壞，而劉邦一向是「寬大長者」。其實，諸老對劉邦的了解並不全面，也不深入，只是劉邦的表面文章做得更好，又重視公關。比如諸老認為項羽曾經在襄城（今河南襄城縣）屠城，

把那裏的人全部殺光；但實際上劉邦剛起兵時就曾威脅沛縣的百姓，要是不響應他，就會「父子俱屠」；而且他在西進攻下潁陽（今河南登封市西南）時也曾經屠城，手段不見得比項羽寬大。

就是劉邦最受人稱道的入關後的表現，更多的也只是宣傳。他不是不想住豪華的宮殿，只是張良等加以勸阻。他封了秦朝的珍寶府庫，但在進咸陽之初「諸將爭奪」，而且蕭何趁機接管了秦朝的丞相和御史所收藏的「律令圖書」，鴻門宴時劉邦送給項羽的璧玉和送給范增的玉斗，當然也是從秦朝宮殿拿來的，只是劉邦沒有像項羽那樣明火執仗地搶掠破壞，也沒有將府庫搬空，而是留下一部分應付項羽和其他諸侯。

至於「約法三章」，表面上是廢除秦朝的苛法，但是要治理國家怎麼可能用這麼簡單的法令呢？而且劉邦在關中總共不足兩個月的時間，究竟效果如何，是只有天知道。

劉邦謝絕了百姓的牛羊、酒食的慰勞，但正如他自己說的：「倉粟多，非乏，不欲費人。」（倉庫中糧食充足，不缺，不想麻煩別人。）也算不上是什麼大的德政，卻換來了百姓的喜悅，唯恐他不能當關中的王。

劉邦這些舉措的真正目的當然是想當關中的王，所以才派兵守關，想阻擋項羽和諸侯入關，只是因為兵力不濟，被項羽一衝就垮。到項羽大兵壓境，劉邦把閉關的責任都推給了給他出主意的傢伙，又向項羽表白守關只是為了防止盜賊和治安需要，「我日夜盼望你來關中，怎麼敢背叛你呢」？後來又忍着一肚子怨氣，聽任項羽背約，接受邊遠地區的封地。

等到劉邦回師攻佔關中時，深恐項羽趁他立腳未穩，發動反擊，特意讓張良帶信：「漢王只是想取得關中作為自己的封地，只要恢復原來的協定就會停止軍事行動，不敢向東擴展。」又把齊國、韓國的所謂「反書」送給項羽。項羽果然上當，沒有入關對付劉邦，卻集中兵力進攻齊國，使劉邦穩穩佔有整

個關中，並且鞏固了後方。

當劉邦不能打關中牌後，就利用項羽殺了義帝（楚懷王）的藉口，打出「伐無道」的旗號。劉邦為義帝發喪，連續三天到他靈前號啕大哭，派使者通告各路諸侯：「義帝是天下共同所立，大家一致臣服，現在被項羽放逐到江南殺害，真是大逆不道！寡人親自為義帝發喪，全軍戴孝，出動全部兵力，願隨着各位一起討伐殺害義帝的兇手。」就這樣，明明是自己爭奪天下，卻變成了替義帝伸張正義。

在滎陽被圍，無法逃脫的時候，他讓紀信乘上漢王的車，裝成漢王出東門投降，自己趁機從西門逃走。要是項羽遇到這樣的情況，肯定會寧死不走的。

項羽作戰不利，將劉邦的父親放在一個高的木墩上面，警告劉邦：「再不退兵，就把你老子下油鍋。」劉邦居然答覆：「我與你曾經在楚懷王前結為兄弟，我的父親就是你的父親，你一定要烹你父親，希望能分一碗肉羹嚐嚐。」這樣的話，自然只有劉邦才說得出口。項羽最終也沒有殺劉太公，固然是有項伯等人的勸告，但正如項伯所說的「為天下者不顧家」，劉邦做到了這一步，殺了他父親又會有什麼用？

韓信攻滅齊國後，藉口形勢複雜，沒有一個「假王」（代理國王）就難以統治，要求立他為「假王」。劉邦正被楚軍圍在滎陽，見到使者送來的信後氣得破口大罵：「我被圍在這裏，日夜盼你來幫我，你倒想自立為王！」張良、陳平趕快在背後暗示，在他耳邊說：「現在我們處境不利，哪能阻止韓信自立為王？不如主動立了他，與他搞好關係。要不會出亂子的。」劉邦也醒悟了，索性罵下去：「大丈夫平定了一個諸侯國，就該當真王，還當什麼假王！」就派張良封韓信為齊王，徵調他的兵力進攻楚軍。要是劉邦不耍點花招，直截了當地拒絕韓信的非分之想，韓信肯定不會出兵相助，至多自立為齊王後隔岸觀

火，聽任項羽滅掉劉邦，甚至可能投靠到項羽那一邊去。

要是劉邦恪守儒家的仁義道德、禮義廉恥，他絕不會成為以上這些較量的勝利者，當然更當不了漢朝的太祖高皇帝了。有人說，開國皇帝十之八九是流氓無賴，只有流氓無賴才能成功，並非沒有道理。因為劉邦如此，其他出身低微的開國皇帝莫不如此。

道理很簡單，在任何一個專制社會裏，一個出身低微的人按照正常的途徑是絕對不可能進入權力中心的；而在家天下的世襲制度下，更不可能合法地當上皇帝。非正常的途徑無非有兩條：一是武力，一是陰謀。武力是必不可少的，但光有武力還不夠，得武力和陰謀相結合。問題是出身低微的人在開始的時候不可能有很大的武力，劉邦起兵時也只有兩三千人，這還得益於他當過亭長，在草莽中嘯聚了幾百個人，還有蕭何、曹參等現職官吏的幫助。憑這麼一點人幾乎不能與其他任何一支反秦武裝相匹敵，更不用說最終將它們一一收編或消滅。

當然還可以藉助所謂的「天命」，劉邦當皇帝以後也編造了不少他得天命的故事，但這些故事只有勝利者講了人家才會相信。藉口天命的人很多，但大多數人因為沒有具體的本領和無所不用其極的策略，最後只留下了笑柄。

指出劉邦的無賴行徑，並不是要否定他的歷史貢獻。一個人在歷史上起了什麼作用，應該得到肯定還是否定，主要不在於他的個人品德，而取決於他是否推動了歷史的進步；不在於他用什麼手段達到了目的，而取決於這一目的是否與歷史的進程一致；不在於他這樣做的動機，而取決於他所作所為的客觀效果。

「秦失其鹿，天下共逐」，最終能得到「鹿」的只有一個。但在鹿死誰手還沒有決定之前，統一政權不復存在，戰亂不斷，生命財產的損失不計其數，所以重要的是儘快結束爭奪，至於誰是勝利者倒是其次的。而要真正結束戰

爭，佔有優勢的一方就得不惜一切手段將另一方徹底消滅。

以最後一次楚漢之間的較量為例，在楚河漢界劃定以後，項羽老老實實地解甲東歸，劉邦卻出其不意地發動追擊。但正是劉邦的毀約，使戰爭在短短幾個月裏結束，統一重新恢復。如果劉邦講究信用，恪守協議，等到項羽喘過氣來，少不了又是幾年的戰爭。無論誰獲勝，大量生命財產的損失就無法避免。如果雙方都遵守這個協議，那麼當時的中國就分裂成兩部分。如果大家世世代代遵守這個協議，那還有今天的中國嗎？

在楚漢之爭最艱難的相持階段，項羽曾經對劉邦說過：「天下匈匈數歲者，徒以吾兩人耳。願與漢王挑戰，決雌雄，毋徒苦天下之民父子為也。」（你看全國已經有幾年不得安寧了，不都是為了我們嗎？我願意向你挑戰，與你決一雌雄，不要再讓天下百姓為我們受苦了。）但他既沒有置劉邦於死地，也不願意為了天下百姓的利益而退出歷史舞台，而志在得天下的劉邦卻不顧一時的榮辱，百折不撓地奪取最後的勝利。所以我們還應該肯定劉邦促成了統一，對歷史所做的貢獻。

第五節　劉邦與百姓「約法三章」可信嗎？

有一個成語叫「約法三章」，在今天它的意思很明確，就是指雙方或者多方定一個簡單明瞭的約定、契約。比如我跟你約法三章、我跟大家約法三章或者相互之間約法三章，就是這麼個意思。但原來的出處卻不是這樣。

《史記‧高祖本紀》裏有這樣的記載：劉邦的軍隊進了咸陽（秦國首都，今陝西咸陽東北）以後，他就召集周圍各縣的父老豪傑，跟他們約定「法三章耳：殺人者死，傷人及盜抵罪」（法律只有三條：殺死人的判死刑，傷了人的和偷東西的要抵罪）。據說，因為他廢除了秦朝非常苛刻煩瑣的法律，規定從

現在開始就那麼簡單的三條法律，所以得到了那些豪傑和父老的擁護。但是如果我們根據這幾句話復原歷史的話，就可以發現這純粹是一種欺騙或者說是一種公關的手段，因為實際上這三條法律是沒有辦法執行的。

要確定殺人、傷人、盜竊罪，本身就不是那麼容易。殺人罪還比較好辦，人是不是被殺死了不難判斷。傷人和盜竊罪就麻煩了，因為程度相差太大，有輕傷、輕微傷、重傷、終身傷殘，還有傷重致死的，或者過了很久才死的。偷盜更麻煩，偷一個錢、偷很多錢、偷巨額的財富，或者偷了無法估價的東西，怎麼區別？難道所有的傷人罪與盜竊罪都沒有區別嗎？如果沒有區別，怎麼抵罪，抵多大的罪呢？就算罪行明確，又怎麼抵？是不是打斷人家一條腿的人也得被打斷一條腿？如果做不到對等怎麼辦？

比如說殺人償命，問題是殺人有各種情況，一部分是故意殺人，很明顯；還有的並非故意殺人，或者是偶然原因致人死亡，甚至原因不明，如醫生給病人治病，結果病人死了。難道這些都與故意殺人一樣抵命，合理嗎？抵命怎麼抵呢？秦朝執行死刑的辦法有多種，用哪一種？包括自殺嗎？

再說罪犯怎麼可能都主動承認，怎麼審理調查？審理過程中能不能動刑？如果證據確鑿，嫌疑人死不承認，能不能定罪？而且社會上的犯罪行為很多，遠遠不止這三種情況，有人犯了其他罪怎麼辦呢？比如說強姦、縱火、詐騙、鬥毆，還有其他很多罪行，這些罪難道都不處罰嗎？要處罰的話，歸到什麼罪名呢？因為罪名就這三個呀！

再仔細看一下當時的記載，我們以上這些分析實在是多慮了，因為這些純粹是一種宣傳，是漢朝官方歷史為了美化劉邦，故意要突出這「約法三章」的價值和意義。實際上從劉邦進關中入咸陽，到項羽入關取代他的控制權，時間總共不到兩個月。即使他公佈「約法三章」當天就有人提出控告，到劉邦的權力被項羽剝奪時，說不定這個案子還沒有審完。

這一段時間裏，劉邦和他的部下在忙着接管秦朝的政權機構。將領們「爭走金帛財物之府分之」，都搶着到倉庫裏、管理機構裏，把黃金、絲綢等財物都搶過來，大家分了。而比較有心機的部下，像蕭何，就趁這個時候搜羅秦朝丞相和御史衙門裏所收藏的律令、圖書、檔案，包括戶籍，都接管了。還要準備對付即將入關的項羽和其他諸侯軍隊，根本顧不到處理百姓中鬧出的小亂子，根本顧不上執行「約法三章」。

而且劉邦實際控制的地區，就是咸陽一帶，即使實施過「約法三章」，影響範圍也很小，時間又那麼短，起不了多大作用。但此事的宣傳效果不錯，為這位高皇帝「撥亂反正」的開國歷史增添了有利的記錄，得以載入史冊，流傳至今。

那麼劉邦自己控制的地方，或者他得了天下以後，有沒有實行「約法三章」？也根本沒有。到那時，他不得不承認「三章之法不足以禦奸」（「約法三章」不足以對付各種罪行），由他的大臣蕭何所制定的《漢律》，就是在秦朝《秦六律》的基礎上增加了三篇，成為《漢九章律》。雖然現在已經看不到《漢律》的全文，但是從延續下來的唐朝的法律《唐律》中就可以看出它的大概，內容當然遠遠不止三章。所以，作為宣傳，「約法三章」可以讓老百姓歡喜一時，相比秦朝的嚴苛的、煩瑣的法律來講，多麼簡單！但真正等到他治天下的時候，漢朝的法律非但不會比秦朝的法律簡單，反而是更加嚴密了。後人如果把宣傳手段當作事實，那就上了劉邦和漢朝史官的當。

劉邦自己當了皇帝以後，也根本沒有受到「約法三章」的約束，甚至早就忘了還有過「約法三章」。

比如劉邦對自己的大女婿趙王張敖，動輒隨意辱罵，引起了趙國的相國貫高等人的不滿。貫高等人要謀殺劉邦，陰謀未遂，事情敗露以後就主動投案。劉邦為了追查張敖的責任，對貫高嚴刑逼供。六十餘歲的貫高被鞭打幾千下，又用燃燒得炙熱的鐵錐刺他，使他體無完膚，以至於沒有辦法再找到用刑

的部位。因為貫高寧死也不誣陷張敖，總算使張敖得到赦免，但自己的「三族」（父族、母族、妻族）統統被殺。貫高還沒有來得及殺人，劉邦卻要他的三族和本人都償命。

劉邦在攻打東垣城時，守軍曾經在城上罵他，後來這個城投降了，劉邦還是將罵過他的士兵全部都殺掉。「約法三章」中並沒有罵人的罪名，罵人的行為最多能歸入「傷人」罪，那麼對罵人者只能「抵罪」，無論如何不夠死罪呀！此時的劉邦，早已忘記了他當年信誓旦旦的「約法三章」，也完全不理會自春秋戰國以來早已形成的戰爭中不殺降人的底線。

功臣韓信、彭越都是因為被劉邦判定為謀反，對他們的殺戮就極其殘酷，駭人聽聞。其實他們有沒有謀反，也是劉邦說了算。比如韓信，掌握幾十萬大軍的時候沒有謀反，到了已經被剝奪一切權力，實際上被軟禁的情況下，還謀得了反嗎？有沒有謀反的事實其實並不重要，反正劉邦要定他們什麼罪就定什麼罪。他們不僅被殺了「三族」，本人都被「俱五刑」（使用五種刑罰），先在臉上刺字，割掉鼻子，砍掉兩腳，再用板子把他們打死，然後割下頭顱，屍體剁成肉醬，分別送到各地去展示，甚至賜給一些人品嚐，給諸侯群臣作為警戒。

到了司馬遷作《史記》，將「約法三章」載入史冊的漢武帝時代，漢朝的法律和司法早已難見「三章」的蹤影了，取而代之的是極其嚴酷煩瑣的法律條文，遠遠超過秦朝的「苛法」。《漢書‧刑法志》記載：

「於是招進張湯、趙禹之屬，條定法令，作見知故縱、監臨部主之法；緩深故之罪，急縱出之誅。其後奸猾巧法，轉相比況，禁罔浸密。律令凡三百五十九章，大辟四百九條，千八百八十二事，死罪決事比萬三千四百七十二事。文書盈於几閣，典者不能遍睹。」（於是召集張湯、趙禹等人，編定法令，制訂明知有人犯法不加舉報故意放縱、主管官員必須連坐的法律，對刻意從重從嚴執法造成的後果寬大處理，而對寬大放縱罪犯的罪行從

嚴懲罰。此後那些不法狡猾的官吏就利用法律的缺陷，通過案例比較擴大其適用範圍，可以羅織的罪狀越來越多，界限越來越密。法律條文共有三百五十九章，可以判死刑砍頭的罪有四百零九條，一千八百八十二項罪名，死刑可參照類比的判例有一萬三千四百七十二件。相關文書堆滿了檔案庫，管理人員也看不過來。）

「奸吏因緣為市，所欲活則傅生議，所欲陷則予死比。」（不法官吏通過對法律條文的引用解釋牟利，想要解脫免罪就找輕判的案例，想要構陷重判就找死刑的案例。）

劉邦當年「約法三章」中的第一章「殺人者死」已經可以列出一千八百多項罪名，需要由一萬三千多件判例作為參照類比，當年怎麼可能靠一個「死」字解決問題？

由此可見，我們讀歷史不能僅僅看某件事本身的記載，還要看它的前因後果。區別只是主觀意願，還是已成客觀事實；是出於宣傳，還是準備實行；是特殊個案，還是有普遍性。

特別是對未來的勝利者在競爭過程中或上台前做出的承諾、發佈的政令、採取的臨時性措施，千萬不要都當真，至少要看看他們在獲勝後、上台後做什麼，效果如何，再肯定、再讚揚不遲。

第六節　「推恩令」背後的政治智慧

在與項羽的爭奪中，劉邦不得不封了一大批王。比如韓信，成為劉邦軍隊統帥以後攻城略地立了大功，並且佔了原來齊國這片地方。韓信擁兵自重，在關鍵的時候要挾劉邦：不封他為齊王的話，他就不肯出兵。劉邦沒有辦法，只好封他為齊王。這樣到項羽被打敗的時候，就形成了一批「異姓王」，封的

王不是劉家的人。他們統治、管轄的地方，佔了漢朝疆域的大部分，太行山以東一直到江南，基本上都已經封給那些異姓王了，像韓信、彭越、英布等。

當然劉邦不會容許這種現象長期存在，所以他或者是通過陰謀，或者是故意釀成叛亂，把這些異姓王陸續都消滅了，不是找藉口以謀反罪殺了，就是迫使其外逃，將其王國撤銷。只剩下一個一向「忠厚老實」的吳芮的長沙國，而長沙國所處的「江南」（今長江中游以南的地區）因為「江南卑濕，丈夫早夭」，又潮濕，又低窪，男人都活不長，中原人都視為畏途。

但在這個過程中，劉邦為了加強自己的力量，也為了擴大皇族的勢力以取代那些異姓王，又封了一大批「同姓王」，如他的姪子、他的兒子。他很喜歡他的兒子劉肥，就被他封為齊王。為了讓劉肥能分到大片封地，他規定凡是說齊地方言的地方，統統都封給劉肥的齊國。這樣就形成一批同姓王。到劉邦死的時候，朝廷能夠直接統治的，實行郡縣制的地方，只限於關中、函谷關以西、以南以及一些邊疆地方，經濟最發達、人口最密集、最富庶的關東（函谷關、太行山以東），基本上都是同姓王統治的。

到了漢文帝、漢景帝時，矛盾就更突出了。那些王有的輩分很高、年紀很大，分封給他的面積也很大，壟斷了資源。比如吳王劉濞是劉邦的親姪子，與漢文帝同輩，比景帝高一輩，他在自己的封地裏開採銅礦，鑄造錢幣，曬海水製食鹽，壟斷這些資源，還擴充軍隊，挑戰中央的統治權。為了鞏固中央政權，也為了能夠普遍推廣郡縣制，漢景帝時在晁錯等人的建議下實行「削藩」，縮小這些諸侯的封地，或者找藉口把他們廢掉。

這當然就激起了這些同姓王的反抗，終於釀成公元前 154 年的「吳楚七國之亂」。以吳王劉濞為首的七個同姓諸侯王公然發動武裝叛亂，名義上是要求皇帝清除身邊的奸臣。在漢景帝殺了晁錯以後，照理他們已經失去藉口，但他們還是不退兵，目的很明顯，就是要推翻朝廷。漢景帝任用大將周亞夫，採

取深溝高壘、堅守的辦法，等到叛軍疲憊，糧食供應緊張了，軍隊出動，一舉掃平叛亂。

這些諸侯國雖然被取消了，但是還是不得不封新的王，因為皇帝還有兄弟、兒子，根據慣例總得封他們為王。有時因為太后特別寵愛某位皇子，堅持要封，還要封得大，所以沒有辦法完全取消諸侯國。有些諸侯王照樣在幹不法的事，有的跟朝廷爭奪利益，有的養了一批文武人才，還要搜羅人才，使朝廷感到疑慮。更麻煩的是，在這些諸侯王的封地，朝廷不能有效地實施郡縣制管理。所以到了漢武帝的時候，又進一步地削弱了這些諸侯國的權力，明確規定，王國裏的政務統統由朝廷任命的國相管理。諸侯王僅僅享受封國裏的租稅、俸祿，但是不能干預行政。王國的相實際就等於一個郡的太守，由他來管下面各個屬縣的政務。形式上的王國，逐步變得與朝廷直屬的郡縣差不多了。

儘管如此，王國往往還擁有很大的封域，大的王國有幾十個縣，這些縣的租稅都是不歸朝廷的。而且國相往往管不住那些親王，有的國王飛揚跋扈，做出不法的勾當來。漢武帝一直在考慮怎麼樣進一步削減諸侯王的實力，主父偃提出了一個非常高明的建議，那就是由漢武帝在元朔二年（公元前 127 年）正式頒佈實行的「推恩令」：「令諸侯以私恩自裂地分其子弟，而漢為定制封號，輒別屬漢郡。」（命令諸侯王將自己的封地作為私恩分給子弟，由朝廷為他們制定封號，這些封地從此歸朝廷直屬的郡管轄。）

所謂推恩令，原理很簡單，就是想辦法讓那些諸侯王自己來縮小自己的封地。表面上講得很堂皇：現在皇帝命令你們把皇帝的恩澤推廣到你們自己的子孫。因為那些王一般都是妻妾成群，子孫眾多，根據原來的法律，他只能把王國傳給他的太子，一般是嫡長子，其他的兒子、孫子是分不到一尺一寸土地的。另外，皇帝也不能隨便削減他的封地，除非他犯了什麼罪，或者有什麼過失，才能有削減封地或撤銷這個王國的理由。否則就會引起諸侯王和宗室的不

滿，甚至導致叛亂。

　　現在皇帝下了這樣的命令，諸侯王的子孫們自然擁護，誰不想得到一個封邑，擁有世襲的侯爵，還可以將這一封邑傳給自己的子弟。諸侯王如果拒不執行，不僅有欺君之罪，而且也會面對子弟們的壓力。但是「推恩」的結果，就是王國的封地越來越小。因為這個「恩」不是皇帝另外給的，而是出自王國自己的封地。每封給自己的子孫一個「侯國」，就得從自己的封地中割出一塊土地，大的相當於一個縣，小的也有一個鄉。而成為「侯國」後，因為王國下面是不能轄侯國的，這塊土地就不再歸王國管，而是改屬旁邊的郡，成為這個郡下屬的一個縣級單位。每一代諸侯都得推恩分出幾個侯國，儘管大多不過數百上千戶的鄉，但積少成多，幾代下來，王國的封地就大為縮小。

　　例如魯國，元朔三年（公元前 126 年）封魯共王五個兒子為侯，侯國為：寧陽、瑕丘、公丘、郁桹、西昌。昭帝始元五年（公元前 82 年）封魯安王三個兒子為侯，侯國為：蘭旗、容丘、良成。宣帝甘露四年（公元前 50 年）封魯孝王八個兒子為侯，侯國為：昌慮、平邑、山鄉、建陵、合陽、東安、承鄉、建陽。成帝陽朔四年（公元前 21 年）封魯頃王兩個兒子為侯，侯國為：郚鄉、建鄉；鴻嘉二年（公元前 19 年），封魯頃王一個兒子為侯，侯國為：新陽。魯國共「推恩」出十九個侯國，至西漢末只剩下六個縣。

　　又如地處中原的梁國，國都睢陽（今河南商丘睢陽區），屬縣都是大縣。武帝元朔二年（公元前 127 年）封梁共王一個兒子為侯，侯國為：張梁。元帝建昭元年（公元前 38 年）封梁敬王十四個兒子為侯，侯國為：黃鄉、樂、中鄉、鄭、黃、平樂、菑鄉、東鄉、溧陽、高柴、臨都、高、陵鄉、鼇鄉。成帝永始二年（公元前 15 年）封梁夷王一個兒子為侯，侯國為：祁鄉。永始三年（公元前 14 年）封梁荒王一個兒子為侯，侯國為：曲鄉。梁國共「推恩」出十七個侯國，至元延三年（公元前 10 年）剩下八個縣，面積縮小不少。

「推恩令」最妙的是，讓諸侯王割自己的肉，他們卻找不出任何抵制的理由，又深受諸侯王的子弟們的擁護，所以執行得相當順利，沒有引起諸侯王的反抗，朝廷在擴大郡轄地的同時沒有付出什麼代價。

侯國雖然也是個縣級單位，但侯不是行政首長，只享受按侯國的戶數收取的租稅，作為自己的俸祿。就是這些俸祿，也是從諸侯王那裏分出來的，不會增加朝廷的負擔。相當於縣長的侯相直接聽命於郡守，郡守有時還負有監察侯的職責。因此侯國的存在對朝廷不會構成任何威脅。

要撤銷一個侯國易如反掌，按照法律或慣例，隨便找個理由就能將侯免去，或者治罪。如元鼎五年（公元前 112 年），漢武帝以列侯供奉宗廟的金子分量不夠或成色不足，對祖宗不敬為由，一下子免去了一百零六位侯爵。其他如擅自離開封邑、不參加朝會、收留逃亡人口、藏匿犯人、放高利貸、淫亂、指使他人殺人、殺人、患重病，等等，封侯因而被撤銷。很多侯國還因「無後」而被撤銷。

通過這一系列的政策和措施，分封制對中央集權制的威脅完全被消除，郡縣制有效地推行到全國，得到了鞏固完善。到了東漢，雖然還有一些皇子受封的王國，但這些王除了享受俸祿外，不擁有任何行政權力，在行政制度上王國與郡沒有什麼區別。

第七節　最早的「中央巡視」制度

漢武帝元封五年（公元前 106 年），經過幾次成功的開拓，漢朝的疆域北至陰山，南至今越南中部，東至朝鮮半島中部，西至今甘肅敦煌，全國設置了百餘個郡級行政區。三年前，又堵塞了已經氾濫二十三年的黃河決口。兩年前，漢朝的軍隊進入西域，攻破車師國（國都交河城，在今新疆吐魯番西

北），俘虜了樓蘭國（國都扜泥城，在今新疆尉犁東羅布泊西北孔雀河北岸）國王。漢武帝連續多年在國內巡遊，元封元年（公元前 110 年）北巡。元封五年又南巡至九嶷山（今湖南寧遠縣南），又北至琅琊（今山東青島市東南）。就在這一年，漢武帝設置了一個史無前例的職位——部刺史，並且任命了首批十三位刺史，命他們立即行使職權。從此這成為一項經常性的制度，一直延續到東漢。

原來，漢武帝發現，在如此廣闊的疆域內，朝廷要同時管理全國百餘個郡級單位，往往力不從心。由朝廷（中央政府）直接管理監察的有一百多個郡級地方長官，往往沒有辦法了解到他們的具體情況，更不可能及時地進行檢查。因為按照正常程序，只能是他們主動上報，縣報到郡，郡直接報到朝廷。如果要朝廷同時監察管理這麼多的郡級官員，在當時的交通條件下，實際上是鞭長莫及。例如，要將一件軍事公文從首都長安送到敦煌郡治敦煌縣（今甘肅敦煌市），單程最快是四十天，往返就得八十天。而很多郡治與長安的距離比敦煌更遠，道路狀況更差。

特別是對這些郡級官員的實際政績和個人操守，更難進行有效的督察。但如果要在郡以上再增加一個管理層級，就需要增加大量的人員和開支，成本太高，而且會影響中央集權體制的效率。所以漢武帝將全國除首都周圍的七個郡級政區外，分成十三個部，分別稱為豫州、兗州、青州、徐州、冀州、幽州、并州、涼州、益州、荊州、揚州、交趾、朔方。每一個部派一位刺史去巡察境內的地方官吏和強眾豪族，稱之為「十三刺史部」，簡稱「十三部」。由於其中十一個單位都是用此前流傳的州名命名的，又稱為「十三州刺史部」或「十三州」。首都附近的七個郡級單位由朝廷直接管理，稱為「司隸校尉部」，因督察方便，就不另外派人了。

刺史有明確的職責範圍，總的任務是「周行郡國，省察治狀，黜陟能否，

斷治冤獄」，即巡視每一個郡級單位，考察了解行政治理的狀況，根據官員的能力提出提拔或黜退的意見，審定糾正冤獄。但對巡視的範圍嚴格規定為「六條」，不屬於「六條」的事不許巡視。

哪六條呢？

第一條，「強宗豪右田宅逾制，以強凌弱，以眾暴寡」。也就是檢查當地的豪族、富戶佔有的田地與住宅是不是超標，有沒有利用強權去欺凌弱勢，依仗人多勢眾欺壓少數。

第二條，「二千石不奉詔書遵承典制，倍公向私，旁詔牟利，侵漁百姓，聚斂為奸」。就是直指那些郡守、都尉，即每年享受二千石這個等級俸祿的官員，檢查他們有沒有不遵照政令，不守法制，有沒有假公濟私，或者利用公文法律為私人謀利益，曲解詔書牟利，有沒有侵犯百姓的利益，有沒有非法斂財，貪贓枉法。

第三條，「二千石不恤疑獄，風厲殺人，怒則任刑，喜則淫賞，煩擾刻暴，剝截黎元，為百姓所疾，山崩石裂，妖祥訛言」。檢查地方官有沒有不及時處理冤獄，或者找藉口殺人，發怒時濫用刑罰，高興時任意賞賜，有沒有用苛刻煩瑣的手段剝削普通老百姓，為老百姓所痛恨，或者利用山崩、地震等自然現象偽造災異，虛報祥瑞，散佈流言，蠱惑人心。

第四條，「二千石選署不平，苟阿所愛，蔽賢寵頑」。檢查地方官在推薦賢良、人事任免或者考核評比官員等方面有沒有不公正的地方，或者有沒有偏愛自己的親近，提升這些人，擋住了那些賢能人的晉升道路，或者選了不中用的人。

第五條，「二千石子弟恃怙榮勢，請託所監」。矛頭指向官二代，檢查郡級官員的子弟有沒有利用官員的權勢，或者利用這樣的家族背景在官員的職權或轄區範圍內為人請託、說情。

第六條，「二千石違公下比，阿附豪強。通行貨賂，割損正令」，檢查地方官有沒有違法降低標準，依附討好地方上的豪強，接受他們的賄賂，破壞損害正常制度和政令。

可見「六條」主要是針對地方官和他們的子弟，查他們有沒有腐敗，有沒有假公濟私，違法亂紀，有沒有和地方上的豪強勾結。而且嚴格規定，不是「六條」的範圍，是不許刺史去巡視、監察和追查的。一方面明確了他們的職責，另一方面也防止他們利用皇帝的權威干預、影響正常的行政系統和日常行政事務。

在制度上也有很巧妙的設計——位輕權重。刺史的行政級別不高，俸祿只有六百石，相當於一個大縣的縣令，也就是「縣處級」幹部，但他們的督察對象是二千石，相當於「正省級」。由於他們本身級別不高，除了皇帝給他們的特殊職權以外，沒有其他職權，也不能去干預級別比他們高得多的郡守的正常行政，但他們有一個最重大的權力，就是可以直接向皇帝報告，給「二千石們」極大震懾。刺史不能與「二千石們」平起平坐，也不能取代二千石級別的郡守、都尉的職責，卻能使「二千石們」膽戰心驚。

刺史部的成效是顯著的，原來地方官的這些行為，除非他們自己在上報時不小心流露出來，或者朝廷在他們上報的材料裏發現了矛盾，找到了紕漏，否則朝廷無法了解真相，更無法查處。因為在當時，信息的傳遞相當困難，特別是要把地方官和豪強的實際情況傳到朝廷，傳到皇帝那裏，幾乎是不可能的。郡級官員的下屬或當地民眾向朝廷舉報的可能性幾乎為零，即使他們能有足夠的財力承擔長途旅費，要合法地離開當地進入長安也需要有地方官的批准。史書上記載的直接向朝廷舉報郡級官員成功的例子極少，一般都是朝廷正好有這樣的需要。

如果在郡以上再設置一個常設的行政機構，不僅要增加大量的人力物

力，而且起不到巡視、監察的作用，反而在中央集權體系下增加了一個層級，影響了行政效率。

正因為如此，刺史部只是劃出了一個範圍，規定每一位刺史巡視幾個郡，卻不是在這幾個郡上面設立了一個行政管理機構。刺史沒有固定的辦公地點，只能「永遠在路上」，這個郡巡視處理完了，就得去另一個郡，沒有賴在那裏的理由，很難與其中某一個郡形成利益關係，也不會因為久駐一地而提高當地的行政地位。

到了東漢，刺史制度發生了變化。刺史有了固定的辦公地點，常駐在某一郡的治所，或者在其中某一個城市。這必然減少了刺史巡視的次數和時間，刺史更多地依靠下面的匯報，而不是自己親自調查處理。他們的駐地的行政地位因此而大大提高，實際成為這個刺史部的行政中心，超過了其中任何一個郡。另一個重大變化是，原來在刺史可以直接向皇帝報告的同時，郡向朝廷報告的制度繼續存在，是雙軌制，而且刺史的報告內容限於「六條」，不能取代郡守的報告。東漢時雙軌合併為單軌，規定郡守只能通過刺史上報。名義上刺史只能轉報，但轉報什麼、何時轉報、如何轉報決定於刺史。既然刺史壟斷了報告權，郡守的實際地位就降為刺史的下屬。

儘管名稱沒有變，此刺史已非彼刺史，巡視、督察的功能逐漸為行政管理功能所取代。

東漢後期，外患內亂頻繁，單獨一個郡很難對付，需要集中相鄰幾個郡的人力財力，統一調度方能有效。刺史部正好適應需要，於是刺史成了州牧 —— 名副其實的郡以上一級的行政長官。牧，就是牧民，像牧羊人管理羊群那樣管理百姓。州牧的駐地成了郡上一級的治所 —— 州治。從秦始皇開始實行的郡縣制是兩級制，朝廷以下設「郡—縣」兩個層級，到這時演變為三級制，朝廷以下設「州—郡—縣」三級，以後成為中國歷代行政區劃制度的常態。

第八節　為何劉秀最終能延續漢朝？

公元 25 年 8 月 5 日，在鄗縣（今河北柏鄉縣北）南的一個土壇上，劉秀宣佈即皇帝位，建年號建武。不過在當時，除了劉秀的少數謀臣和將軍外，大概很少有人相信，他會在十幾年後一統天下，恢復漢朝，並使漢朝延續了近二百年。

因為當時更始帝劉玄還是名義上的「天下共主」，稱帝前的劉秀也是他的下屬，而更始政權一度控制了全國大部分地區。在劉秀稱帝前後存在的割據政權可謂多如牛毛，稱王稱帝的也不在少數，實力與他相當或者超過他的割據政權者不下十個。

劉秀似乎有一點優勢，他一直自稱是漢朝宗室。這一點的作用其實也很有限，因為劉玄、劉盆子、劉永等都是宗室。而在他以前，有的已經成了天下共主，有的已經建立政權。而且他只是劉邦的第九代孫子，從第六代長沙定王劉發以下就一代不如一代，他父親劉欽只做過小小的縣令，在他九歲時就死了。西漢末年劉氏宗室人口已超過十萬，像劉秀這樣的宗室車載斗量，何止萬千，實在算不了什麼。

當然，劉秀稱帝還有理論基礎，據說圖讖裏有「劉秀發兵捕不道，卯金修德為天子」——證明這是天意。但是當時熟悉圖讖的人都知道是怎麼回事，其他的割據者幾乎都有一套自欺欺人的圖讖。圖讖是人造的，也是靠人解釋的。如果實在找不到現成的，成功以後也會有人出來彌補。

劉秀最後獲勝的因素自然不止一個，但是最重要的一點，就是他從一開始就確立了統一天下的目標。

在劉秀為是否稱帝而猶豫的時候，他的部將耿純講了一番話，使他下定了決心。耿純說：「我們這些人率領宗親子弟，佔據了縣城來投奔你，就是為

了攀龍附鳳，希望你成功了，我們這些人一起享榮華富貴。如果你不堂堂正正做皇帝，不以統一天下為目標，我們都會感到『望絕計窮』，只能改換門庭了。」劉秀能夠將包括「雲台二十八將」在內的大批傑出人才網羅在手下，固然有他過人的長處，但對這些謀臣將士最大的吸引力還是為開國皇帝建功立業的機遇。

此後劉秀並非一帆風順，對手也不都是草莽烏合之輩。但即使一時間無法消滅，或者不得不暫時容忍，劉秀也沒有改變或降低目標，始終堅持了「君臣大義」。

在劉秀眾多的對手中，對他威脅最大的是西北的竇融、隗囂和西南的公孫述。更令劉秀擔憂的是，只要這三人聯合起來，不僅整個西北和西南不再為漢朝所有，而且關中也會腹背受敵。西北是竇融和隗囂的勢力，西南方向公孫述佔據了漢中、巴蜀。為了集中有限的力量消滅中原的割據勢力，劉秀對他們先是極力拉攏撫慰，爭取他們的支持和服從。但即使在那時，他對最終統一的目標也是毫不讓步的。

與劉秀相反，三人雖然都擁兵自強，並具有舉足輕重的地位，卻從來沒有一統天下的雄心。但三人的結局並不相同，竇融主動放棄割據，歸順劉秀，成為漢朝的功臣貴戚；隗囂、公孫述既不敢與劉秀一爭高下，又妄想長期割據自保，最終國破家亡，身敗名裂。

竇融是西漢外戚的後裔，在西漢末年王莽執政時，他就分析了天下的形勢，認為中原相當危險，所以不願到關東是非之地去當太守，千方百計謀到了河西的職位，終於由更始帝任命為張掖屬國都尉（相當於郡太守）。他立即舉家西遷，在河西廣結豪傑，撫慰羌族首領，培植和擴展了政治基礎。當更始政權解體時，他就聯合酒泉、金城、張掖等地的太守、都尉推舉他行使「河西五郡大將軍」職權，武威和張掖的太守孤立無援，只得掛冠而去，河西全部聽命於

他。來自附近的安定、北地、上郡，即今甘肅東部、寧夏和陝西北部的難民紛紛擁入，為他補充了大量人力。竇融在河西實力雄厚，地位穩固，又遠離戰亂。

竇融一開始就服從劉秀，接受印綬，採用建武年號。隗囂表面上和竇融一樣，也接受劉秀稱帝的事實，實際卻希望維持割據局面。劉秀竭力招撫竇融，以加強對隗囂和公孫述的壓力，向竇融發了一封充分展示恢宏氣度和高超戰略的「璽書」。劉秀點破當時的形勢，要竇融在服從他與支持隗囂、公孫述之間做出選擇。劉秀坦率承認：「天下未併，吾與爾絕域，非相吞之國」；最後聲明：「王者有分土，無分民，自適己事而已」。這就是說，將來他可以給竇融等人「分土」，封他們為王；但絕不會同意「分民」，聽任國家分裂，絕不會容許不同的政權並存。

璽書到達河西後，引起很大震動，大家看到劉秀的立場很清楚，也洞悉隗囂等人的陰謀，所以竇融立即上書表效忠，並讓親兄弟竇友隨使者去朝見劉秀。

在隗囂公開叛漢後，竇融一方面加以譴責和規勸，同時在五郡秣馬屬兵，上疏朝廷詢問出兵日程，請求配合。劉秀又將記錄外戚世系的「外屬圖」與《史記》中的《五宗世家》《外戚世家》和《魏其侯（竇嬰）列傳》賜予竇融，正式承認竇融漢朝外戚的身份。

建武八年（公元 32 年），劉秀親自西征，竇融率領五郡太守、羌族和小月氏等數萬步騎兵、輜重五千輛與漢軍會師，並以周全的禮儀朝見。隗囂平定後，劉秀封竇融為安豐侯，破格劃給他四個縣作封邑。在劉秀東歸時，又讓他們全部返回河西駐地。竇融深知長期擁兵在外不安全，幾次上書請求派人取代，但劉秀答覆：「我與將軍的關係就像左右手，你一再謙讓，難道不理解我的心意？好好管理軍民，不要擅離職守。」

四年後，漢軍攻克公孫述最後的據點成都，竇融與五郡太守才接到「奏

事京師」的詔令。一到洛陽城門，竇融就將涼州牧、張掖屬國和安豐侯印綬全部上交。劉秀把代表俸祿的侯印退回，同意竇融辭去這兩個集軍政權力於一身的職位，另封為冀州牧，但不久便改任級別最高但無實權的文職——大司空。從此竇融安享殊遇，以七十八歲高齡善終。竇氏一門同時出現「一公，兩侯，三（娶）公主，四二千石（年俸二千石的官職）」，享盡榮華富貴。

隗囂在相當長一段時間裏也是「識天命」的，他知道自己不具備統一的能力，主動向劉秀效忠。而且他一向謙恭愛士，傾身結交布衣，聲望很好。更始覆滅後，長安一帶的耆老和士大夫紛紛投奔他，使他網羅了大批人才。此時劉秀的勢力尚未到達關中，而隗囂不僅控制了西北，而且最有條件佔據長安，但他的確沒有取代漢朝的打算。

但當劉秀取得決定性勝利時，他卻希望保持割據地位，非但不主動配合劉秀，反而多方牽制。

當公孫述稱帝自立，幾次從漢中出兵，給隗囂送來了大司空扶安王的印綬，隗囂自以為與公孫述是平起平坐的敵國，不能向他稱臣，殺了他的來使，又發兵擊破公孫述的軍隊，使他無法北出。但他又認為天下成敗未定，不必一心一意服從漢朝，當漢朝要「假道」他的地方出兵平定公孫述時，他千方百計地阻撓，這就使他在這場鬥爭間處於非常不利的地位。他明知道無法對抗劉秀，卻希望通過這種手段維持割據局面。所以劉秀很不耐煩，給他寫了一封信，希望他認清形勢，不要再玩花招：「隗囂你是文官，應該懂道理，所以我再一次給你下詔。話說深了似乎不太客氣，說簡單了又怕解決不了問題。現在如果你真願意投降，就拿出行動來，這樣還可以保全爵祿，後福無窮。我快四十歲了，帶兵十年，厭惡那種浮語虛辭。如果不願意，就不必答覆了。」隗囂看陰謀已被劉秀識破，只得派使者向公孫述稱臣，從此與劉秀徹底決裂。

平心而論，隗囂沒有幹任何對不起劉秀的事，即使想割據自保，也只限於自己的轄境，沒有侵佔劉秀一寸土地。他沒有聽從劉秀出兵征公孫述的命令，無非是為了保存實力，又不願失去公孫述這個潛在的盟友。但是他的做法阻礙了劉秀的統一進程，這是劉秀不能容忍的。劉秀很快調動兵力，以壓倒性優勢，最終消滅隗囂。儘管隗囂這個「長者」很得人心，他的部下為他堅持到了最後。但經過連年戰亂，隗囂的屬地已是哀鴻遍野，連隗囂本人也吃不飽飯了。建武九年（公元 33 年）春，又病又餓的隗囂只好出城覓食，在悲憤中死去。

公孫述一開始就想當皇帝，讓人製造圖讖，並在自己的手掌刺上「公孫帝」三個字。在劉秀稱帝之前兩個月，公孫述就已經自立為天子。他控制的地盤大致相當於今天的四川、重慶、貴州、雲南和秦嶺以南的陝西，擁有很強的實力。更始帝敗後，關中投奔公孫述的人數以萬計，使他的部隊擴大到數十萬。他在漢中積聚糧食，又建造大船，甚至預先刻了全國各地的官印，似乎就要奪取政權。可是他的軍隊太不爭氣，兩次出師關中都以失敗告終，從三峽順流而下的軍隊也攻佔不了荊州的屬縣。

公孫述本來就對符命圖讖感興趣，又引經據典，從理論上證明他得天命的必然性，還派人到中原去散發。偏偏劉秀也深信圖讖，他親自給公孫述寫信，指出他對圖讖的解釋有誤，真正得天下的應該是劉秀自己。他在信裏也明確表態：「天下神器，不可力爭，宜留三思」，自己署名「公孫皇帝」。明確指出根據圖讖的解釋，真正的公孫皇帝應該是劉秀自己。

劉秀的目標很堅定，對阻礙統一的勢力不惜以武力清除。公孫述既然不願投降，就沒有任何猶豫的餘地，可是他卻滿足於關起門來稱王，一次次喪失與劉秀爭奪天下的時機，坐待劉秀在消滅了其他割據勢力後的最後一擊。

建武十一年（公元 35 年），漢軍節節勝利，長驅直入。劉秀再次寫信勸

公孫述投降，重申寬大政策，做了保證。公孫述把信給周圍親信看了，他們都勸他投降。公孫述卻說：「哪有投降的天子？」從此左右再也不敢勸他。

面對壓境的漢軍，公孫述只好乞靈於暗殺，他先派人暗殺了漢朝將領來歙，又派人殺了岑彭，但還是阻擋不住漢軍的攻勢。

劉秀還想爭取公孫述投降，又下了一道詔書，表示可以不追究他殺漢朝兩個將領的罪行，只要他自行投降，還能保證他家族的安全。如果再執迷不悟，那只有悲慘的下場。

九月，吳漢率領的漢軍進逼成都。公孫述用重金募集了一批敢死隊，出奇兵打了一場勝仗。但挽救不了大勢，十一月，漢軍已攻至成都城北的咸門。此時公孫述翻了翻占卜的書，找到一句話「虜死城下」。他以為應驗在吳漢身上，親自率兵出城作戰，結果被刺穿胸部，掉下馬來，當晚就喪命。吳漢入城以後，將公孫述的妻兒族人全部殺光，公孫述的頭被割下送往洛陽示眾。吳漢又縱兵大掠，一把火燒了公孫述的宮殿，成都一片殘破。

建武十三年（公元 37 年）正月，吳漢率領凱旋的漢軍順長江而下。此時劉秀正在洛陽宮中接受群臣的朝賀，其中就有大司空竇融，卻沒有本來也可能在場的隗囂和公孫述——如果他們當初願意投降，至少能保全性命吧！

從道義上說，隗囂、公孫述與劉秀之爭不存在正義與非正義的區別，要是他們有能力，又能把握機遇，由他們來統一並非沒有可能。但從統一與分裂的角度看，劉秀致力於統一，而隗囂、公孫述既抵制劉秀的統一，自己又不願從事統一，或者不具備統一的能力，他們的滅亡是必然的，咎由自取，只可憐增添了無數冤魂白骨。反之，如果劉秀容許這種局面存在下去，不僅東漢政權未必能鞏固，戰爭不會斷絕，漢朝的疆域或許從此就要分裂為不同的國家了。

第九節　為何是趙匡胤的宋朝結束五代？

北宋太平興國三年（公元 978 年）三月，前南唐國主、三年前由違命侯改封為隴西郡公的李煜在開封一座住宅裏結束了他四十二歲的生命。「問君能有幾多愁？恰似一江春水向東流。」李煜留下了傾訴亡國哀怨的名篇，也留下了一個千古之謎 —— 相傳他是被宋太宗毒死的，儘管他死後被尊為太師，追封為吳王，皇帝還為他「廢朝三日」以表示哀悼。

十年後的端拱元年（公元 988 年）八月二十四日，剛被改封為鄧王的前吳越國主錢俶歡度六十大壽，朝廷特意派使者賜給他賀禮和宴席。一向對朝廷極其恭敬的錢俶陪同使者一直喝到日暮，當夜突然死亡。他被追封為秦國王，謚為「忠懿」，皇帝專門發佈哀悼文告，為他「廢朝七日」，還派特使護送他的靈柩歸葬洛陽，可謂備極哀榮。此時離五代十國中最後一個割據政權北漢被滅已近十年，投降宋朝的前國君中只剩下一位北漢主劉繼元，但已在兩年前被封為保康軍節度使，安置在最閉塞的房州（治所在今湖北竹山縣），三年後身亡。

在中國歷史上，宋朝對待亡國之君大概是最優厚的。儘管有好幾位都死得不明不白，但身後無不被追封厚葬，子孫安享榮華富貴。不過，因為對待被統一的態度不同，這些前國王的際遇還是有很大差異的，其中最明顯的是李煜和錢俶。

後周顯德三年（公元 956 年），周世宗柴榮親征南唐，至顯德五年（公元 958 年）完全佔據了南唐江淮之間的土地，兵臨長江。南唐主李璟求和，將江北的十四州六十縣全部割讓，劃江為界，向後周稱臣，在國內去帝號，稱國主，用後周的年號，降到了一個屬國的地位。趙匡胤代周建宋以後，李璟繼續保持恭順，每年上貢大量金銀土產。

建隆二年（公元 961 年），李煜繼位，對宋朝更加恭敬謹慎。宋朝軍隊中有不少是原南唐的降人，宋朝要求將他們在南唐境內的親屬送去，李煜立即照辦。每次得知宋朝出兵獲勝或有喜慶之事，他必定派特使祝賀，並獻上金銀珍寶、糧食土產。在宋朝滅了南漢以後，他又主動請求除去國號，改「唐國主」為「江南國主」，請求在下詔書時直呼其名，境內的機構也全部降低規格。

　　李煜這樣做的唯一願望，就是宋朝能夠維持南唐的屬國地位，讓他繼續做小國國君，但這無異與虎謀皮。

　　南唐的服從沒有能推遲宋朝的統一步驟，宋朝於開寶七年（公元 974 年）下詔，命令李煜到開封朝見。李煜當然知道「入朝」是有去無回的，所以稱病不奉詔，宋朝找到藉口出兵討伐。南唐的軍隊毫無作為，李煜也根本不了解軍事形勢，在大軍壓境時，還寄希望於宋朝的憐憫，派他堂弟獻上二十萬匹絹、二十萬斤茶葉、金銀器物、王室用品等，結果他的堂弟被扣，宋軍兵臨城下。李煜又派徐鉉去見趙匡胤。徐鉉說：「李煜無罪，陛下兵出無名。他以小事大，就像兒子對待父親，從來沒有過失，怎麼還派兵來攻打呢？」趙匡胤的回答直截了當：「既然是父子，怎麼能分兩家呢？」一個月後，南唐的都城江寧府（今江蘇南京）已經危在旦夕，徐鉉再次出使，最後一次請求趙匡胤保全南唐。他不斷爭辯，趙匡胤大怒，按着寶劍說：「不須多言！江南亦有何罪？但天下一家，臥榻之下，豈容他人鼾睡邪！」（我躺在牀上，牀底下有一個人在打鼾，這怎麼行呢？）道理已經講得很明白。

　　開寶八年（公元 975 年）冬，江寧城破，李煜只好出宮門投降。趙匡胤沒有太為難他，就免了他的罪，封他為光祿大夫、檢校太傅、右千牛衞上將軍、違命侯。前面的那些都是虛銜，違命侯雖為侯爵，卻是一個不光彩的政治帽子，到第二年宋太宗繼位後才改封為隴西郡公。

　　李煜降宋後的日子並不好過。他曾經申訴生活困難，宋太宗下令增加他

的月俸，並一次性補助了他三百萬錢。宋太宗新建崇文院（皇家圖書館），收藏了八萬卷書，其中相當一部分是從南唐繳獲的。有一天宋太宗到崇文院看書，召來李煜和前南漢國主劉鋹，讓他們自由翻閱。太宗問李煜：「聽說你在江南時喜歡讀書，這裏的不少書就是你原來的，你來朝廷後是否經常看書呢？」李煜無言對答，只能叩頭謝罪。

割不斷故國情懷、受不盡亡國之痛的李煜只能以淚洗面，寫下哀婉的詞句，苟延殘生。

比起李煜，錢俶更加識時務，知天命。但也是形勢所迫，不得不然。吳越的轄境很小，只有今天的浙江省、上海市和江蘇的蘇州，軍事上毫無能力對抗。所以錢俶始終服從中原王朝，無論是後漢、後周還是北宋。北周進攻南唐時，要他派軍隊配合，他也不顧脣亡齒寒，完全服從，贏得朝廷對他的格外恩寵。

北宋代周後，錢俶每年上貢的數額又有增加，並且派兒子去進貢，但這些都不會影響趙匡胤的統一時間表。趙匡胤在開封薰風門外造了一所大住宅，佔地好幾個街坊，建築宏麗，傢具用品一應齊全。他召見吳越的進奉使者，告訴他：「我幾年前就起草了詔書，最近又建了離宮，賜名『禮賢宅』，就等着李煜和你的主人，看誰先來朝見，我就賜給他。」

開寶七年（公元 974 年）冬，宋軍出師征南唐，趙匡胤又要求錢俶派兵配合。李煜曾經送了一封信給錢俶：「今日無我，明日豈有君？」宋朝今天把我滅了，明天還有你嗎？錢俶非但不予答覆，還將這封信上交朝廷，以示忠誠。他不顧大臣們的勸阻，親率五萬大軍攻下南唐的常州，又派大將沈承禮隨着宋軍攻下了潤州（今江蘇鎮江），進兵金陵（江寧）。

趙匡胤與這位立了大功的元帥約定：「你現在應該到開封來和我見面了。」還表示自己已經向上帝發了誓，決不食言，肯定會放他回去。開寶九年（公

元 976 年）二月，錢俶只得帶着妻子孫氏、兒子一起入朝。趙匡胤以最隆重的規格接待，派皇子到睢陽迎接，並親自到禮賢宅檢查接待的準備工作。錢俶一到開封，就成為禮賢宅的主人。其實李煜在此前已經到開封，不過他是亡國之君，喪失了入住禮賢宅的資格。

錢俶帶着巨額的財寶物資，害怕趙匡胤不放他回去，所以不斷地貢獻這些財寶。趙匡胤對他也是優待有加，給了他最高禮遇，可以佩劍上殿朝見，皇帝下詔書的時候只稱他為吳越國王而不用名字，又封錢俶的妻子為吳越國王妃。宰相提醒趙匡胤從來沒有異姓諸侯王的妻子可以封妃的制度，他說：「那就從我朝開始吧，以示對他特殊的恩寵。」在舉行家宴時，趙匡胤讓他的兩個弟弟，以後的宋太宗和另一個弟弟趙光美，與錢俶行兄弟之禮，嚇得錢俶跪在地上磕頭，哭着推辭。到了四月，趙匡胤說：「天氣快熱了，你可以早些回去。」錢俶表示今後願意每三年來朝見一次，趙匡胤卻說：「路途遙遠，還是等我下詔再來吧！」只留下了他的兒子。

據說，臨別時趙匡胤賜給他一個密封的包袱，讓他在路上打開看。錢俶一看，都是宋朝的群臣要求將他留下來而上奏的章疏，嚇得他出了一身冷汗，因此對趙匡胤更加感激。

其實取消吳越國只是一個時間問題，趙匡胤之所以不急於留下錢俶，主要原因並不在於守信用，而是因為在吳越國以南還有在福建漳州、泉州的陳洪進，如果能用和平的手段解決這兩個割據政權自然再好不過。只是趙匡胤自己來不及看到，他在毫無先兆的情況下突然去世。

兩年後的宋太宗太平興國三年（公元 978 年）三月，錢俶再次被要求入朝，這次他帶去了更多的金銀財寶和土產禮品，宋太宗對他也格外隆重地接待。四月，同時被要求入朝的陳洪進向朝廷獻出了泉州、漳州。錢俶知道時間已到，趕快請求撤銷他吳越國王、天下兵馬大元帥的封號，將軍隊交給朝廷，

並允許他回國，遭到拒絕。錢俶不得不做出最後的抉擇，上表獻出所轄的十三個州、一個軍、八十六個縣。宋太宗立即恩准，並且封錢俶為淮海國王。不久，朝廷出動了一千零四十四艘大船，將錢氏直系親屬和境內官吏全部送往開封。至此，五代以來南方的割據政權全部被消滅。

錢俶識時務的抉擇使他入宋以後的處境與李煜截然不同，他是所有亡國之君中唯一被封為王爵，並且一直保持到死的。錢氏子孫世代顯貴，成為少有的大族，繁衍至今，名人輩出。雖然有人也懷疑錢俶的突然死亡是皇帝下的毒手，但是他入宋以後享了十年的榮華富貴，又活到六十歲（在當時已屬高齡），應該心滿意足了。還應看到，由於吳越國的轄境一直沒有受到戰亂的破壞，從唐朝後期開始經濟持續發展，蘇南、浙北成為全國經濟最發達的地區，到宋朝就有了「上有天堂，下有蘇杭」的說法，以及「蘇（州）、常（州）熟，天下足」的民諺。以後，這些地方一直在經濟上領先於全國，也成為文化最發達的地區。總結這些歷史，我們不能不肯定宋朝和錢俶雙方所做的貢獻。

第十節　宋朝為何少有軍事政變？

公元 959 年，周世宗柴榮去世，由他七歲的兒子柴宗訓繼位。第二年元旦，朝廷接到警報，遼國的軍隊與北漢聯合南下，朝廷立即派殿前都點檢趙匡胤率大軍抵禦。軍隊出開封當天，就駐紮在附近的陳橋驛。第二天清晨，天還沒有亮，將士們就包圍了趙匡胤的大帳。他的部下石守信等人帶着士兵，有些將士還拿着刀，圍着趙匡胤說：「現在天下危急，皇帝年幼，無法控制局面，只有你出來繼位才能挽救大局。」說完不由分說，把一件已經準備好的皇帝的黃袍披在他身上，擁着他上馬，回師開封。趙匡胤就在當天繼位，建立宋朝。

第二年，趙匡胤的謀臣趙普幾次勸他解除下面將領的兵權。趙匡胤說：

「石守信這些人不會背叛我的，你過慮了。」趙普說：「我倒也不是怕他們會背叛你，但是我看這些人都沒有控制大局的能力，控制不了他們的部下。下面的人萬一搞什麼花樣，他們會身不由己。」

於是有一天，趙匡胤將石守信等人召到宮裏喝酒。大家喝得高興，趙匡胤屏退左右，對他們說：「唉，要不是你們，我現在做不了皇帝，但是皇帝可不好做，還不如做個節度使那麼輕鬆，我沒有一天晚上睡得好覺。」

石守信問他是什麼原因，趙匡胤說：「這你還不明白？誰不想做皇帝啊。」

石守信這些人一聽，趕快跪下磕頭：「陛下你怎麼能說這話呢？現在天命已定，誰還敢有異心？」

趙匡胤說：「你們當然不會。但如果你們的部下要榮華富貴，你們擋得住嗎？一旦有人將黃袍加在你們身上，你們就是想不做，辦得到嗎？」

石守信等人嚇得不斷磕頭，哭着求趙匡胤：「我們太愚笨了，沒有想到這一點，陛下你可憐可憐我們，給我們指一條生路吧！」

趙匡胤說：「人生在世就像白駒過隙，所以要追求富貴，不過就是要多積點錢，自己能夠過好日子，也使子孫不要受窮。你們為什麼不把兵權交掉，出去做大官，見好的田就買，見好的房子就買，為子孫立下永遠花不完的產業，然後自己找些歌兒舞女，早晚飲酒作樂，頤養天年。我還可以跟你們結為兒女親家，君臣之間從此毫無猜疑，上下相安，不是很好嗎？」石守信等人聽明白了趙匡胤的真意，趕快感謝陛下為他們想得那麼周到。

第二天上朝，石守信等人紛紛上奏，有的說年紀大了，有的說以前受過傷，有的說現在精力不濟，用各種藉口要求放棄兵權。

趙匡胤全部照准，封這些人擔任不同地方的節度使，只有石守信留任，但實際上已經沒有兵權。但不久他又想讓天雄節度使符彥卿掌禁衞部隊，趙普就勸他：「符彥卿名威已經很高，怎麼還可以委他兵權呢？」趙匡胤說：「我待

他這麼厚，他會辜負我嗎？」趙普冷冷地說了一句話：「那陛下你怎麼辜負了周世宗呢？」趙匡胤沒有話說，也就不再動這個腦筋了。

以後王彥超等將領到首都來朝見，趙匡胤又請他們在後宮喝酒，酒喝足了，對他們說：「你們都是國家的功臣，長期駐守在外面很辛苦，這不是我優待你們的意思。」王彥超等人明白了，馬上要求：「我們本來就沒有什麼功勞，一向蒙你恩寵。現在年紀大了，身體差了，還請讓我們退休吧。」趙匡胤當然很高興，一批節度使紛紛表態，都說自己以前打仗怎麼辛勞，現在身體不好，紛紛要求罷官。趙匡胤說以前的事別提了，第二天上朝的時候，一律批准他們解除節度使職務。

表面看來很簡單，喝兩次酒，就把中央和地方上將領的兵權都解除了。其實哪一個皇帝不想解除下面將領的兵權？但往往解除了這幾個，其他人又慢慢形成了對軍隊的控制權，而且弄得不好，來不及解除下面將領的兵權，自己卻被他們推翻了。一些開國君主則走向另一個極端，因為對立下戰功的將領不放心，又無法有效地解除他們的兵權，乾脆大開殺戒，將功臣大將斬盡殺絕。

那為什麼趙匡胤能夠成功呢？

其實在這兩次宴會的背後，趙匡胤做了大量的工作。首先，他的時機選擇得很好，就在他當皇帝不久，權威沒有受到任何動搖之時。此時他主動實行這前所未有的變革，又採取巧妙的措施，迅雷不及掩耳，所以他成功了。要是等到年紀大了，控制能力差了，或者等到下面的將領已經形成很大的權勢，尾大不掉，這個時候就來不及了。更重要的是他有一系列的配套措施，比如他說到做到，真的給了那些將領很大的好處，給他們很高的待遇，甚至還給他們頒發丹書鐵券。這個東西至今有實物傳世，就是在一塊方的鐵塊上面鑄字，寫明具體內容，嵌上紅顏色，賜給那些將領，保證他們的子孫只要不是犯謀反大逆的罪行，可以憑這個證據免除一次或幾次死刑。

但如果罷了這些將領的兵權，沒有一個新的制度，無非是換了幾個人，以後也難免不發生其他將領通過軍權威脅到皇權的情況，而趙匡胤恰恰隨之建立起相應的新制度。

首先，很多人被罷了兵權後，就被封為節度使。但是大家注意，這個節度使已經不是從唐朝後期到五代那個藩鎮割據和分裂時候的節度使了。那時的節度使，實際上壟斷了地方上的一切權力，既掌軍權，又掌政權、財權，權力都集中在節度使手裏，所以朝廷很難控制。而且在他死後，往往由部將和後人要挾朝廷，承認由他的後人繼承，變相成為世襲。

但到趙匡胤「釋兵權」以後，節度使已經變成了一個虛銜，只是有相應的待遇，既不需要上任，更不可能帶兵，就是享受一個節度使（軍區司令）的俸祿和禮遇。比如岳飛因為立了戰功，宋高宗曾經封他為清遠軍節度使。清遠軍在廣西融州，但岳飛根本沒有去過廣西。清遠軍節度使的頭銜就是享受節度使的待遇，至於前面用什麼軍的名義無關緊要。岳飛自然不必去清遠軍赴任，也不會因此而有對那裏一兵一卒的指揮權。

那麼宋朝的兵權交給誰了呢？

由皇帝自己管了。宋朝軍隊的主體稱為禁軍，集中駐紮在首都和戰略要地。禁軍只設教官，不設統帥，平時由教官負責訓練。朝廷有樞密使，行使相當於國防部長的職權，根據皇帝的詔令管理和調動禁軍，而樞密使是由文官擔任的。套用一個現代概念，國防部長是由文官擔任的。邊防有需要或進行征戰，臨時由朝廷任命統帥，調撥禁軍歸他指揮。戰事結束或任務完成，統帥另行安排，軍隊交回朝廷。所以宋朝有「兵不知將，將不知兵」的傳統，因為「將」都是臨時派的，「將」和「兵」只有在這段時間裏能相互「知」，而下一次派來的「將」大多會是另一個人，同一位「將」下次帶的很可能就是另一批「兵」了。儘管這必定會影響軍隊的戰鬥力，但「將」要形成自己的「兵」，

或利用「兵」達到個人的目的，包括謀反作亂的可能性就微乎其微，職業軍人、將領也就沒有干預政治的理由和途徑了。

駐在地方上的軍隊稱為廂軍，主要負責治安，打擊盜匪。宋朝將全國劃分為十五路，路內行政分別由四位不同的官員主管；安撫使管軍事民政，廂軍由他指揮；轉運使管財政兼監察；提點刑獄使管司法獄訟；提舉常平使管倉儲救恤。還規定各使的衙門設在不同地點，非經批准不能隨意離開各自的任所，有的管轄區也不完全重合。雖然廂軍歸安撫使管理指揮，卻離不開其他各使的配合，經費的調撥和監察得通過轉運使，糧食和物資的分配調撥離不開提舉常平使，如果涉及司法獄訟還得找提點刑獄使。如果涉及某一塊不屬本路某使管轄的地方，還得找其他路的主管。分權管理、相互制約的體制不僅使路的管轄範圍內不可能出現一個集大權於一身的統治者，也使安撫使不能單獨指揮廂軍，更無法將廂軍變成自己的私屬，或利用廂軍發動叛亂。當然在防禦外敵入侵時，這種體制無法在短時間內組織、協調有效的軍事行動，廂軍起不了多少作用，甚至形同虛設。

從趙匡胤「杯酒釋兵權」以後，宋朝沒有發生過稍有規模的軍事叛亂，也沒有出現過軍事政變。在兩宋之際或金兵南下時，個別將領想趁機政變，很快就被挫敗。正因為如此，宋朝開創的軍隊管理體制和地方行政分權制度，基本為以後各朝沿用。「杯酒釋兵權」不僅是一個富有傳奇色彩的故事，還是中國歷史上一場重要變革的開端，一個重要的標誌。

第十一節　「厓山之後無中國」嗎？

公元 1279 年 3 月 19 日，宋、元的軍隊在厓山（今廣東江門市新會區南海中）海上決戰，宋軍潰敗，主將張世傑退守中軍。日暮時分，海面風雨大

作，濃霧迷漫，張世傑派船來接宋帝出逃。丞相陸秀夫估計已無法脫身，先命令妻子跳海，然後對九歲的小皇帝趙昺說：「國事如此，陛下當為國死。」揹着他跳海殉國。

七天後，海面浮起十萬餘屍體，有人發現一具穿着黃色衣服、繫着玉璽的幼屍，元帥張弘範據此宣佈趙昺的死訊。消息傳出，完全絕望的楊太后跳海自殺。

張世傑被地方豪強劫持回廣東，停泊在海陵山（今廣東陽江市海陵島），陸續有一些潰敗的部眾駕着船來會合，與張世傑商議返回廣東。此時風暴又起，將士勸張世傑棄舟登岸，張世傑說：「無能為力了。」他登上舵樓，焚香祈求：「我為趙家已盡了全力，一位君主死了，又立了一位，如今又死了。我之所以不死，是想萬一敵兵退了另立一位趙氏後裔繼承香火。現在又颳那麼大的風，難道這是天意嗎？」風浪越來越大，張世傑完全絕望，落水身亡。

至此，南宋的殘餘勢力已經全部被元朝消滅。

近代有人散佈一種說法：厓山以後無中國。我們來看看厓山之役的當事人，也就是宋朝最後幾位忠臣他們的看法和做法。

首先是文天祥。文天祥是在宋祥興元年（元至元十五年，公元 1278 年）十二月被元兵俘虜的，他堅貞不屈，以各種方法自殺，或者故意激怒元朝方面，想求速死。被押解到大都之初，文天祥還是要求速死，但他的言辭間已經不否認元朝的既成地位。比如，他自稱「南朝宰相」「亡國之人」，但稱元朝的平章阿合馬為「北朝宰相」，承認他是北朝的宰相，也就是把元朝看成是「北朝」，實際上承認它與宋朝這個「南朝」有平等的地位，當然也就是中國的一部分。

此後，文天祥的態度又發生了微妙的變化。當有人向他轉達元世祖希望他出仕的意向時，他說：「國亡，吾分一死矣。儻緣寬假，得以黃冠歸故鄉，

他日以方外備顧問，可也。若遽官之，非直亡國之大夫不可與圖存，舉其平生而盡棄之，將焉用我？」有的人認為這種說法不足信，但實際上在其他的史料裏也提到文天祥的態度是：「數十年於茲，一死自分，舉其平生而盡棄之，將焉用我？」（你現在用我的話，就毀了我自己一生的志向，對你們有什麼用？）所以可見他也承認元朝已經取代宋朝的事實。

而且，在文天祥被俘前，他的弟弟文璧已經在廣東惠州投降元朝，以後又出任臨江路的總管。據說文天祥在寫給他三弟的信中說：「我以忠死，仲以孝仕，季也其隱」；明確了三兄弟的分工：我忠於宋朝必須死，老二他可以做元朝的官，以便盡孝，你就隱居下來。

實際上，文氏家族的確是靠文璧贍養的。文天祥被殺以後，歐陽夫人由文璧供養，承繼文天祥香火的也是文璧的兒子，因為文天祥自己沒有後代。文氏家族繼續繁衍，主要靠文天祥的兩個弟弟，而他們都成為元朝的官員或百姓。

這說明，根據文天祥的價值觀念，他是宋朝的臣子，並出任過丞相，宋朝亡了他就應該殉難，至少不能投降元朝當它的官。但他承認元朝取代宋朝的事實，包括他的弟弟、妻子在內的其他人可以當元朝的順民，甚至可以出仕。在文天祥心目中，這是改朝換代，北朝戰勝南朝，新朝取代前朝。

另一位宋朝的孤忠的態度與文天祥相同。曾經擔任宋朝江西招諭使的謝枋得，曾五次拒絕元朝的徵召。在答覆那些奉命徵召的官員時，謝枋得說得明明白白：「大元制世，民物一新。宋室孤臣，只欠一死。枋得所以不死者，九十三歲之母在堂耳。」（現在進入新朝了，但我是宋朝孤臣，應該死，所以不死是因為家裏還有九十三歲老母親要我供養。）他甚至說：「世之人有呼我為宋逋播臣者亦可，呼我為大元游惰民者亦可，呼我為宋頑民者亦可，呼我為大元逸民者亦可。」「且問諸公，容一謝某，聽其為大元閒民，於大元治道何

損？殺一謝某，成其為大宋死節，於大元治道何益？」他清楚表明承認元朝，「把我當成一個不接受你的逸民，也可以把我當作宋朝留下的一個逸民，為什麼容不得我這個人？你把我殺了，對你有什麼好處？」他承認宋朝已亡，元朝已立，只要元朝不逼他出來做官，他願意當一名順民，不會有什麼反抗舉動。但是元朝的福建地方官一直逼着他北行，他最終只能在大都絕食而死。可見他抗拒的是要毀壞他的名節、逼他出來做官，而不是抗拒元朝本身。他也知道抗拒不了，元朝的存在已經成為事實。

態度最堅決的是鄭思肖。在宋亡後，他依然使用宋朝年號，表明他不承認元朝，希望等到宋朝的「中興」「復興」。但到了「德祐九年」，也就是文天祥死後的第二年，他也不再用具體的年號記錄了，證明他對復國已經完全絕望，已經不得不接受元朝存在的事實。不過，像鄭思肖這樣的人在宋朝遺民中也是絕無僅有的。

總之，最忠於宋朝的當事人也已經承認元朝取代宋朝，是另一個「中國」的事實。

我們要看到，元朝與宋朝的區別，最主要的是統治者成了蒙古人，統治民族成了蒙古族，但其他各個方面，它的土地、人口、制度，甚至主流價值觀念都沒有明顯的改變。

我們現在講某一時代是不是中國，就要看這個「中國」的含義在當時是不是像我們現在有些人所說的那樣。其實前文我已經講過，「中國」這個詞的含義是不斷變化的，總的趨勢是它覆蓋的範圍越來越大，最終成為我們國家的代名詞。

在這個過程中，開始時只有中原王朝才認為自己是「中國」，被承認為「中國」。但是隨着周邊的其他民族不斷地向中原擴張，甚至一度入主中原，他們在文化上、制度上、價值觀念上，都逐漸地接受了「中國」和中原王朝的

價值觀念。這些民族建立的政權，一旦佔有中原，甚至佔有部分中原地區，他們就會自稱「中國」。

在分裂時期，如果一個政權有統一目標，或者最終實現了統一，該政權必然會把自己看成「中國」，而把對方看成「非中國」。等到統一恢復，所有原來的政權都被以後的統一政權承認為中國。如唐朝就同時修了《北史》《南史》，元朝就同時修了《宋史》《遼史》《金史》，都被後世承認為「正史」，就是說這些政權記錄的歷史所覆蓋的地域範圍早已被承認為中國。

明朝的法統來自元朝，也給元朝修了一部《元史》，是「二十四史」之一。如果元朝已經不是中國，那明朝是什麼國呢？

其實早在唐朝時，就已經有人從理論上闡述了「中國」這個概念。有位皇甫湜，他在《東晉元魏正閏論》這篇文章中就指出：「所以為中國者，以禮義也。所謂夷狄者，無禮義也。豈繫於地哉？」也就是說，中國與夷狄的區別是禮義，而不是居住在什麼地方。

另一位學者說得更明白：「苟以地言之，則有華夷也。以教言，亦有華夷乎？夫華夷者，辨在乎心，辨心在察其趣向。」就是說，如果從地域來分可能有華夏聚集地與夷狄聚集地。「以教言」，也就是根據價值觀念，難道也有華、夷的區別嗎？所以他認為華夷之間「辨在乎心」，區別在於「心」——文化、意識；「辨心在察其趣向」，怎麼辨其心，就在觀其行為規範、生活方式。所以從來沒有把外族完全看成是夷狄，一旦他們進入中原，接受了中原的文化，接受了傳統的價值觀念，就是華夏、「中國」了。

如果將中國作為一個制度概念，那麼從蒙古入主中原開始就基本接受和繼承了以往各朝的制度。到了元朝，在原金、宋統治區和漢人地區實行的制度並沒有發生實質性的變化，但更趨於專制集權，權力更集中於蒙古人、色目人，文治、吏治從宋朝倒退，並影響到以後的明朝、清朝。但是另一方面，從

治理一個疆域遼闊、合農牧為一體的大國的需要出發，元朝的制度又有創新。比如說元朝建立的行省制度，以後為明朝、清朝、民國所沿用，直到今天。這個制度不是中國的制度嗎？

總而言之，從「中國」這一名稱出現至今三千一百餘年間，它所代表的疆域逐漸擴大和穩定，也有過分裂、縮小和局部的喪失；它所容納的民族與文化越來越多樣和豐富，總的趨勢是共存和融合，也有過衝突和變異；它所形成的制度日漸系統完善，也受到過破壞，出現過倒退；但無論如何，中國是始終延續的，從未中斷。

從秦朝至清朝，無論是膺天命還是應人心，統一還是分裂，入主中原還是開拓境外，起義還是叛亂，禪讓還是篡奪，一部「二十四史」已經全部覆蓋，當然包括元朝，包括厓山以後。無論「厓山」前後，都是中國。

第九章

帝王

皇帝的「私事」

第一節　太子：最難定奪的皇室成員

　　從夏朝到清朝都是「家天下」的制度，國君或者皇帝都要把位置傳給自己的兒子。如果不止一個兒子，就要立其中一個為太子，成為國君或者皇帝的合法繼承人。在正常情況下，太子就是下一代的皇帝，立太子自然不僅是皇帝的私事，也是國家的大事。所以，皇族、后妃、大臣，無論是出於公心還是私心，都要力爭自己最理想的對象被立。在這種情況下，往往皇帝也無可奈何，或者處於兩難的選擇境地，或者身不由己違背自己的意願做出決定。

　　一般來講，立嫡、立長是符合傳統的，比如皇后生的孩子又是大兒子，那麼這是最理想的，兩個條件都符合了。但是往往皇后沒有生育，孩子都是庶出的，都是嬪妃生的孩子；或者皇后雖然有孩子，但是不是長子，或者年齡太小。在這種情況下，到底是立嫡還是立長，就會引起巨大的爭議，而且雙方都會列出很多具體的理由來。

　　還有一種情況，雖然皇后的兒子是長子，既是嫡又是長，但比如晉武帝

的兒子司馬衷，明顯是個白癡，這個時候有人會主張應該立賢。或者有的嫡長子品行太差，出於公心的大臣也會主張立賢。問題是「賢」的標準怎麼來確定呢？什麼條件下可以取代嫡長呢？

老實說，連皇帝本人都很難判斷哪一個兒子是「賢」，因為皇帝的孩子生下來以後，與皇帝沒有多少接觸，甚至與他的母親也沒有多少接觸。皇子從小一般都由奶媽、保姆或嬪妃撫養，長大後由太監伺候，有的到了成年就住到宮外，或封了王住到王府。清朝為了防止母子之間形成特殊的感情，關係太密切，所以還規定無論是皇后還是嬪妃生的孩子，都交給其他嬪妃撫養，交叉撫養。所以自己的孩子真正表現得怎麼樣，品行怎麼樣，連他的母親也不真正了解，皇帝了解得更少，更不用說外面的大臣。

有的皇子早就出了宮，或者已經到外地去駐守或者封了王，要議論他到底是不是「賢」，往往沒有確切的根據，沒有一個具體的標準，所以即使是完全出於公心的大臣，在這個問題上也會出現分歧。立太子的過程往往給了各種政治勢力明爭暗鬥的機會。這樣立出來的太子，從一開始就沒有一個穩固的基礎。

還有一種情況，皇帝死的時候還沒有兒子，或者兒子很小。個別皇帝本身沒有性功能，三宮六院再多也是不會有兒子的。有的皇帝死時還沒有成年，或者歲數太小。再一種情況完全是人為的，後宮明爭暗鬥，皇后或者得寵的妃子自己不能生育或者生育失敗，出於忌妒，或者要為自己留下機會，千方百計地干擾破壞，造成其他嬪妃也不能生育，甚至採取陰謀手段殺掉對方的嬰兒。繼位的皇帝尚未成年，就得由母后臨朝，即原來的皇后或他的母親以太后的身份垂簾聽政。有時還會有兩位太后（他的嫡母即原來的皇后，他的親生母親即原來的嬪妃）同時垂簾聽政。但是絕大多數太后年紀不大，毫無治國能力，只能請外戚（自己的父親、兄弟）來執政，造成外戚專政。

東漢中期以後，皇帝大多短壽，前後有六位皇帝死的時候還未成年，或者沒有兒子，只能從宗室中挑選繼承人。掌權的大臣或者外戚從自己的利益出發，一般都會找幼小的宗室，年紀小容易控制，皇帝還未成年，太后就可以名正言順地垂簾聽政，外戚理所當然可以執政。實在找不到小的，也會找一個比較疏遠的宗室，或者一直生活在首都以外偏僻地方的人當皇帝，至少有一段時間比較容易擺佈。還有的繼承人平時窮慣了，當了皇帝以後就拚命搜刮，甚至自己建小金庫。

如果皇帝不止一個兒子，而且兒子很多，或者皇帝在位的時間比較長，太子問題也會成為政治鬥爭的一個焦點。當太子長大成人了，皇帝往往要他聽政，訓練他治國的能力，太子就不得不介入國家大事。如果太子的理念和處理方式與皇帝不同，就會引起皇帝的不滿，甚至發生衝突。有的皇帝會動換太子的念頭，也給其他皇子提供了機會。

朱元璋特別喜歡自己的大兒子朱標，將其立為太子後要他協助辦理政務，很快發現他有一個很大的弱點：朱標生性懦弱而且講仁慈，與朱元璋的鐵腕手段完全相反。朱元璋當然不滿意，有一次他把一根帶刺的荊條扔在地上，叫太子撿起來。太子說：「這麼多刺怎麼撿呢？」朱元璋說：「你現在該明白了，我就是要先幫你把這些刺除掉，你才可以撿得起來。你不要老是怪我殺人太多，這是為你今後能夠穩定掌權，能夠治得了這一批人。」幸虧他的太子死得早，要是不死，朱元璋以後未必會容得下這個太子，也許他也會考慮換人。

太子長大了，原來不被人注意，或小心掩蓋着的另一面就會暴露出來。唐太宗開始時立他的長子李承乾為太子，這個太子很會耍兩面派，他喜歡聲色犬馬，但瞞着唐太宗，外面的人也不知道。如果大臣知道了來規勸，他又虛心接受，做出一副可憐相，大臣也就不好意思再追究。但皇帝遲早會發現，其他皇子也會利用這個機會，難免不產生繼承危機。

太子和其他皇子身邊都需要有輔佐的人，也必定有一批人將自己的前程和利益押在未來的君主身上。輔佐太子的人希望他順利接班，甚至巴不得皇帝早點死，否則皇帝壽命太長，他們比太子更等不及。其他皇子身邊輔助的人，當然寄希望於皇帝廢掉太子，他們的主子和自己才有出頭的機會。太子與其他皇子都會形成自己的利益集團，相互明爭暗鬥，你死我活。太子得隨時提防自己的兄弟，其他兄弟則日夜盼望太子自己得罪皇帝，甚至要想辦法誣陷他謀反，自己才有上位的機會。

　　無論是出於公心，還是為自己考慮，大臣們都無法置身事外，有時連皇帝也無可奈何。唐太宗立李承乾為太子後，到貞觀十七年（公元 643 年）不得不把他廢掉，但再立誰呢？他很喜歡另一個兒子李泰，李泰直接向他提出當太子的要求，他就答應了。但有幾位大臣支持晉王李治，也就是後來的唐高宗，而李治也在盡自己的努力爭取。李承乾被廢後又與唐太宗的弟弟勾結起來，唐太宗的另一個兒子齊王居然公開謀反，搞得唐太宗心煩意亂。有一次他只留下長孫無忌、房玄齡、李勣和褚遂良四個人，他越想越氣，說：「我有三個兒子一個弟弟，幹出這種事來，我心裏想想實在沒有意思。」說着說着，居然自己趴倒在座位上，這些人趕快把他扶起來。唐太宗抽出自己的佩刀要自殺，褚遂良奪下他的刀交給等在旁邊的晉王李治。這時長孫無忌等人問他到底想幹什麼？唐太宗說，看來我要立晉王了，這樣才定下來。唐太宗也許並不是真的想自殺，他只是用這個手段要挾四位重臣同意立李治，以平息這場爭奪。即便如此，也說明這是他碰到的一個天大的難題，才不得不用這樣一種辦法來解決。

　　在位時間久的、兒子多的皇帝，幾乎都碰到過這樣的難題：廢太子，立其他皇子為太子，往往演變為一場血腥的權力鬥爭，皇帝甚至因此而喪命。比如隋文帝原來的太子是楊勇，他相信了讒言把楊勇廢了，立了隋煬帝楊廣，最後被楊廣殺了。

漢武帝在位時間長達五十四年，晚年身體多病，又多疑，小人有機可乘，就在中間撥弄是非，誣陷太子，偏偏這個時候他又不在首都長安，在離宮。太子急得不得了，怕說不清楚，直接殺了這個小人江充。武帝根據片面報告斷定太子已經造反，派兵鎮壓，迫使太子在長安城裏採取行動了，最後被鎮壓，被漢武帝逼死。漢武帝的兒子被殺，孫子被殺，以後連他的曾孫就是後來的漢宣帝，也差一點在監牢被殺。

漢武帝晚年其實非常痛苦，他也知道兒子並不想造反，但是為了自己的體面，始終未給他平反。直到漢宣帝做了皇帝，對自己這位祖父，就是漢武帝的兒子，也只能用「戾太子」作為他的諡號。「戾」是一個惡詞，但是因為漢武帝給他定的罪名並未改變，就只能如此。

康熙皇帝在位時間長達六十一年，兒子多，立了太子又廢，廢了又立，最後還是廢，到他死時還沒有再立太子，造成雍正兄弟之間殘酷的爭奪。

有時太子死了，皇帝因為移情到孫子直接傳位給太孫，也會引出大亂。朱元璋的太子朱標先於他而死，他就立了朱標的兒子為太孫，即建文帝。結果建文帝剛繼位，朱元璋的第四個兒子燕王朱棣就起兵「靖難」，名義上是清除皇帝身邊的奸臣，為國家消除這個災難，實際就是公開的武裝叛亂，三年多後打進南京，建文帝自焚而死。

這不是太子、太孫、皇子們本身的悲劇，在家天下的制度下，這一切都是不可避免的。

第二節　皇后：對皇上影響最大的人

西晉泰始七年（公元 271 年），晉武帝的寵臣賈充被任命為都督秦涼二州諸軍事，出鎮關中，文武百官在夕陽亭舉行隆重的宴會歡送。其實賈充不想離

開京城，宴席散後，就與荀勖商量怎麼辦。荀勖對他說：「太子不是正在選妃嗎？如果能夠把你的女兒立為太子妃，你成了皇帝的兒女親家，皇帝自然會把你留在身邊。」賈充說：「是啊，我何嘗不想呢，但怎麼能辦得到呢？」荀勖說：「我來辦吧。」

賈充曾經為司馬氏政權立下大功，在晉武帝的父親司馬昭的時代，有一次曹魏的傀儡皇帝曹髦年少氣盛，受不了司馬昭的控制和欺辱，居然親自拿了武器，率領警衛、太監準備直接進攻相府。當時賈充和部隊在宮門南面抵擋，但是面對皇帝親自拿着武器衝過來，將士們不知所措。成濟請示賈充怎麼辦，賈充說：「主人養了你們這批人不就是為了今天嗎？還猶豫什麼呢？」於是成濟衝上去，用手裏的戈一下子刺入曹髦的胸膛，當場把這個傀儡皇帝刺死了。

司馬昭為了繼續維持曹魏這塊招牌，在曹髦的屍體前號啕大哭，下令將成濟滅族。但是賈充卻因此立了大功，要是當時沒有他發的這道命令，要是那些將士都猶豫不決，說不定就讓這個名義上的皇帝衝進相府，後果不堪設想，所以他一直是晉武帝最寵倖的大臣。但是當時關中的形勢比較危急，出現了羌人、氐人的叛亂，他的政敵趁機向晉武帝建議，這麼重要的地方只有派賈充去鎮守。皇帝覺得有道理，就下了詔書，賈充沒法推卻。但是他知道一旦離開了京城常駐外地，政敵如果利用這個機會，離間他與皇帝之間的關係，如果給他們抓住把柄，形勢對他實在是很不利的，荀勖提的這個建議正中他的下懷，所以就暫時拖着不去就任。

晉武帝為了給他的兒子（以後的晉惠帝）司馬衷選妃，已經下了命令，全國的適齡女子都停止婚嫁，讓他的挑選餘地更大。入圍的候選女子中，有包括賈充的女兒在內的幾位大臣的女兒。為此朝廷還專門成立一個挑選小組，由小組成員進行全面考察評價。考察組最後形成意見，認為最合適的是衛瓘的女兒，她有五項優點，而這五項優點正是賈充的女兒的五項缺點。比如說，衛家

的女孩子性情溫和，為人賢惠，長得高挑，皮膚白皙，能多生兒子；而賈家的女兒脾氣不好，性情忌妒，個子又矮小，皮膚又黑，生男孩少。照理賈家的女兒不該入選，但是賈充的夫人走了楊皇后的門路。晉武帝很聽皇后的話，楊皇后在晉武帝面前盛讚賈小姐的優點，荀勗也在一次宴會上向晉武帝推薦賈充的女兒做太子妃。內有楊皇后，外有荀勗，還有其他人在皇帝面前一再稱讚，結果晉武帝就採納了他們的意見。正好洛陽城裏下大雪，軍隊沒有辦法出發，不久太子就要舉辦婚禮了，賈充當然有理由留下來參加，這樣就拖延下來，沒有去關中就職，皇帝下詔讓他還是回到原來的職位。

可見這次婚姻從一開始就是一場政治賭博，太子和太子妃其實都是這場政治博弈中的棋子、工具，他們都是沒有自由去選擇的。果然等賈充的女兒賈南風進宮以後，眾人才發現她的忌妒、殘暴超出想像。比如她為了阻止其他宮女或者嬪妃有機會生孩子，發現一個懷孕的就直接幹掉，甚至奪過侍衛手上的長戟插入懷孕的宮女或嬪妃的肚子，胎兒當場掉下。再加上這位太子（後來的晉惠帝司馬衷）本身就是白癡，晉武帝考慮廢了他，另外立一個。但是他跟楊皇后談了以後，楊皇后就提出來：「他又是嫡又是長，老規矩立嫡立長不以賢，怎麼可以改變？」這是楊皇后的兒子，她當然要極力維護，將來好當太后，晉武帝不得不容忍。

以後這位楊皇后死了，臨死前又將自己的堂妹推薦給晉武帝，晉武帝立了她的堂妹為新皇后。這位皇后其實已經發現賈南風這種極端的忌妒、暴躁性格和她的陰謀，但是這位新的楊皇后知道這個兒媳婦是她堂姐生前選定的，加上自己沒有兒子，只能維護太子一家，所以就勸晉武帝：「女人忌妒是免不了的，她父親對國家有這麼大的功勞，我們不能夠因為她這點缺點就不念她父親對國家的大功。」另一方面，她嚴厲地管教賈南風，要她切實改過。賈南風不知道楊皇后實際上是在幫她的忙，反而認為這個婆婆對她管束得太嚴厲，所

以非常怨恨。

等到晉武帝一死，他的白癡兒子當了皇帝，賈南風肆無忌憚，不僅干政、攬權，還趁機大泄私憤。這時楊皇后已經成了楊太后，她的父親楊駿以大將軍的身份執政。賈南風就找人誣告楊駿，稱他謀反，先把楊駿一家都殺了。繼續清查的結果顯示楊太后實際上是參與者，於是賈南風要把太后廢為庶人。此前，楊駿的妻子，即太后的母親與太后住在一起，沒有受到處罰。後來說她也是參與犯罪的，就把她從楊太后的住處拉出去行刑。楊太后抱着她的母親號啕大哭，自己剪掉頭髮跪下來求情，而且給賈南風上書自稱臣妾，但是無濟於事。最後連楊太后身邊所有伺候的人都被撤掉，她活活餓死了。

賈南風很快地挑起了西晉的「八王之亂」，不僅導致西晉的覆滅，而且開啟了中國歷史上空前的浩劫——「五胡亂華」和十六國紛爭。

可見太子妃選誰，的確事關國家治亂。

太子選妃是這樣，皇帝選皇后就更是如此。因為在古代社會，一個年輕的女性的人品如何、相貌如何，公眾是不會知道的，大臣也不知道，實際上是沒有辦法公正地挑選的。理論上講，皇后的職權只能管理後宮，但她可能是對皇帝影響最大的人。特別是如果皇帝軟弱無能、優柔寡斷，或者像晉惠帝這樣白癡、低能。如果皇帝缺位或者幼小，原來的皇后成了太后，她實際上就可以執政。皇后本來就沒有什麼執政的經驗，而且不可能有家族以外的社會關係，況且大多數皇后當上太后時的歲數不大，就不得不依靠外戚——自己的哥哥、父親。如果外戚本身品質不好或者私心重，沒有能力，必定干政攬權、營私禍國。可悲的是，這些都是掌了權的外戚的常態。

所以出於公心的大臣，在皇帝選皇后，甚至選嬪妃時，也得提出自己的意見，不能袖手旁觀。他們考慮的往往不單是這個女子是不是漂亮，是不是適合侍候皇帝，還要考察她的家庭、她的家風。問題是在信息不公開的情況下，

必然夾雜了道聽塗說、子虛烏有的信息，以及個人的成見、意氣。不同的政治利益集團也就在這個時候展開一場權力、利益、情感的博弈。有私心的大臣更會考慮，哪一個人當皇后對自己有利，哪一些人成為外戚會與自己關係密切，或者今後在政治上可以結成一夥。

皇帝平時也接觸不到這些女子，而在選皇后時，皇帝本人大多還沒有成人，所以往往只能根據自己的感覺，但他的感覺和意願與太后、大臣的意見未必一致，結果往往就是不能如願以償。曾經有皇帝抱怨，這是我的家事、私事，為什麼不能我自己說了算？但是大臣們會說，既然你是天子，是天下的主人，選皇后也是天下的事，因為皇后要「母儀天下」。大臣們不便明言的道理更簡單：現在選的皇后很可能就是自己未來的主子，會決定自己的命運，豈能不考慮自己的利益？

所以皇帝與皇后、嬪妃的關係，不可能建立在真正的愛情基礎上，他的個人好惡一般不得不讓步於政治上的考量和權力之間的博弈。歷史上演出過一幕幕發生在皇帝與皇后、嬪妃之間的悲劇，在這種家天下的專制制度下，這是不可避免的。

選皇后的過程也伴隨着廢皇后。有的皇帝在位時間長了，對皇后已經沒有感情，或者感情轉移了；有的皇后年老色衰，或者變得脾氣怪誕；或者皇帝新得寵的嬪妃急於上位；有的皇后長期沒有生育；有的皇后違反了法律或慣例；有的外戚違法亂紀、飛揚跋扈；這些都給皇帝廢后提供了名正言順的理由。皇后的名額只有一個，不廢舊就不能立新。對大多數嬪妃來說，這樣的機會只有一次，必定要全力以赴。這樣就有廢皇后和新立皇后的程序要完成，又會轉入新一輪的政治博弈與權力考量。

第三節 太上皇：皇宮裏的「虛職」

往往有人說某人是某地的太上皇，或者指責某人想當某地的太上皇，其實這麼說人並不知道太上皇真正的含義，或者以為太上皇的權力比皇帝還大。實際上除了乾隆皇帝最後三年當的太上皇以外，中國歷史上還找不到第二位權力比皇帝還大的太上皇，更找不到一個自願當太上皇又能繼續掌握實權的例子。

太上皇是皇帝的父親，當了皇帝而父親還在世的情況是很少的。除了開國皇帝的情況以外，還有在位的皇帝讓位給兒子的情況，再有就是親生父親健在的皇帝被過繼給已故的皇帝而以旁支入繼大統的情況。但如果是最後一種情況，按照歷代祖傳的制度，新皇帝繼承的是已故皇帝的皇位，他自己的親生父親如果還在世的話就成了臣下，不僅當不上太上皇，死後一般也不能被追尊為皇帝。

明朝的嘉靖皇帝為了追尊自己的親生父親為皇帝，曾經引起激烈的爭議，釀成被稱為「大禮議」這樣一件動搖國本的大案。

末代皇帝溥儀是承繼光緒皇帝的，他當了皇帝以後，他的生父載灃就出任監國攝政王，雖然掌握了大權，卻不能稱太上皇，他的身份還是臣子。

而皇帝繼位或者登基時他的生母、嫡母在世的情況倒很普遍，祖母在世的情況也有，所以歷來不乏太后、太皇太后。

皇帝稱號是從秦始皇開始的，但他從「王」改稱「皇帝」的時候，他的父親莊襄王早已去世，所以只能追尊為太上皇。

第一位活着當上太上皇的是漢高祖劉邦的父親 —— 太公。因為沒有先例，加上漢朝草創，百廢待興，劉邦稱帝以後，並沒有想到給父親什麼特殊的禮儀。

漢朝遷都關中以後，因為新都長安尚未建成，劉氏父子都住在臨時住所。劉邦還是按照以前家人的禮節，每五天一次去拜見父親，向他問安。有一天，劉邦去看望他的父親，卻看見他恭恭敬敬地夾着一把長柄掃帚站在大門前，看見劉邦的車到了，他弓着身子一步一步地後退。劉邦嚇了一跳，趕快下車扶着父親，他父親卻說：「皇帝，你是萬民之主，怎麼可以因為我而亂了天下的法度呢？」

　　原來他的總管勸過他：「天無二日，土無二主。皇上雖然是您的兒子，卻是萬民之主。您雖然是父親，卻是人臣啊。怎能讓主上來拜見人臣呢？要是這樣做，皇上至高無上的權威會受到影響。」劉邦知道原因後，心裏很受用，賞了家令五百斤黃金。

　　但怎樣做才能既保持對父親的禮節，又不影響皇帝的權威呢？劉邦下詔尊他的父親為「太上皇」。太上皇的地位自然比皇帝高，所以皇帝拜見他不損害皇帝的權威。有了這樣一個尊號，太上皇也能名正言順地參加重大的典禮。

　　未央宮建成後，劉邦大會諸侯群臣，又在未央前殿賜宴，太上皇也出席了。劉邦起身高舉起玉杯為父親祝酒，還趁着酒興自誇了一番：「大人以前經常說我沒出息，不會掙錢，資產不如老二。現在我掙的產業與老二比誰多啊。」群臣大笑，高呼「萬歲」，全場歡樂！

　　為了讓太上皇歡度晚年，劉邦的確盡心盡力，毫不吝嗇他的這份家產。

　　他發現太上皇住在宮殿裏經常悶悶不樂，是因為聽不到鄉音，享受不到故鄉的市井生活。於是他下令將故鄉沛郡豐邑整體搬遷關中，移民終身享受免役的優待。新城的全部建築完全依照豐縣的樣子，連雞舍狗窩都一模一樣。移民遷出時把雞、狗都帶上，到了以後將雞、狗放下，牠們都能找到自己的窩。太上皇住在那裏，就像在家鄉一樣。太上皇死後就葬在這座新城附近，新城正式命名為「新豐」。不過這位太上皇擁有的只是尊崇和享樂，與權力是毫無關係的。

如果就實質而言，中國歷史上第一位自願當太上皇的，應該是戰國時的趙武靈王。只是因為那時還沒有皇帝，所以不可能有「太上皇」這個稱謂。

　　趙武靈王雄才大略，他實行胡服騎射，開疆拓土，趙國日益強大。在當了二十七年的國王後，他居然主動將王位傳給他的少子公子何（即趙惠文王），自稱「主父」，意思就是主上的父親。然後他親率將士專注於滅中山國，三年以後大功告成，他連軍權也不掌了。

　　但是一年後，因為兩個兒子爭奪權力，他居然被兒子的部下禁閉在沙丘宮裏面，三個月以後被活活餓死。

　　自願當太上皇並正式擁有太上皇稱號的皇帝是宋徽宗趙佶。實際上這也不是他的初衷，而他的下場比趙武靈王還慘。宣和七年十一月（公元 1126 年 1 月）下旬，金兵大舉入侵，開封危在旦夕，宋徽宗束手無策，驚恐不已，急於出逃。礙於大臣的勸阻，他只能先封太子趙恆為開封牧，以便名正言順地卸下守開封的擔子，以「東巡」的名義出走。

　　李綱聞訊以後，刺破手臂，上血書勸阻。宋徽宗只能傳位於太子，自稱「道君皇帝」，被尊為「太上皇帝」。面對南下的金兵，這位太上皇先逃到亳州（今安徽亳州市），再逃到鎮江。在金兵退回以後，才在第二年四月回到開封。靖康二年（公元 1127 年）四月，這位太上皇與他的兒子欽宗一起被金兵押解「北狩」，被金主封為「昏德公」，在屈辱中度過了餘生。

　　南宋還出了兩位自願當太上皇的皇帝，一位是宋高宗，他自願當太上皇還有一個特殊的背景。

　　宋太祖趙匡胤死了以後，帝位傳給了他的弟弟宋太宗。據說他們的母親杜太后有詔，說北周因為皇帝幼小，才失去帝位。為了改變這種狀況，趙家應該兄終弟及，等到最小的弟弟死了，再把帝位傳給大哥的兒子。趙匡胤是將帝位傳給他的弟弟趙光義的，但宋太宗趙光義繼位後，皇位卻再也沒有回到趙匡

胤這一支，而是一直傳到了宋高宗。宋高宗自己沒有兒子，所以做出決定，把帝位傳回趙匡胤這一支。他找來了趙匡胤的後代，經過考察立為太子，就主動傳位給他，自己當了二十五年的太上皇。

到底是什麼原因，史學界一直有爭議。無論如何，在他當太上皇期間，不再有任何權力，對宋朝政局不發生任何作用，他才以八十歲的高齡安然去世。

第二位自願當太上皇的，就是他的繼承人宋孝宗。宋孝宗倒是將皇位主動傳給了他的兒子，自己被尊為「壽皇聖帝」，稱為「壽皇」。但繼位的宋光宗居然有五年多不去看望他。大臣們想了很多辦法，但直到他彌留之際，宋光宗還是找種種藉口拒絕看望他。可想而知，這位太上皇的晚年是很不好過的。

其他的太上皇都是「被當上太上皇」，被迫的，自己根本不想當。

比如說唐高祖李淵，他在太原起兵，他要取代隋朝，但一方面當時的形勢還不夠穩定，另一方面也要為自己的行為披上一件合法的外衣，所以在攻佔長安後就立隋煬帝的兒子代王楊侑為帝，尊隋煬帝為太上皇。其實隋煬帝那時還在江都，根本控制不了這裏的局面，就被當上太上皇了。

當然這不過是個手續，到第二年李淵就逼楊侑讓出帝位，正式建立唐朝，自己當了皇帝。大概他也沒想到，到了李世民發動玄武門之變時，殺掉了他的太子李建成和他的另一個兒子齊王李元吉，就讓尉遲敬德全副武裝率領警衛進宮來保護他了。據說李淵很高興地讓出了自己的帝位，說我早想把這個位置傳給李世民了。這樣李淵當了十年的太上皇，當然他不會再有任何權力。

我們以正常的情理來推想一下：自己的兒子發生火拚，大兒子與另一個兒子被殺，又逼他殺死了他們的十個兒子——他的孫子。在這樣的情況下，他怎麼可能自己讓出皇位做太上皇？肯定也是被當上太上皇的。

唐朝大概有這個傳統，到唐玄宗時，安史之亂爆發，唐玄宗出逃到成

都。在他出逃時，安排太子李亨和其他幾個兒子分別抵抗叛軍。太子李亨就在靈武宣佈登基，尊唐玄宗為太上皇。此時唐玄宗在成都，根本不知道，一個月以後才知道自己已經被當上太上皇了。等安史之亂平定，唐玄宗回到長安，以後就淒淒慘慘地度過了餘生。

被當上太上皇後又能復辟重新當上皇帝的絕無僅有，只有明朝的明英宗。正統十四年（公元 1449 年）蒙古也先進犯，英宗在太監王振的慫恿下親自出征，被蒙古軍俘虜。當時，他的弟弟郕王先稱監國，接着自己登位，是為景泰帝。景泰帝尊明英宗為太上皇，在于謙等大臣的支持下抗擊蒙古軍隊，守住了北京。

到第二年，也先把明英宗送回來了，但已經當了皇帝的弟弟不肯讓出皇位，還是讓他當太上皇，實際上是將他軟禁起來。誰知道八年以後，這位景泰帝患了重病，忠於明英宗的石亨、曹吉祥、徐有貞等人就趁他患病的機會發動「奪門之變」，迎太上皇回宮復辟，明英宗又當了八年皇帝。

在太上皇中，唯一自願當太上皇，又能繼續掌握權力的，就只有清朝的乾隆皇帝。乾隆二十五歲登基，當了六十年皇帝。他宣佈，因為不能超過他的祖父康熙，康熙是六十一年，所以到了乾隆六十年（公元 1795 年）他就傳位給他的兒子嘉慶，自己當了太上皇。實際上，在他當太上皇的三年間什麼權力都掌握在手裏，嘉慶這位「子皇帝」戰戰兢兢、小心謹慎，一舉一動都在乾隆的監視下。乾隆這個太上皇才是真正的太上皇，他既是皇帝的父親，又繼續掌握着皇帝的大權。

所以我們以後在稱掌握絕對權力的人物為太上皇時，需要說明一下，這應該是乾隆皇帝式的太上皇，但不要以為太上皇都能像乾隆皇帝一樣。

第四節　宗室：並不好當的皇親國戚

宗室就是皇帝的子孫和他們的家人。一個皇帝有眾多的后妃，還有成千上萬的宮女，有的朝代宮女多的時候有一兩萬，所以皇帝在正常情況下都會有眾多的子女，有幾十個兒子、女兒並不稀罕。他們的子孫又有很多生育的機會，因為生活條件優厚，妻妾眾多，又可以生育出更多的宗室成員。

比如西漢，因為漢高祖劉邦出身「細微」，普通人家出身，沒有什麼背景，所以劉邦只有兄弟三個人，一個還先死了。但是到西漢末年，宗室的人口數量已經超過十萬，這還不包括已經嫁出去的劉氏女性。

西漢初年的總人口大概在一千五百萬左右，到西漢末年增加到六千萬左右，就翻了兩番，四倍，年平均增長率不過千分之七。但是劉邦的家族，從他們弟兄三個人增加到超過十萬口，遠遠高於全國人口的平均增長率。但在西漢時，宗室還沒有擁有什麼特權，所以對社會的危害比較小。如果這些宗室都要由社會供養，並且要有優厚的待遇的話，就必定成為巨大的財政負擔，明朝就是這樣。

這些宗室，因為他們接近權力的中心，其中近支的宗室還與皇帝、皇室有緊密的聯繫，有的宗室成員還擔任重要職位，或者握有兵權。一方面，他們可以享受優厚的待遇；另一方面，皇帝也不得不對他們進行防範。

比如魏文帝曹丕在位時，對他的兄弟和近支宗室一直不放心。曹魏時封的那些王，表面上享有僅次於皇帝的地位，而且還擁有一塊封地，實際上就像高級囚犯。他們根本沒有什麼權力，俸祿也不高，因為封邑都很小，派在封邑的國相，表面上是王的下屬，實際上代表皇帝監控他們。這些王不能自由地離開封地，連要回首都也得報皇帝批准，而且一般是不容許的。

西晉的統治者又從反面吸取了教訓，他們認為曹魏之所以這麼容易被篡

奪政權，被司馬氏取代，原因就在於沒有培植出自己宗室的勢力來捍衛皇室，所以一改曹魏的政策，大封宗室。從司馬懿到第二代司馬昭、司馬師，到第三代晉武帝司馬炎，第四代晉惠帝司馬衷，凡是他們近支的兄弟、堂兄弟、叔伯這些人全部封為王。王不但有封地，還有一支軍隊。更糟糕的是西晉取消了國家的常備軍，軍隊都由這些宗室王掌握了。如晉武帝的兒子司馬穎被封為成都王，以益州的蜀郡、廣漢、犍為、汶山四郡為他的封國，食邑十萬戶，一直握有重兵。這樣的制度為以宗室王為主角的「八王之亂」提供了條件。

明朝又是另一種方式。明太祖朱元璋自己是窮人出身，大概怕他的子孫今後沒有好日子過，為他們制定了極其優厚的待遇。他規定：所有皇子都封為親王，俸祿萬石（一萬石糧食作為他們一年的俸祿），而且開府置官署（可以按規定的編制設立辦事機構和專職人員），護衛的士兵少則三千人，多的有一萬九千人。朱元璋二十幾個兒子都封了王，光是他們一年的俸祿就要二十幾萬石糧食，如果每個王的護衛平均以五千人計算，他們的護衛就需要十多萬人。

親王的嫡長子年滿十歲就立為王世子，長孫立為世孫，「冠服視一品」，服飾和待遇按一品官標準。其他兒子年滿十歲封為郡王，郡王的嫡長子封為郡王世子，嫡長孫就封為長孫，這些人「冠服視二品」，服飾和待遇按二品官的標準。郡王的其他兒子授予鎮國將軍，孫子授予輔國將軍，曾孫授予奉國將軍，第四代孫子授予鎮國中尉，第五代孫子授予輔國中尉，第六代以及第六代以下統統授予奉國中尉。世世代代都享受俸祿，另外還補助喪葬費。

在這樣特殊的優待政策下，近支宗室就無限地增長，等於開展了一場生育競賽，終於有一位郡王創造了一項最高紀錄。這位郡王是皇帝的第三代，就是親王的兒子，他這個紀錄是多少呢？他有一百個兒子都長大成人，並且可以襲封。我們可以算算他總共生了多少孩子？如果他的孩子一半是女性的話，再考慮到嬰幼兒的死亡率，那麼他至少生了三百個孩子。其他宗室雖然不可能生

那麼多，但無不盡其所能，宗室的出生率肯定大大高於總人口的出生率。到隆慶初年，宗室人口已增加到二萬八千多人，宗室的俸祿成為朝廷一項沉重的負擔。

如嘉靖四十一年（公元 1562 年），全國供應京師的糧食是四百萬石，這是通過京杭大運河，好不容易運到北京的，但宗室王府的俸祿達到八百五十三萬石，是整個國家供應北京的糧食的一倍以上。具體各省的情況，山西省規定每年存留在本地的糧食是一百五十二萬石，但需要供應山西的宗室俸祿是三百一十二萬石，大大超過了總數。河南省每年存留的糧食是八十四萬三千石，但是因為封在河南的王不止一個，宗室俸祿需要一百九十二萬石。

這兩個省每年徵收的糧食如果全部入庫，還沒有辦法供應宗室俸祿的一半，這些負擔最終當然是落在百姓頭上。但是嘉靖四十一年還不是宗室人口的高峰，此後宗室人口還在不斷地增加。

另一方面，這些宗室成員也是很不幸的。按照明太祖朱元璋定的規矩，宗室不能做官，不能考科舉，理論上講也不能做買賣，就是被養着，不能有其他任何職業。所以宗室中絕大多數人都碌碌無為；有的養尊處優無所事事；有的過着荒淫無恥的生活；有的侵佔民田，搜刮民脂民膏；有的變相經商放貸；有的仗勢欺人。除了吃喝玩樂終其一生，這幾萬人沒有為社會做任何貢獻，除了在宗室檔案中的記錄外，在歷史上幾乎沒有留下痕跡。只有個別人利用優厚的生活條件和充足的時間，加上他們自己的天賦，成為某方面的傑出人才。如寧王朱權在道教、戲曲、音樂研究上有重大貢獻。鄭恭王的兒子朱載堉是傑出的音樂理論家，證明了「十二平均律」，比歐洲人早數十年。朱權的七世孫朱謀㙔也是著名學者，他專注研究《水經注》，校訂《水經注》有很大的成績。明朝亡後，有一位宗室朱耷，就是著名畫家八大山人。但是在累計數十萬的宗室人口中，這些人實在是鳳毛麟角，其他大部分人都庸庸碌碌。

而且遠支宗室的日子其實並不好過，因為從第六代以後待遇都一樣了。當然這些俸祿足以讓他們衣食無憂，但是他們享受不到平民百姓的自由，重大事項都得請示匯報，都要由宗室管理部門批准。比如說出生後要申報，等待上面賜給他名字，有時等到快成年了，正式名字還沒有賜下來。一方面，管理部門辦事效率低，對遠支宗室免不了勢利和冷落；另一方面，也有實際困難，因為同一代宗室的人太多，往往找不到可用的字。

　　宗室名字的第一個字是固定的，代表輩分；第二個字用同一偏旁，在金、木、水、火、土五行中選。如嘉靖皇帝這一輩第一個字用「厚」，第二個字用「火」字旁。崇禎皇帝這一輩第一個字用「由」，第二個字用「木」字旁，如朱由檢、朱由校、朱由榔等。

　　但「木」字旁的字就那麼多，朱元璋的二十幾個兒子用了，弘治皇帝（孝宗）這一輩也用了，剩下來的字先得保證皇帝和近支宗室，而且並非所有「木」字旁的字都適用於人名，往往字典上的字都用完了，只能現造。像「金」字旁，英宗（朱祁鎮）這一輩用，神宗（朱翊鈞）這一輩也用，現成的字不夠，只能新造。有人開玩笑，說明朝宗室的名字像門捷列夫元素周期表，其實是不得已的。儘管如此，有些夭折的遠支宗室可能到死也沒有得到賜名。

　　結婚也要報批，所以有的遠支宗室到了三四十歲還結不了婚，因為一直沒有批文下來。即使實際結了婚，在宗室中沒有合法地位，以後生了孩子無法登記，無法獲得宗室的身份和待遇。

　　清朝多少吸取了一點明朝的教訓。清朝的滿族人都被編入八旗，宗室也分屬八旗，除了那些有封爵的王公貴族外，其他人沒有什麼特權，也沒有特別的限制，可以做官，應科舉，服役當差。加上滿族的出生率比較低，宗室人口不會像明朝那麼多。往往不會像明朝那樣出現那麼多的子孫。儘管如此，到了清朝後期，八旗子弟的腐敗、無能也影響到宗室。清朝覆滅後，八旗滿族人失

去了國家供養，一些既無一技之長，又不願或不能自食其力的宗室淪落為底層貧民，甚至貧病而死。

　　與明朝相比，清朝宗室中出現的傑出人才更多，有著名的詩人、學者、書法家、畫家、戲劇家、大臣、將領等。但他們的成功主要是出於自己的天賦、勤奮與機遇，而不是僅僅依靠宗室的特權。

第五節　後事：「視死如生」的傳承

　　秦始皇從即位開始就為自己修墓，工程規模最大的時候要動用八十多萬人。前後修了三十九年，到他去世以後，他的兒子二世皇帝時才基本完工。兩千多年過去了，秦始皇陵的封土，就是上面堆的土山，還有五十餘米高，封土堆的底邊周長還超過一千七百米。

　　據《史記》記載，秦始皇陵的地宮裏佈置裝飾着日月星辰、江河大海，水銀被灌在裏面代替水，還有大量的魚油放在裏面長期照明，各種珍寶玩物應有盡有。前些年專家在考古時發現，在秦始皇陵的周圍還有一些寵物的遺骨，這證明裏面還有一個規模不小的動物園，連寵物都有。

　　為什麼修這麼大的墓呢？為什麼把什麼東西都放進去呢？這不是秦始皇個人的愛好。如此大規模地修墓，既不是由秦始皇開始的，也不是由他結束的。原因是早在春秋戰國時期，甚至更早，中國就形成一個觀念——「視死如生」。

　　人死了，其實沒有「死」，而是生活在地下，所以對待死人要像對待生人一樣。既然他生前是皇帝，死了以後，在地下照樣要過皇帝的生活。而且，他生前的壽命是有限的，死了以後，在地下的時間要長得多，是無限的，怎麼能不給他準備充分的用品呢？

這個觀念並沒有因為秦朝的滅亡就改變了。秦始皇修陵墓之所以受到譴責，是因為它成了亡國的象徵。而且這是他一系列罪狀的一部分，包括修長城、修宮殿、修陵墓，大規模地徵用人力、物力，超出了限度。

這個觀念一直沒有改變，到了漢朝愈演愈烈，並被制度化。漢朝規定：每年的財政收入分成三份，一份供朝廷日常花費，作為政府的辦公經費；另一個三分之一供皇家開支；剩下的三分之一就供皇帝修陵墓。按照漢朝的慣例，一位皇帝登基後，首先要做的是把上一任皇帝的墓趕快修完，將他安葬，接着就開始為自己修墓，一直修到死，然後由下一任皇帝將工程結束，並且安葬上一任皇帝。修墓的錢，每年都佔國家收入的三分之一。多少社會財富都花在為皇帝修墓上了！

如果皇帝在位時間短，工程就會受到時間限制。但如果皇帝在位時間很長……如漢武帝做了五十四年的皇帝，國家五十四年的財政收入的三分之一都放在他的墓裏了。由於誰也沒有估計到他的在位時間會那麼長，工程的設計肯定沒有超前意識，前期地宮的設計嫌小，貴重的物品裏面放不下了，只能增加和擴大地面建築。

無論是秦始皇陵，還是其他陵墓，陵墓的建築有相當一部分是地面建築，只是後來倒塌了、被破壞了，我們現在看不到。比如在十三陵、清東陵、清西陵，我們就可以看到有祭殿等地面建築。漢武帝晚年時，只能增加他的陵墓的地面建築，把很多本來要放到地下的東西放在地面，這樣才耗完了每年三分之一的財政收入。

皇帝「視死如生」，貴族、官員以至平民百姓也持這個觀念。所以無論貴賤貧富，都千方百計地為自己的祖先、父母、死去的長輩做這些準備。普遍講究厚葬，要盡最大的努力，理由很簡單，這些死者在地下「生活」的時間比他們活着的時間要長得多，要讓他們能夠過比較好的日子，就要盡其所能，把更

多的東西隨他們葬到墓裏去。四時八節要祭祀，就是給他們補給，通過祭品使他們能夠維持比較好的生活，所以祭祀的規模也得與他們生前的地位相稱。雖然祭品最終還是給活人吃的，但其他物品和人力都被浪費掉了。

中國古代厚葬成風，就是從這一觀念出發的。這對社會造成很大的消極作用，導致整個社會將相當一部分財富埋在地下。這些財富本來是可以用於社會生產和發展，用於人們的生活的，結果都被埋到地下去，成了廢物。

這也誘發了盜墓。如秦始皇陵，從秦朝亡了就開始被盜，一批批盜墓活動不斷。盜墓賊先盜地面的，然後盜埋藏比較淺的，再逐步深入。但地宮結構嚴密堅固，科學家的探測表明，秦始皇陵的地宮還是密封的，因為探測到內部的汞蒸氣濃度還很高。汞（水銀）無孔不入，如果真有了縫，有了口子，那早都流光了。但是地宮周圍，還有很多陪葬的設施或物品，如已經發現的兵馬俑，其中很多現在還不知道它們的功能。秦始皇陵已經出土的文物已經超過十萬件，可見歷代被盜走的、毀壞的必定更多，反覆盜墓肯定造成了很大的破壞。

再如漢武帝的陵墓，西漢末年出現戰亂，很多盜墓賊都把漢武帝的墓作為目標。他墓裏的東西搬到西晉時還沒有搬完，因為放的東西實在太多了。一部分已經壞了，沒有使用價值了，剩下能用的全部被搬走了。

中國留下來那麼多的帝王陵墓和其他大墓，沒有被盜過的很少。所以中國也滋生了一個技術相當發達的「盜墓階層」。有些地方像洛陽、西安周圍，就有那麼一批世代相傳的盜墓賊，他們還發明了很好的工具。比如考古學界的勘探神器 —— 洛陽鏟，實際上就是洛陽的盜墓賊發明的有效工具。

有經驗的盜墓賊拿了洛陽鏟，往地下打下去，下面有沒有東西，是空的還是實的，是生土還是熟土，甚至這個墓有沒有被盜過，被盜過幾次，他用這個鏟子探下去，取出來看上面的泥土，就可以做出清清楚楚的判斷。

盜墓還有各種工具和技巧。因為盜墓賊幾乎不落空，墓裏有大量的財物，時間久遠，大多已成了文物，盜墓能獲得的價值無可估量，所以盜墓活動長盛不衰。

　　厚葬的另一個壞處就是對生態環境造成的嚴重破壞。

　　修大墓，特別是帝王陵墓，一定要探到一個風水好的地方，這類地方的原始環境未受破壞，植被保存完好。要建陵墓就得清除植被，平整出大片土地，建地面的神道、享殿、寶城，周圍還要建一些祭祀、守衛、維修用的附屬建築；要修寬闊的道路，路面要硬化；要採集大量的木料、石料、磚瓦及各種建築材料，有的要從很遠的地方運來；還要挖很多的土，堆成封土，秦始皇陵現在還有五十多米高，都是人工採集後堆起來的。要保證地宮不受地下水的浸蝕，要解決建築、維護、運輸、祭祀、守衛人員的用水，往往要改變水道、水系，截斷水源。不僅陵墓本地、周邊，還要把其他地方的環境都破壞了。

　　墓裏要用大量木材，等於在地下建一座宮殿，建一所豪宅，還有很多特殊的要求。如在漢代，王公貴族的墓葬都要講究用一種「黃腸題湊」的葬制。所謂「黃腸題湊」，就是把黃心柏木的「心」這種特殊的木材重疊堆放在棺槨的周圍。1974 年，在北京大葆台發現了西漢燕王劉旦的墓，這個墓裏面的「黃腸題湊」保持得很完整。棺槨周圍堆的「黃腸題湊」共有三十層木條，總數一萬五千八百八十根，大多數是九十釐米長，高寬各十釐米，個別的高寬達到二十釐米，合計用的木材是一百五十立方米。因為要求很高，只用了這種柏木的黃心，實際耗費的木材肯定要幾百立方米，甚至可能超過一千立方米。這還沒有計算龐大的棺、槨（外棺）和整個墓室、墓道中使用的木材。墓室、墓道要用木材支撐，因為沒有那麼多石料，而且石頭的支撐幅度不能很大。

　　值得注意的是，這位燕王劉旦還是因為犯了謀反的罪而自殺的，要是皇帝寵愛的親王死了，墓葬的規格肯定會更高。有些得寵的官員、貴族，墓葬也

會超標準。

東漢永元二年（公元 90 年），中山王劉焉死了，當時就在常山、鉅鹿、涿郡三個地方徵調黃心柏木，給他佈置「黃腸題湊」。這三個郡竟然沒有辦法提供足夠的木材，後來就在「六州十八郡」的範圍內徵調木材，才滿足了墓葬的要求。雖然史書上沒有記載「六州十八郡」的具體範圍，但是估計已經包括今天華北的大部分地區。這說明當時的森林已經砍伐得差不多了，要找到這麼多達到這樣標準的木材非常難，搜羅整個華北地區才能勉強滿足。

「黃腸題湊」還只是諸侯王一級的規模，皇帝的陵墓使用的木材就更為驚人。

像秦始皇陵旁邊的兵馬俑原來是放在建築物裏面的，需要巨大的松柏木來支撐，估計要耗用八千立方米的木材。這還沒有考慮陵墓本身以及周圍大量附屬建築所用的木材。

上行下效，全部人口光修墓就得耗費多少木材，砍多少樹？公元初的西漢末年全國已經有六千萬人口，到清朝太平天國戰爭前夕已經有四點三億人口，這麼多人的墓葬要消耗多少木材，消滅多少森林？這是中國的植被受到嚴重破壞的一個重要因素。

第六節　記錄：史書的「官方版本」

貞觀九年（公元 635 年）五月，當了十年太上皇的李淵去世。這位唐朝開國的「高祖太武皇帝」被隆重安葬。就在葬禮舉行前十天，唐太宗通知史官，他要親自查閱高祖皇帝和自己的《實錄》，被史官婉言拒絕。

貞觀十六年（公元 642 年）四月，唐太宗又問諫議大夫褚遂良：「你還負責記《起居注》嗎？記了什麼能讓我看看嗎？」褚遂良回答：「史官記錄君主

的言論和行動，好壞都要記載，才能使君主不敢做壞事。沒有聽說君主自己可以拿來看的。」唐太宗問：「那我如果有什麼不好的事你也記嗎？」褚遂良回答：「這是我的職責，不敢不記。」旁邊的黃門侍郎劉洎插話：「假如褚遂良不記，天下人都會記。」唐太宗又碰了個釘子。

第二年，唐太宗又找到監修國史的宰相房玄齡，第三次提出了要求，說：「我的用心和以往的君主不一樣。作為皇帝我想親自閱讀國史，以便了解自己以前的錯誤，作為今後的警戒，你可以按順序寫成了呈上來。」諫議大夫朱子奢極力反對，他說：「陛下身負聖德，言行從來沒有過失，史官記載的自然盡善盡美，所以陛下要查閱《起居注》並無不妥。但如果從此形成制度傳下去，我恐怕到了曾孫、玄孫輩，難保沒有達不到『上智』的君主，會文過飾非，那史官就免不了要受刑罰懲處。這麼一來，史官為了保全自己，避免禍患，無不迎合風向，順從旨意，悠悠千載的歷史還能相信嗎？這就是歷來不允許帝王查看的道理。」但唐太宗堅持要看，於是房玄齡只得與許敬宗等人刪改成《高祖實錄》《太宗實錄》各二十卷呈上御覽。

其實房玄齡等人心中都明白唐太宗最關心的是哪一部分，自然已經在文字上下了功夫。但是唐太宗看了「六月初四」這一天的記載後還是嫌他們寫得太隱晦了，他說：「當年周公殺了管叔、蔡叔而使周室安定，季友毒死叔牙才為魯國帶來太平。我這樣做是為了安定社稷、造福萬民。執筆時何必有勞你們特別隱諱呢？應該加以修改，刪除不實之處，直截了當地把事實記下來。」

有了這樣明確的旨意，以房玄齡為首的史官們自然只能體察聖心，將兩朝《實錄》中的有關文字修改到唐太宗滿意為止。這就是我們今天能在唐朝的正史《舊唐書》《新唐書》，以及《資治通鑒》等史書中看到被記錄下來的「玄武門之變」的根據。

這些史書所載的「玄武門之變」的事實是這樣的：

唐高祖武德九年（公元 626 年）六月，突厥進犯，太子建成建議派其四弟齊王元吉率軍北征，並且徵調秦王（世民）府的大將尉遲敬德、程知節（即程咬金）和秦叔寶等人隨軍出征，得到了唐高祖的批准。一向忌妒秦王軍功和威望的建成，一直在找謀害他的機會，企圖利用與秦王在昆明池餞行的機會，埋伏甲士將他刺殺，待事成後即上奏說他突然得病死亡，對尉遲敬德等秦王府的驍將也準備一律活埋。

　　秦王通過他收買的太子下屬很快得知消息，連夜和他的謀士們商量對策，眾人都勸他先發制人，而李世民不忍骨肉相殘，還猶豫不決。幕僚們說了一大番道理，終於說服他下決心採取行動。

　　偏巧這幾個月太白星多次在白天出現，六月初一、初三又兩次出現，傅奕向唐高祖密報：「太白星出現在秦地，秦王要得天下了。」

　　高祖大怒，認為這預示着李世民要謀反篡位，立即召李世民責問。李世民申辯說這是建成、元吉二人想要謀害他，並且密奏建成、元吉「淫亂後宮」的醜聞。高祖大吃一驚，決定第二天將兄弟三人一起召進宮來當面責問。

　　六月初四一早，李世民率領長孫無忌等人埋伏在玄武門。建成、元吉二人走到臨湖殿時發現情況異常，當即掉轉馬頭想逃回東宮。李世民率人衝出，在後面追趕，李元吉拉弓向李世民放箭，因驚慌失措，連放三箭都未射中。李世民也張弓還擊，一箭就射死了李建成。此時尉遲敬德率七十多名騎兵趕到，射中李元吉的坐騎，元吉墜馬。李世民的馬也受到驚嚇逃入樹林，被樹枝絆倒。李元吉趕到，奪下弓箭勒住李世民，尉遲敬德躍馬怒叱，一箭射死李元吉。此時東宮和齊王府兩千多名精兵聞訊趕到，猛攻玄武門，形勢十分危急。尉遲敬德將建成、元吉兩個人的首級挑出來示眾，宮府軍見主人已被殺，立時潰散。

　　李世民派尉遲敬德全副武裝，進宮去保衛高祖。誰知原定當天早上要親

自訊問這三兄弟的高祖，居然興致十足，正在後苑海池的遊船上。看到手持長矛、一身甲冑的尉遲敬德闖到面前，高祖大吃一驚。尉遲敬德向他報告：「太子與齊王作亂，已經被秦王殺了，現在大臣們勸陛下將國事交給秦王處理。」高祖答允得十分爽快：「好得很，這正是我長久以來的心願！」馬上提筆寫下一道詔書，命令諸軍聽從秦王的號令。

大局已定，李世民趕來和高祖見面，父子倆抱頭痛哭。高祖隨後頒發詔書：立秦王世民為太子，建成、元吉的十個兒子統統以謀反罪處決。

兩個月後，高祖宣佈退位，成為安享天年的太上皇。「玄武門之變」以秦王李世民提前登上帝位而結束。

儘管李世民和他的史官把事實真相隱瞞起來，以為史料已改得天衣無縫，實際上卻漏洞百出，只要稍做分析，就可以發現矛盾。如唐朝史書裏一直宣揚，當初李淵對能否起兵、要不要起兵反隋，一直優柔寡斷、遲疑不決，是李世民促使他拿定主意。當時李世民只有十九歲，而他的哥哥——長子建成已經二十九歲，李淵是要等到建成回到身邊才最後決定的，根本不可能是靠了李世民的鼓勵、堅持。

又如唐朝正史都宣揚建立唐朝、平定天下主要是靠秦王李世民出的力，稱他「勛業克隆，威震四海，人心所向」。實際上李建成作為儲君，主要職責是幫助高祖處理日常政務。高祖怕他不熟悉政務，命令他跟着實習，所以除了太大的軍國事務外，其他都交由他處理。李世民負責東征西討，造成戰績都是他建立的事實。實際上李世民的功績不像史書所描述的那麼大，李建成也不像被貶低的那麼窩囊。

如竇建德被唐軍打敗後，他的部下劉黑闥於武德四年（公元 621 年）起兵，很快重新佔領舊地。李世民奉命圍剿，實行殘酷鎮壓，被俘虜的小頭目都被殺死示眾，他們的妻子都被唐軍抓走，連投降的劉軍都不接受。唐軍付出了

極大的代價，勉強取勝。但僅僅過了幾個月，劉黑闥再度起兵，「旬日間悉復故城」，並且定都洺州，稱漢東王。

此時李建成接受王珪和魏徵的建議，主動請令征討。他一改李世民的高壓政策，實行寬大安撫的策略，所獲俘虜全部遣送回鄉，百姓很高興，僅僅兩個月時間就平定山東。這些都見於唐朝正史記載，是抹殺不了的事實。

從情理上分析，李建成是高祖與竇皇后所生嫡長子，立為太子名正言順。他為大唐的創建立下赫赫戰功，掌握着東宮獨立的武裝長林軍，並獲得手握兵權的四弟齊王元吉的支持。高祖最為信任的宰相裴寂也是建成的堅定支持者，高祖寵愛的張婕妤、尹德妃等人也經常替建成說好話。顯然，建成的「接班人」地位十分穩固，完全沒有搞陰謀詭計的必要。

而李世民身為次子，在正常情況下是絕無可能繼承皇位的，除非發生意外，或者採取政變奪權的方式，可見他才有背着唐高祖和建成暗中活動的必要。而且從有關史料可以看出，李世民一直在搜羅人才，並希望這些人有「經營四方」的能力。

陳寅恪根據巴黎圖書館收藏的敦煌寫本 P2640《李義府撰常何墓誌銘》考定，「玄武門之變」唐太宗取勝的關鍵是收買了建成的親信 —— 玄武門守將常何。可見玄武門伏兵絕不是倉促之計，這血腥一幕的出現只是或早或晚而已。

由於唐太宗與貞觀史臣的合謀，要完全復原「玄武門之變」的真相已無可能。但我們完全可以推測，這是唐太宗蓄謀已久的一場政變，而皇太子建成和齊王元吉卻毫無戒備，以致在獲得準確情報後也沒有採取相應對策，遭到伏擊後才奪路而逃，自然必死無疑。被武力脅迫的唐高祖只能就範，在宣佈兒子建成、元吉的罪狀，殺死了十個年幼的孫子後，改立太子，拱手交權，老老實實做了太上皇。

同樣，二十二年前的隋朝仁壽四年（公元 604 年），太子楊廣因為有被廢

的危險，就發動宮廷政變，殺死父親隋文帝楊堅和他的哥哥廢太子楊勇自立。所不同的是，發動政變的人，一個是「法定繼承人」的位置受到威脅，另一個卻根本不是「繼承人」；一個是殺了父親，一個是讓父親做了太上皇。不過要是唐高祖不願就範，不主動配合的話，讓已經六十歲的皇上「駕崩」，誰知道是不是尉遲敬德執行的方案之一？

留在史書中的隋煬帝楊廣是一個荒淫無恥、滅絕人性的暴君，而導演了一場同樣的宮廷政變的李世民，卻是大唐帝國的締造者，是歷史上少有的明君。之所以會有天壤之別，當然與兩人的所作所為有關，但更是隋煬帝亡國的結果。要是隋朝不亡，隋煬帝也像唐太宗那樣在《實錄》上下些功夫，今天我們了解的楊廣就不會是那樣，也絕不會獲得「煬帝」這樣的惡謚，遺惡萬年了。

評判一個歷史人物，不能只用道德標準，而要根據他的全部功過。尤其是對帝王和政治領袖，應主要看他對當時的社會所起到的作用和影響，而不必過分注重他的個人品質或私生活。

儘管李世民是以殘酷、卑劣的手段當上皇帝的，但唐太宗的歷史貢獻還是應該得到充分的肯定。但這並不等於我們應該完全相信他一手炮製出來的史書，讓「玄武門之變」的真相永遠湮沒在歷史的迷霧之中。

就是對我們今天津津樂道的唐太宗的「天可汗」尊號，也不要太當真。在只有漢文史料的情況下，誰知道這是不是哪位唐朝詞臣的傑作或蓄意誤譯呢？

在蒙古高原上發現的「闕特勤碑」，正面是唐玄宗親自寫的碑文，讚揚了唐朝跟突厥首領之間情同父子的友好關係；但是在碑的兩側和背後卻是用突厥文寫的一篇突厥人自己撰寫的歷史，這些話恰恰跟唐玄宗寫的碑文完全不同。所以如果我們有機會看到當初那些突厥和所謂的「四夷」留下的記錄，我們也許就不會天真地相信李世民真的是各族人民衷心擁戴的「天可汗」。

結語

我們如何看待中國的史書？

在世界幾大文明中，中華文明不能說是時間最早的。中國的甲骨文出現在三千七百年前，在已知的世界古文字中，也不是最早的。但自從古代中國人使用甲骨文，然後用延續下來的漢字記錄歷史，幾乎沒有中斷過。從這一點上講，的確是世界上獨一無二的。其他文明，有的歷史記錄很快中斷了，有的文字今天早已成為死文字，而中國保存了世界上最多的歷史書。

如「二十四史」有三千三百卷，四千七百萬字。《資治通鑒》有二百九十四卷，三百多萬字。大部頭的歷史書還有很多，並且都保存到了今天。

為什麼古代的華夏人這麼重視歷史？有一個說法，「欲亡其國，先滅其史」，假如你要滅一個國，首先要把它的歷史滅掉。我曾經同我的研究生討論過這個話題，有人就想不明白：歷史書當然很重要，但是把這些書銷毀了或者這些書失傳了，難道這個國家就會滅亡嗎？歷史書沒有了，可以想辦法再調查研究，可以重寫。退一步講，就算都沒有歷史記錄了，當然是很大的損失，但怎麼會使這個國家滅亡呢？

顯然他還沒有了解，中國最早的歷史以及由此形成的傳統究竟是起什麼作用的。

其實最早的歷史記錄並不是給我們後人看的，也不是為今天我們研究歷史或者了解歷史提供資料。花那麼多精力，由專人記錄，目的是向天、向神、向祖先報告。甲骨文中的很多內容是由巫師記的，只有巫師才具有與天、神、祖先溝通的能力，他們記的事天才能知道，天意也只有通過他們的記錄或者占卜

才能被傳達下來。到後來要記的事多了，巫師忙不過來了，才從中分化出專門記錄的「史」。

「史」是個象形文字，表明一個人站在那裏，手裏拿了一塊記錄的板，這就是「史」、史官。所謂歷史，「歷」（通「曆」）就是曆法，歷史就是按時間順序記錄。

早在春秋時就有這樣一種說法，統治者身邊不止一個史官，基本分工是「左史記言，右史記行」。記的內容是不能讓君主本人看的，要放在一個密封的櫃子裏，等他死了，或者退位了，才可以當眾打開，然後根據積累的原始記錄整理成一部歷史書。如孔子刪定的《春秋》，就是魯國的歷史。各個國家的歷史有不同的名稱，魯國的就稱為《春秋》。

這些記錄，不僅是為了保存檔案，或留給後人，最主要的是通過史官的記錄，上報給天。往往要舉行隆重的儀式，將這些記錄焚化，表示報給上天了。有時還要到高山上舉行，因為當時人認為山上離天近，容易讓天看到、收到。嵩山頂上曾發現武則天埋在那裏的金冊，就是出於這樣的目的。所以史官的責任是對天、對神、對祖先負責。通過對君主、統治者的言論和行為的記錄，反映他們的言行是否符合天意，能否得到天、神、祖宗的保佑。如果他們犯了錯誤，幹了壞事，因為有記錄，就逃脫不了天、神、祖宗對他們的懲罰。這樣的歷史對統治者來說，當然是最重要的。

在分封制的條件下，各國的歷史還有另一個重要作用——明確世系。各諸侯國是由周天子分封的，而天子代表天意，所以也是天封給諸侯的。但如何延續呢？按當時的禮制，是世襲，即由諸侯眾多的兒子中的嫡長子繼承。這世系也是史官必須記錄的重要內容。萬一發生什麼事情導致這個國被滅了，或沒有繼承人了，天子或其他諸侯國要維護天命，「存亡繼絕」，該國的世系記錄就是最重要的根據。這樣的「史」如果亡了，這個國不是無以為繼，存在不了嗎？

秦漢以後強調「天人合一」，特別強調「君權神授」，皇帝的合法性來自天的授權，出於天意、天命。所以歷史的主要任務就是解釋天命、證明天命。

　　憑什麼他要做皇帝？憑什麼這個朝代要興起，要滅亡，或者要取代前朝？當然有很多歷史事實，但這些歷史事實未必都是光彩的。有的是武力、暴亂，有的是陰謀、篡奪，怎麼使這些行為合法化，就得靠歷史記載。通過從紛繁複雜的事實中進行選擇，再加上「合理」的解釋，證明這個朝代、這個皇帝是得了天命。

　　如《史記》記錄周朝的始祖后稷，內容不是司馬遷所發明的，是周朝傳下來的歷史，但他採用了就表明接受了。后稷的母親姜嫄跑到森林裏，不小心踩到一個巨大的腳印，回去以後就懷孕了，生下后稷。后稷是什麼人？是神的孩子。既然周天子是神的後代，自然就得了天命。

　　又如《史記》不得不承認劉邦出身「細微」，即普通人家，他的父母連個名字都沒有留下來，因為他做了皇帝，提到他的父親就稱為「太公」——劉大爺，提到他的母親就稱為「劉媼」——劉大娘。他自己不過是秦朝的一個亭長，低級公務員，相當於現在的一個派出所所長兼招待所所長。

　　憑什麼劉邦最後能得天下呢？《史記》說，有一天劉邦的母親在野外，躺在一個池塘邊上休息，這時風雨大作，他的父親去找她，看見一條龍在他的母親身上翻滾，回來以後他的母親就懷孕了，以後生下了劉邦。這不是講得很清楚嗎？劉邦不是一般的人，儘管出身「細微」，卻是「龍子」，而且身上還有很多「帝王相」。這些都是為了證明劉邦得天下、建立漢朝的合法性，即是因為他得了天命。

　　一部「二十四史」，幾乎都有類似的記載。還專門有篇章記錄「祥瑞」，一個朝代興起，一位真命天子出生時，會有種種吉祥的徵兆。比如什麼地方出現甘露、祥雲、靈芝、嘉禾（穀物上面長了不止一個穗）、龍、麒麟，什麼地方出現一個鼎、一片帛書，這些都是吉兆。未來的皇帝出生時「紅光滿室」，

他出門時「紫氣東來」，他做某事時「五星聯珠」，種種吉兆顯示了天命。

要證明一個朝代行將滅亡或必然滅亡，要證明它失去天命，是「天之所厭」，老天爺都討厭它了，「二十四史」裏幾乎每一部都有專門的篇章，記錄「災異」——天災人禍或異常的天象，如日食、地震、風災、水災、旱災、火災、蝗災、瘟疫、怪胎、畸形人畜、謠言、變亂等，而且都能與人的活動和社會現象一一對應。

每個朝代建立以後，馬上要做的一件大事就是為前一個朝代修一部正史。清朝入關以後，天下還沒有完全平定下來，就開始組織專門機構修《明史》。《明史》修成後得到清朝皇帝的重視，正式列為「正史」，成為「二十四史」的最後一部。

《明史》能起什麼作用呢？它要讓你相信明朝的興起、朱元璋能當皇帝推翻元朝，是因為他得了天命。而崇禎皇帝之所以被李自成推翻，只能自殺，是因為失去了天命。清朝入關取代明朝，不在於崇禎皇帝個人或者明朝的官民百姓的過失，而是因為明朝天命已盡，「天之所厭」，天命交給了大清。表面上是為明朝修史，其實是通過修《明史》證明清朝取代明朝的政治合法性。就像孔子當年刪改《春秋》一樣，一部「二十四史」以及其他官修歷史，都是為了弘揚當時的主流價值觀念。很多事實的記錄都是有目的，有選擇的。

如清朝到了乾隆年間，天下已經安定，開始為自己的「國史」準備材料，要修本朝人物的傳記了。乾隆就此做了指示，規定要把曾經為清朝立下汗馬功勞的明朝降臣，從洪承疇開始通通編入由清朝首創的《貳臣傳》。什麼是「貳臣」呢？伺候過兩個主子的，投降清朝的明朝的叛臣都被稱為「貳臣」。乾隆親自做了指示，稱這些人當初歸順大清不無微功，但畢竟大節有虧，在價值觀念上是叛徒，不忠於自己的國家，不忠於自己的皇帝，不足為訓，只能永遠釘在恥辱柱上。

在清朝的天下安定之後，乾隆皇帝權衡利弊，覺得延續、弘揚傳統的價值

觀念更加重要。所以在把這些人列為「貳臣」的同時,把史可法等當初抵抗清兵不惜犧牲的人,無論是被清兵所殺,還是自殺、病死,只要是忠於明朝的官員,統統列為忠臣。而且地方上修志書時也要遵守這個原則,當年抗拒「大兵」而死的,按原來身份全部稱為忠臣、義民、節婦。因為這些降臣的作用已經毫無意義,而維護傳統的價值觀念,對穩定統治更加重要,這一點通過編纂歷史可以做到。這一點確實起了很大的作用,後來把太平軍鎮壓下去的,靠的是哪些人呢?不是靠滿族的八旗兵,也不是靠蒙古的騎兵,而是靠一批漢族知識分子,像曾國藩、李鴻章、左宗棠、胡林翼這些人,靠他們組織的鄉土武裝——湘軍、淮軍,捍衛了這個滿族建立的政權。

因為在這些人的眼裏,清朝已經不是一個異族的政權,而是一個繼承華夏傳統價值觀念、得了天命的、正統的朝代,和以前的漢唐宋元明並無二致。

現在我們可以明白,為什麼這樣的歷史滅了,國家也要亡。因為這樣的歷史證明了政權、國家的政治合法性,證明政權、國家得天命,如果把這樣的歷史毀了,政權、國家的政治合法性還能證明嗎?這才是要害所在。

這些歷史今天是不是就沒有用了?恰恰相反,非常有用。因為任何歷史都是後人對已經發生的事情所做的有意識的、有選擇的記錄。只要知道了這個原理,我們就可以從這些史料中透過表面看到真相,用我們今天的歷史價值觀來解釋、認識這些歷史。何況這些史書中保存了大量珍貴的原始資料,是無可替代的。

此外,這樣的歷史也給我們今天研究歷史、復原歷史、重構歷史提供了條件,富有挑戰性。這個過程也是我們研究、選擇、認識、學習的過程。

所以,中國這些歷史書是先人留給我們的非常寶貴的、無可替代的遺產,在世界上是獨一無二的。

不變與萬變：葛劍雄說國史

葛劍雄　著

責任編輯　陶黃英
裝幀設計　譚一清
排　　版　黎　浪
印　　務　劉漢舉

出版　　開明書店
　　　　香港北角英皇道 499 號北角工業大廈一樓 B
　　　　電話：(852) 2137 2338　　傳真：(852) 2713 8202
　　　　電子郵件：info@chunghwabook.com.hk
　　　　網址：http://www.chunghwabook.com.hk

發行　　香港聯合書刊物流有限公司
　　　　香港新界荃灣德士古道 220-248 號
　　　　荃灣工業中心 16 樓
　　　　電話：(852) 2150 2100　　傳真：(852) 2407 3062
　　　　電子郵件：info@suplogistics.com.hk

印刷　　美雅印刷製本有限公司
　　　　香港觀塘榮業街 6 號 海濱工業大廈 4 樓 A 室

版次　　2022 年 8 月初版
　　　　© 2022 開明書店

規格　　16 開（210mm×153mm）

ISBN　　978-962-459-269-6